DIE NEUE JAPANISCHE ARCHITEKTUR

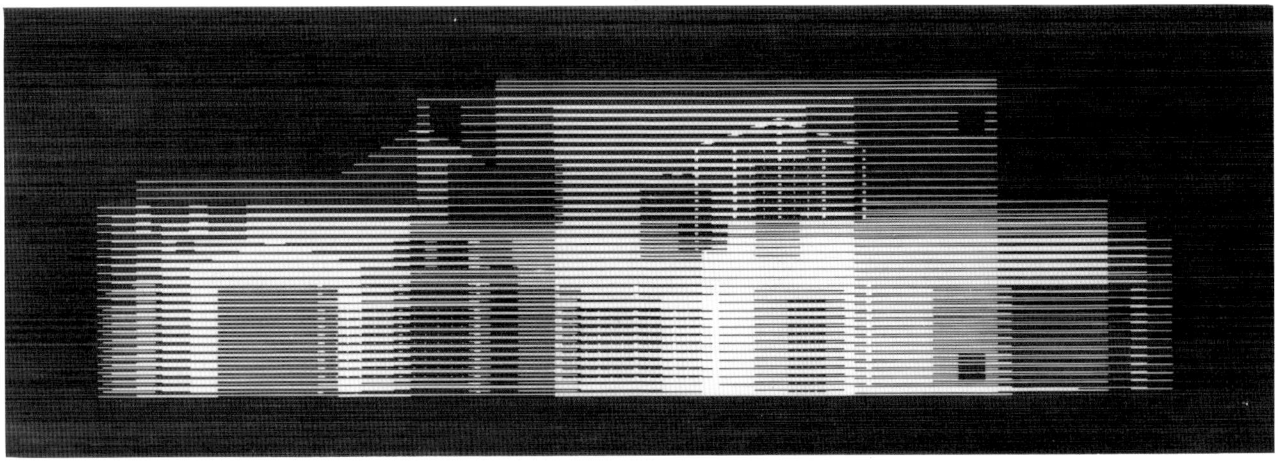

Takefumi Aida, Haus Kazama, Kawaguchi, 1987

DIE NEUE
JAPANISCHE ARCHITEKTUR

Botond Bognar

Einführung von John Morris Dixon
Beiträge von Hajime Yatsuka und Lynne Breslin

Kohlhammer

Titel der Originalausgabe:
The new Japanese architecture

Originalverlag: Rizzoli, Inc., New York

Übersetzung aus dem Amerikanischen
von Hubertus von Gemmingen

Stuttgart Berlin Köln
Verlagsort: Stuttgart
Satz: Setzerei Lihs, Ludwigsburg
Printed and bound in Japan
ISBN 3-17-011655-X

Abbildungsnachweis

Die kursiv gesetzten Zahlen beziehen sich auf die numerierten Abbildungen, die übrigen auf die Seiten des Bandes. Alle Aufnahmen stammen von Botond Bognar, mit Ausnahme der im folgenden aufgezählten Illustrationen:

Tadao Ando, courtesy of: 112 (unten), 113–115, 119, 126
Masao Arai: 74 (unten), 75, 76 (unten), 77, 82 (oben), 83
Mitsumasa Fujizaka: *19*
Koji Horiuchi: *20*
Koji Kobayashi: *25*
Akira Komiyama, courtesy of: 190, 191
Kisho Kurokawa, courtesy of: 62, 63
Mitsuo Matsuoka: 122, 123, 125
Ryuji Miyamoto: 214
Tomio Ohashi: 58 (oben), 59, 61, 85, 112 (oben), 159, 161
S. Ohno: 204, 205
K. Sakamoto: *24*
Shin Takamatsu, courtesy of: 200
Minoru Takeyama, courtesy of: 102 (unten), 103
Koji Taki: *31*
Kenzo Tange: *3*
R. Yamamoto, courtesy of: 174 (oben)

*Für meine Frau Binky und
unsere Söhne Balazs, Zsolt und Balint*

Dank

Mein aufrichtiger Dank gilt allen, die an diesem Buch mitgearbeitet haben: die Architekten, die Pläne und Zeichnungen, zahlreiche Baubeschreibungen und einige Fotos zur Verfügung stellten; die Mitverfasser, Lynne Breslin, John Morris Dixon und Hajime Yatsuka, die sich auf meine Anfrage hin spontan bereit erklärten, einen Beitrag zu schreiben, und die ihre Aufgabe ebenso rasch wie kompetent erfüllten.

Des weiteren danke ich dem Verlag und vor allem dem Lektor, David Morton, für seine ständige Ermutigung und die unzähligen Vorschläge hinsichtlich des Materials. Vladimir Krstic, Glynis M. Berry und Keith Krolak verfaßten einige Projektbeschreibungen, und ich danke ihnen für ihre ausgezeichnete Arbeit. In Japan erhielt ich unschätzbare Hilfe von meinen Freunden, insbesondere Professor Koji Yagi vom TIT, Yasuhiko Matsushiro, seine Frau Yoshiko Matsushiro und Nariaki Suzuki (unsere geschätzte Dozo Bachi). Einen herzlichen Dank an sie alle.

Des weiteren danke ich dem Direktor der School of Architecture, University of Illinois in Urbana-Champaign, Professor Alan Forrester, für seine großzügige Unterstützung. Der Band hätte nicht zusammengestellt werden können ohne die tatkräftige Hilfe meiner Mitarbeiter an der Schule, allen voran Jane Cook und Tracy Hawkins, die den entstehenden Text auf dem Bildschirm erfaßten und ständig aktualisierten.

Last, but not least danke ich meiner ganzen Familie, die dieses Projekt mit Geduld und Ausdauer mitverfolgte und sich „allein" zurechtfinden mußte, während ich das Buch schrieb; so widme ich den Band meiner Frau und unseren drei Söhnen.

Botond Bognar

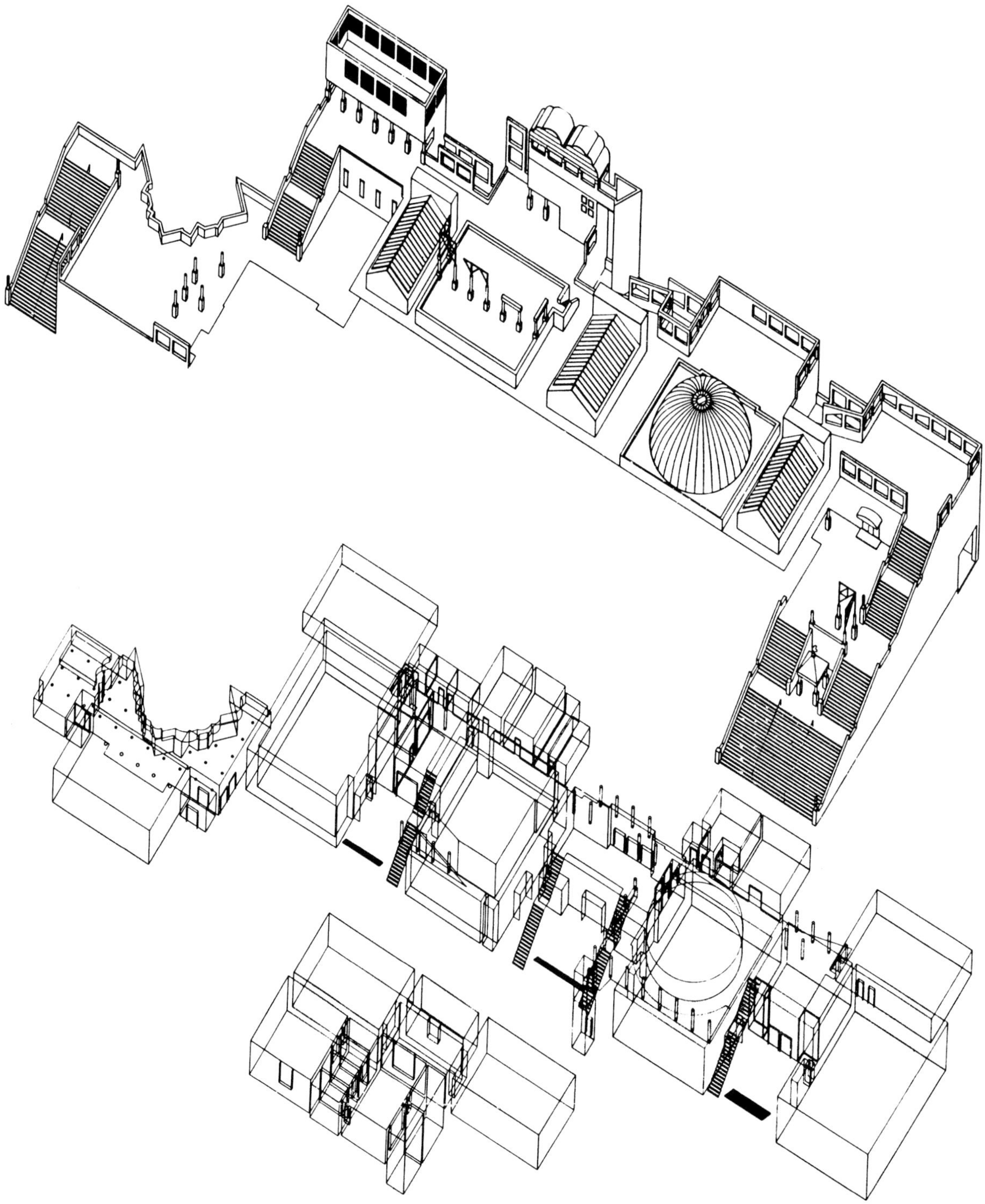

Inhalt

Vorwort

Angesichts der in greifbare Nähe gerückten Jahrhundert- und Jahrtausendwende kann sich die japanische Architektur einer ungewöhnlich langen und reichen Geschichte rühmen und auf eine unmittelbare Vergangenheit zurückblicken, die stets abwechslungsreich, manchmal stürmisch und oft umstritten war. Dank ihrer Bereitschaft zu ständiger Erneuerung und ihrer vollendeten Meisterschaft kann sie jedoch auch Eigenschaften und eine Empfindlichkeit entwickeln, die über das hinausführen, was man bisher als japanische Einzigartigkeit, exotische Merkwürdigkeit oder umgekehrt als Abklatsch westlicher Ideale ansah. Der kosmopolitische Sinn der Japaner, der stets mit einer Haltung selektiver Vereinnahmung einherging, hat nun eine Stufe erreicht, auf der Architektur wie Design sich von der Verpflichtung befreien können, traditionellen Formen ihre Ehrfurcht zu erweisen. Zugleich sind sie, vielleicht zum erstenmal in diesem Jahrhundert, in der Lage, die übermäßige Anziehungskraft westlicher Vorbilder zu überwinden.[1]

Das heutige Japan ist nicht nur aufgrund der Stärke und Leistungsfähigkeit seiner Industrie und Wirtschaft eine Supermacht, sondern auch dank der Eigenständigkeit, Kreativität und Vorbildlichkeit seines Designs. Noch nie, seit Japan vor rund hundertfünfzig Jahren mit dem Westen Geschäftsbeziehungen aufnahm, hatten sein Kunsthandwerk und seine Architektur eine derartige weltweite Ausstrahlung; laut einer amerikanischen Wochenzeitschrift sind sie „technisch und künstlerisch der Architektur und dem graphischen Design irgendeines anderen Landes der Welt ebenbürtig oder überlegen".[2] Der internationale Charakter der Architektur und das zunehmende öffentliche Interesse, das man ihr entgegenbringt, werden durch die Tatsache unterstrichen, daß immer mehr ausländische Architekten, wie Renzo Piano, Richard Rogers, Frank Gehry, Norman Foster, Zaha Hadid, Michael Graves oder Hans Hollein, japanische Auftraggeber finden.[3] Durch ihre aktive Mitarbeit an der weltweiten Entwicklung von Architektur, Kultur, Wirtschaft und Gesellschaft sind zahlreiche japanische Architekten in der Lage, sich in kritischer Weise mit internationalen Problemen auseinanderzusetzen, zumal diese Probleme in Japan die gleichen sind wie überall in der westlichen Hemisphäre. Zweifellos sind gerade diese kritischen Beiträge der aufsehenerregendste und provozierendste Aspekt der zeitgenössischen japanischen Architektur.

Die in diesem Band vorgestellten Gebäude wurden in der Absicht ausgewählt, ein breites Spektrum bedeutender neuester Bauten vorzustellen, die man als „kritische Beiträge" verstehen kann. Während sie eine Vielfalt an Entwurfsabsichten, Empfindungen und Zielen erkennen lassen, die so unterschiedlich erscheinen mögen wie die Bauwerke selbst, gleichen sie einander in zweifacher Hinsicht: Zum einen spiegeln sie alle in kritischer Weise die heutigen kulturellen und urbanen Verhältnisse in Japan, zum anderen haben sie einen besonderen bruchstückhaften Charakter, der sie davor bewahrt, als abgeschlossene, in sich vollendete Einheit oder Form angesehen zu werden. In diesen Bauten begegnet man wie in der Stadt- oder Kulturlandschaft, für die sie entworfen wurden, vereinzelten Elementen, zusammenhanglosen Motiven und Materialien, zerstückelten Flächen, abgesonderten Formen und labyrinthischen Räumen, die sich als frei im „Meer der Zeichen" schwimmende Symbole verstehen lassen. Dennoch scheinen diese offenbar willkürlich vereinten Teile und Muster in den besten Beispielen eine ungewöhnliche Kohärenz zu entwickeln, dank einer Integration ohne Synthese, die weder Widerstand noch Versöhnung kennt.

Wer diese Arbeiten betrachtet oder genauer untersucht, erkennt immer deutlicher, daß die japanische Avantgarde-Architektur am Ende des 20. Jahrhunderts in erstaunlichem Tempo eine Richtung verfolgt, die die vorherrschende westliche Weise, Raum, Form und Architektur zu verstehen und zu deuten, kritisch zu erkunden sucht. Indem sie bestimmte Themen der japanischen Architektur neu interpretieren, sind diese Architekten dabei, die (instrumentale) Rationalität und die Logik (den Logozentrismus) der westlichen klassischen Ordnung und Metaphysik zu „dekonstruieren". Die westlichen Auffassungen gründeten stets auf dem Mythos einer unanfechtbaren, durch unveränderliche Gesetze herrschenden Totalität, eines einzigen, absolut gegenwärtigen „Uni-versums", aus dem störende fremde Elemente (das „Geräusch" oder „die anderen") systematisch entfernt worden waren. Die neue japanische Fin-de-siècle-Architektur bildet sich in gleicher Distanz zum zeitgenössischen Poststrukturalismus oder Dekonstruktivismus, zu der orientalisch-japanischen Denkform der „vergänglichen Welt" und zu unserer hochmanipulierten und heimtückisch blühenden gegenwärtigen Konsumwelt heran, indem sie sich in etwas einläßt, das man nach Michel Foucault „eine Archäologie des menschlichen Bewußtseins" nennen könnte.

Botond Bognar

Anmerkungen

1 Botond Bognar, An Experiment in „Orthodox" Architecture with „Progressive" Aspirations – Nikken Sekkei and the Development of Modern Japanese Architecture, in: ders. und Sandy Heck, *Nikken Sekkei: Building Modern Japan, 1900–1990,* New York: Princeton Architectural Press 1990.

2 Japanese Design: The Golden Age, in: *Time,* 21. Sept. 1987 (Sondernummer), S. 40.

3 Die Zahl internationaler Wettbewerbe nimmt in Japan zu, doch zum erstenmal gibt es nun einen ausländischen Gewinner: Renzo Piano erhielt den ersten Preis im Wettbewerb für das Abfertigungsgebäude des Kansai International Airport in Osaka.

EINFÜHRUNG

Japanische Avantgarde-Architekten

John Morris Dixon

Vor dreißig Jahren sprach man in Japan zum erstenmal von einer Avantgarde-Architektur. 1960 präsentierte eine Gruppe junger Architekten ihre metabolistischen Vorstellungen an der World Design Conference in Tokyo. Was von diesen umstürzlerischen Thesen auch Bestand haben mag, sie machten dem Westen bewußt, daß es Japan hier zum erstenmal gelungen war, einen eigenständigen Beitrag zur Entwicklung der modernen Architektur zu leisten. Seit den 1860er Jahren waren die japanischen Architekten fast hundert Jahre lang wie ihre Landsleute in der Industrie vor allem damit beschäftigt, die westlichen Methoden zu erlernen. Es gab zwar eine ruhmreiche Tradition in der Architektur wie in den übrigen Künsten, doch hatte diese nur eine beschränkte Bedeutung für ein Volk, das seither zu einer der am stärksten industrialisierten Nationen der Welt geworden ist.

Als ich Japan in der Mitte der fünfziger Jahre zum erstenmal besuchte, war die Erholung von dem schrecklichen Rückschlag des Zweiten Weltkrieges so rasch und so weit fortgeschritten, daß wiederum ein Klima des Vertrauens und der Hoffnung herrschte. Wie in der Bundesrepublik Deutschland konnte eine industrialisierte Gesellschaft aufgrund gezielter Wirtschaftsförderung die Auswirkungen von Zerstörung und Niederlage rasch überwinden, um zu hoher Produktivität und wachsendem Lebensstandard zu finden. Des Nachts erstrahlten die Straßen von Tokyo heller als bei Tag: Studenten und junge Intellektuelle philosophierten in den Cafés, in denen die Musik von Bach und Chopin dank der Wunder der High-Fidelity immer reiner zu hören war. In jenen Tagen träumten die japanischen Geschäftsleute von schwarzen amerikanischen Straßenkreuzern, doch waren, wohin man auch blickte, vor allem die einheimischen Zwei- und Dreiräder, die Vorläufer der heutigen Hondas und Nissans, zu sehen.

In dieser Zeit neuen Selbstbewußtseins – vor der Entstehung einer anerkannten Avantgarde – versuchten einige japanische Architekten, die westlichen Vorbilder auf ihrem eigenen Gebiet zu schlagen. Kenzo Tange hatte soeben in Hiroshima eine Reihe von Gedächtnisbauten im Peace Memorial Park entworfen, die Le Corbusiers Prinzipien auf öffentliche Architektur übertrugen, und ein überzeugendes urbanes Ensemble à la Corbusier geschaffen, bevor der Schweizer Architekt in Chandigarh als Stadtplaner tätig werden konnte (es entbehrt nicht der Ironie, daß ein ausgebombter Ort den idealen Ausgangspunkt für die Umsetzung von Corbusiers Ideen bildete). Zur gleichen Zeit wurde die kulturelle Abhängigkeit der modernen japanischen Architektur in der Rolle sichtbar, die der europäisch-amerikanische Architekt Antonin Raymond in Tokyo mit seinen Bürogebäuden und brutalistischen Betonkirchen spielte; mit Tanges letzten Arbeiten waren sie die Vorbilder für die nächste japanische Architektengeneration.

Auf den an Architektur interessierten westlichen Japanbesucher der fünfziger Jahre machten natürlich die baulichen Zeugnisse der Vergangenheit am meisten Eindruck: die Zen-Tempel und Gärten, die Shinto-Schreine, die erhaltenen Villen und Paläste sowie die vor der Meiji-Zeit entstandenen Stadtviertel. Für mich bleiben sie Meisterwerke, die zu übertreffen kein Architekt hoffen kann.

Die Herausforderung, die Zeugen der Vergangenheit für die Entwicklung einer Avantgarde bedeuten, ist ein Phänomen, mit dem sich die amerikanischen Architekten nicht auseinanderzusetzen haben. Sie sind durch nichts gebunden in der Erfindung neuer architektonischer Formen, da sie keine Rücksicht auf ehrfurchtgebietende Bauwerke nehmen müssen: keine Katsura-Villa, kein Kinkakuji, kein Ise-Schrein (und natürlich auch keine Barockkirche und keine Moschee der Moghul-Dynastie).

Meine Reaktion auf jedes neue Bauwerk in Japan ist unvermeidlich von diesen Zeugnissen der Vergangenheit beeinflußt. Ich suche nach Anzeichen jener besonderen japanischen Schlichtheit, nach dem subtilen Wandel in Rapportmustern, nach Kontrasten zwischen üppiger Fülle und sublimer Leere. Es ist einfach, diese vertrauten Merkmale in zahlreichen zeitgenössischen Bauten wiederzufinden, die in diesem Band der japanischen Avantgarde zugeordnet werden: in den Gebäuden von Fumihiko Maki oder Tadao Ando zum Beispiel. Schwieriger ist es für mich, Avantgarde-Architektur zu beurteilen, die sich einerseits gegen diese Traditionen auflehnt, sei es, daß sie beinahe vollständig in westlicher Tradition wurzelt, wie das bei Arata Isozakis Tsukuba Center Building der Fall ist, sei es, daß sie jegliche Überlieferung zurückweist, wie etwa das Werk von Shin Takamatsu. Immerhin kann ich nachvollziehen, daß sie rebellieren müssen, um alle Erwartungen (selbst die eigenen), die man in japanische Architektur setzt, zu enttäuschen, und um in ihren Bauten im Gegensatz zu traditioneller Zurückhaltung und Ausgewogenheit der Dynamik und Widersprüchlichkeit, Mühsal und Unordnung des heutigen Lebens Ausdruck zu verleihen.

Die Auflehnung als Haltung der japanischen Avantgarde ist um so verständlicher, als die beruflichen Voraussetzungen der japanischen Architekten den Unterschied zwischen Dienst für das Establishment und künstlerischem Außenseitertum noch verschärfen. Weitaus mehr als in den Vereinigten Staaten oder in Westeuropa werden große öffentliche oder private Bauvorhaben von riesigen Entwurfsbüros und auf Dienstleistungen spezialisierten Generalunternehmen ausgeführt. Einzeln tätige Entwurfsarchitekten müssen alternative Wege einschlagen, und das ihr Leben lang. Theoretisch besteht keine Möglichkeit für sie, wie das in anderen Ländern vielleicht der Fall wäre, sich mit einem geschäftsorientierten Partner zu verbinden und ein eigenes Büro zu gründen und aufzubauen. Obwohl die Entwurfsbüros große Aufträge ausführen, schadet der ständige Verzicht auf die mehr künstlerische Seite ihres Berufs einer kritischen und für Experimente offenen Auseinandersetzung mit ihrem Gegenstand.

Ein anderer Umstand, der die Verfestigung des künstlerischen Außenseitertums begünstigt, ist der Patchwork-Charakter der japanischen Stadt (der in dem Beitrag von Hajime Yatsuka und an anderen Orten dieses Bandes hervorgehoben wird). Mittelgroße Gebäude, die in einer amerikanischen oder europäischen Stadt ein visuelles Zeichen setzen, gehen im Chaos der japanischen Stadt zum größten Teil unter (es besteht zwar eine wirtschaftliche und soziale Ordnung, doch ist sie visuell schwer zu erkennen). Die beiden in diesem Buch vorgestellten Gebäude von Fumihiko Maki veranschaulichen diese Erfahrung. Sein Spiral Building in Tokyo, ein großer, ausgeprägter Bau, geht im Wirrwarr einer Geschäftsstraße unter, während seinem Museum in Kyoto, das am Eingang zu einem kulturellen Bezirk in dieser außergewöhnlichen, auf einem Raster angelegten Stadt liegt, jene urbane Bedeutung zukommt, die wir im Westen erwarten. Da zahlreiche Bauten der künstlerischen Architekten vom städtischen Chaos zugedeckt oder in riesigen Vorstädten verstreut sind, haben sie weniger Wirkung auf das Publikum als vergleichbare Gebäude im Westen und bleiben beinahe unbekannt, ausgenommen für Eingeweihte.

Im großen ganzen findet sich die heutige japanische Avantgarde mit dieser Situation ab und begrüßt sogar deren chaotische Energie. Die in vorliegendem Band vorgestellten Architekten wollen keine alternativen städtischen Formen entwickeln, wie das die Metabolisten taten. In einem bescheideneren Rahmen bietet die zeitgenössische Avantgarde glanzvolle architektonische Experimente, mehr nicht. Vermutlich gibt es auf der Erde keinen günstigeren Ort als Japan für diese Art des Nachdenkens über Architektur und Wohnlichkeit, und alle, die als Architekten tätig sind oder sich in anderer Weise mit Architektur auseinandersetzen, können hier ungewöhnliche Beispiele und Anregungen finden.

Stamford, Connecticut, 1990

ARCHÄOLOGIE EINER ZERSTÜCKELTEN LANDSCHAFT: DIE NEUE AVANTGARDE URBANER ARCHITEKTUR IN JAPAN

Botond Bognar

Der japanische Fortschritt

„Da die klassische urbane Ordnung zusammengebrochen ist, gewinnt jeder Bau, der gewissermaßen die Stadt verinnerlicht und nach außen wie ein Übertragungsmechanismus [von Information] funktioniert, zunehmend öffentlichen Charakter (...). Das Spiral Building symbolisiert das heutige Bild der Stadt: ein Umfeld, das sich zerstückelt darbietet, doch aus dieser Zerstükkelung seine Lebenskraft schöpft." (Fumihiko Maki, Spiral)[1]

In der Folge der Meiji-Reform öffnete Japan in der Mitte des 19. Jahrhunderts seine Grenzen. Damit gingen mehr als zweihundert Jahre der Isolierung während der Edo-Zeit (1603–1868) zu Ende, und eine rasche Modernisierung setzte ein. Die Japaner waren sich bewußt, daß sie mit ihren westlichen Gegenspielern in jeder Hinsicht gleichziehen mußten, um ein gleichberechtigtes Mitglied der westlichen Gesellschaft zu werden. Japan hinkte in seiner sozialen, politischen, industriellen und handelsmäßigen Entwicklung hinter den anderen Ländern her.[2] Zudem fehlte es an wissenschaftlichen und technischen Kenntnissen. Gleich wie sich das Land lange Zeit an die chinesische Kultur angelehnt hatte, mußte es nun Elemente der westlichen Zivilisation übernehmen; in kurzer Zeit hatte es eine gewaltige Aufgabe zu bewältigen.[3]

Zunächst wurde die westliche Architektur durch eingeladene ausländische Architekten und Lehrkräfte nach Japan gebracht.[4] Um die Jahrhundertwende übernahm jedoch die neu ausgebildete erste Generation moderner japanischer Architekten die führende Rolle, indem sie die Kontakte zur europäischen und amerikanischen Architektur verstärkten. Mehrere junge japanische Entwerfer arbeiteten mit Architekten wie Le Corbusier oder Walter Gropius zusammen, um Bauprinzipien der Moderne und des Bauhauses zu erlernen und in der japanischen Architektur weiterzuentwickeln.

Die Ausbreitung der Moderne stieß jedoch bald auf den heftigen Widerstand der herrschenden militärischen und politischen Kreise, der in Unterdrückung und Verbot endete. Statt dessen suchte man eine nationalistische Architektur zu fördern. Während technischer Fortschritt und die Entwicklung des Ingenieurwesens forciert wurden, vor allem nach dem verheerenden Erdbeben im Kanto-Gebiet 1923, wurden viele Gebäude in einem „orientalischem Geschmack verpflichteten japanischen Stil" errichtet.[5] Bis zu der Niederlage Japans im Zweiten Weltkrieg und dem darauf folgenden Neubeginn des Landes war die westliche Moderne aus Japan verbannt.

Nach dem Krieg erlebte Japan einen rasanten Aufschwung und setzte sich als industrielle Supermacht und ernstzunehmender Konkurrent der hochentwickelten westlichen Staaten durch. Die modernen Prinzipien von Produktion und Konsum – produktionsbezogener Rationalismus, instrumentales Denken, universelle Technologie und Utilitarismus – gewannen weiter an Bedeutung. Die negativen Auswirkungen des ganzen Fortschritts wurden zwar durch die japanischen Traditionen und Verhaltensweisen abgeschwächt, doch durch die geographischen Gegebenheiten, den Mangel an verfügbarem Land und die hohe Bevölkerungsdichte verschärft. Angesichts des wirtschaftlichen Booms und der explosiven industriellen, urbanen und sozialen Entwicklung konnte man weder auf dem Land noch in den städtischen Agglomerationen Ausbeutung und Mißbrauch entgegenwirken. In manchen Fällen wurde die Landschaft unwiderruflich zerstört, während die durch Luftverschmutzung, Verkehrskollaps und Bodenspekulation bedrohten Städte ihre Lebensqualität immer weniger verloren. Auch in dieser Hinsicht hat Japan seine westlichen Gegenspieler eingeholt, wenn nicht gar überholt.

Entwicklung und heutiger Zustand der Stadtplanung

Obwohl die folgenreichen baulichen Veränderungen in der zweiten Hälfte des 19. Jahrhunderts einsetzten, als sich Japan zum erstenmal der modernen westlichen Kultur und Gesellschaft gegenübergestellt sah, blieben Struktur und Charakter der japanischen Stadt bis zum Wiederaufbau des Landes nach dem Zweiten Weltkrieg weitgehend die gleichen.[6] Während die zahlreichen kriegszerstörten Städte von den Bewohnern nach hauptsächlich traditionellen Richtlinien wiederaufgebaut wurden und dadurch die gewohnten Strukturmerkmale bewahrten, drängten sich aufgrund der raschen sozialen Entwicklung eine wirkungsvollere Stadtplanung und großzügige Erweiterungen immer mehr auf.[7] Die städtebaulichen Prinzipien der Moderne wurden in der Folge frei übernommen. Das führte zu einer zuvor unbekannten städtischen Verdichtung: Heute leben mehr als sechzig Prozent der 120 Millionen Japaner in dichtbesiedelten Stadtgebieten, und Japan ist eines der Länder mit der stärksten Verstädterung (Abb. 1).

Das rasch eskalierende „Megalopolis-Projekt", die Idee der „Stadt Japan", die von der zeitgenössischen Industrie- und Konsumgesellschaft in die Wirklichkeit umgesetzt und vom leistungsorientierten Rationalismus moderner Stadtplaner verteidigt wurde, begann das dicht gewobene, mehrdeutige Geflecht der traditionellen Stadt zu zerstören. Einerseits entwickelten sich starre, zweckbezogene Muster, während die Zahl selbständiger Gebäude, die sich oft, durch die rasche Bevölkerungszunahme bedingt, den Stadtautobahnen und Expreßstraßen entlangziehen, ständig zunahm; andererseits veränderten trivialisierende, irrationale Konsumgewohnheiten den urbanen Bereich so grundlegend, daß heute praktisch alle Formen städtischen Lebens zu einer Ware geworden sind (Abb. 2). Toyo Ito, ein Vertreter der neuen Architektengeneration, hat sich mit den Auswirkungen dieser Entwicklung auf die japanische Stadt befaßt: „Heute wird die frühere Spannkraft Tokyos durch einen starren Rahmen gelähmt. Die ganze Stadt erstarrt zusehends. Dennoch hat Tokyo, während es sich modernisiert und immer mehr unter Kontrolle gerät, insgeheim eine Beweglichkeit bewahrt, die schon immer zu seinen Vorzügen und Reizen gehörte und die man in keiner westlichen Stadt findet. Umstritten ist, wie lange die Stadt diese Eigenschaften noch bewahren kann. Der Erstarrungsprozeß macht täglich Fortschritte."[8]

In der neueren Geschichte des japanischen Städtebaus gab es mehrere Versuche, die Stadt zu retten. Den ersten unternahmen in den frühen sechziger Jahren Kenzo Tange und seine Schüler, die sich von dem funktionalistischen Stadtmodell der Moderne distanzierten. Die neuen Vorschläge für eine metabolistische Architektur und Stadtplanung orientierten sich an strukturalistischen Prinzipien, die man aus der Linguistik von Ferdinand de Saussure und der Anthropologie von Claude Lévi-Strauss bezog. Tanges berühmter Plan für Tokyo (1960) und zahlreiche andere visionäre oder utopische Projekte von Kiyonori Kikutake, Kisho Kurokawa und sogar Arata Isozaki bemühten sich um eine größere Flexibilität, als sie die moderne Stadt bieten konnte (Abb. 3 und 4). Zugleich wollte man die Gefahren der zunehmenden Vermarktung des städtischen Raums bannen. Die industrielle Technologie schien aufgrund ihrer raschen Fortschritte und guten Verfügbarkeit eine Richtung anzuzeigen, der sich leicht folgen ließ. So wurden die neuen architektonischen und städtebaulichen Muster, in denen stets ein deutlicher Unterschied zwischen austauschbaren Elementen (einer Art Waben- oder Kapsel-Architektur) und dauernden städtebaulichen Strukturen (in der Hauptsache Infrastrukturen) gemacht wurde, durch einen ziemlich naiven Glauben in den industriellen und technischen Fortschritt getragen (Abb. 5). Da man jedoch der Industrialisierung und „Strukturierung" ein allzu großes Gewicht beimaß, erwiesen sich die damals ausgeführten Projekte, darunter auch Kenzo Tanges Weltausstellung in Osaka (1970), als ungewöhnlich schwerfällig, starr und überdeterminiert hinsichtlich ihrer Megastrukturen (Abb. 6). Zudem kam die Austauschbarkeit der massengefertigten und rasch veralteten baulichen Einheiten trotz aller entgegengesetzten Absichten der Gestalter einem „metabolistischen Konsumverhalten" entgegen, das nach einer implizit marktorientierten Architektur verlangte.[9]

Behutsamer und erfolgreicher waren die Bemühungen von Fumihiko Maki, zu einer mehr japanischen kontextbezogenen Gestaltung zurückzufinden, um die städtischen Probleme zu bewältigen und eine offenere Architektur zu schaffen. Ausgehend von seinem Begriff der „Gruppenform", versuchte Maki eine gegenseitige Beziehung zwischen urbanen Elementen und ihrem Ordnungssystem herzustellen, das heißt, zwi-

1. *Dichtbesiedeltes Ota Ward, Tokyo*

2. *Shibuya Station Square, Tokyo*

5. *Kisho Kurokawa, Nakagin Capsule Tower, Tokyo, 1972*

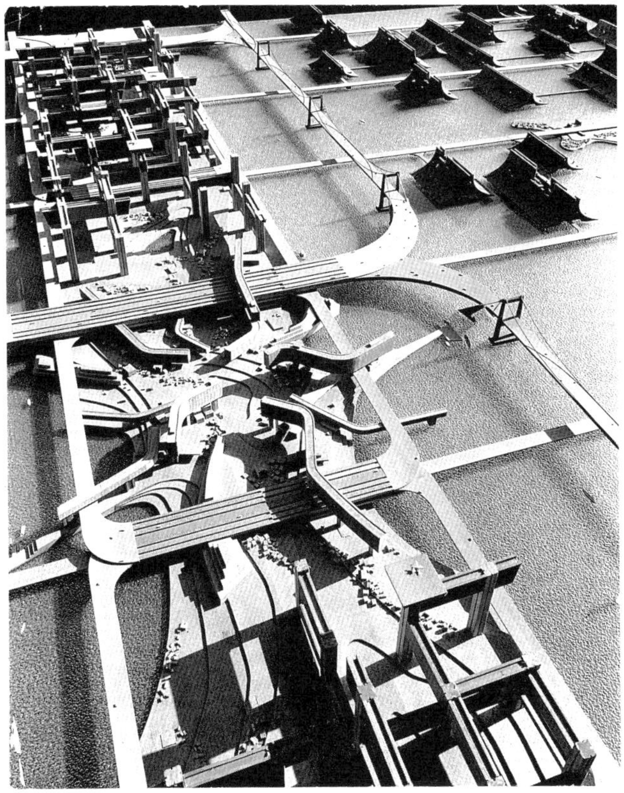

3. *Kenzo Tange, Plan für Tokyo, 1960*

4. *Arata Isozaki, City in the Sky, 1962*

schen dem Ganzen und seinen Teilen.[10] Seine Skepsis gegenüber technologischen Lösungen im Haus- und Städtebau ließ ihn bald einmal die metabolistischen Ideen und Praktiken aufgeben. Er interessierte sich vermehrt für die mehrdeutigen Beziehungen, die die „kollektive Form" städtischen Raums erzeugen oder bestimmen konnten (Abb. 7). Allerdings mußte auch er feststellen, daß der öffentliche Bereich, den er zu fördern gedachte, wie auch der gesamte städtische Kontext, den er miteinzubeziehen hoffte, rasch von den Ideen des „Megalopolis-Projekts" erfaßt wurden. Die Sachzwänge profitorientierten Städtebaus lösten jedes Element in der Stadt systematisch aus seinem Kontext.

Das heutige Erscheinungsbild der japanischen Stadtlandschaft dürfte die Erwartungen eines unvorbereiteten Beobachters in mancherlei Hinsicht übersteigen, nicht nur was die Ballungsdichte und ständig gegenwärtige Menschenmasse betrifft, sondern auch in bezug auf die Qualität der Stadt als menschlicher Erfahrung. Das neue Umfeld ist so umgreifend und überwältigend, daß sämtliche Japanerfahrungen einer Revision zu unterziehen sind; in der Tat muß alles, was mit Japan in Zusammenhang steht, vor dem Hintergrund der japanischen Stadt betrachtet werden.

Aus welchen Gründen erscheint die Stadt zumindest für den westlichen Beobachter so unverständlich? Die Aufzählung der Extreme beginnt mit dem unmittelbar Einsichtigen: der Disparatheit der konstitutiven Elemente, die in der Mehrzahl und in manchen Bereichen auf umwerfende Weise nicht-architektonischer Natur sind. Um es anders zu sagen: Neben, über und in der Architektur findet man ein derartig dichtes Gestrüpp nicht-architektonischer Elemente, daß dieses die Architektur gelegentlich vollständig verdeckt oder sogar ersetzt. Es sei nur auf die Allgegenwart von Zeichen, Symbolen, Anzeigetafeln und Schriftzügen hingewiesen. Als Roland Barthes Japan ein „Reich der Zeichen" nannte, traf er damit den Nagel auf den Kopf (Abb. 8).

Daneben gibt es einen zwar weniger ins Auge fallenden, doch folgenreicheren Aspekt: All diese Zeichen verkünden ebensowenig wie jedes andere Element eine kohärente Botschaft als Ersatz für die herrschende visuelle Unbestimmtheit. Es gibt weder eindeutige rationale Muster, mit denen sich Wahrnehmung und Verständnis des städtischen Raums als einer Totalität strukturieren ließen, noch einen sinnvoll funktionierenden Mittelpunkt in diesem labyrinthischen Netzwerk von Ereignissen. Jeder Versuch, das Wesentliche rational oder logisch zu erfassen, ist zum Scheitern verurteilt. Die verwirrende, oft theatralische Unstofflichkeit der japanischen Stadt bleibt siegreich, und ein Gefühl der Ohnmacht stellt sich ein. Tokyo erinnert den westlichen Besucher daran, daß Rationalität nur ein Wert unter vielen ist. Barthes meinte dazu: „Diese Stadt kann nur durch eine Tätigkeit ethnographischer Art erkundet werden; man muß sich in ihr nicht mit Hilfe eines Buches oder einer Adresse orientieren, sondern durch Umherlaufen, durch Anschauen, durch Gewöhnung, durch Erfahrung. Hier ist jede Entdeckung ebenso eindringlich wie flüchtig; nur durch die Erinnerung der Spur, die sie in einem hinterlassen hat, läßt sie sich wiederholen oder erneuern."[12]

Diese Eigenheit der zeitgenössischen japanischen Stadt beruht allerdings auf mehreren Faktoren. Zum einen ist sie das Produkt der Entwicklung oder des Fortschritts unserer postindustriellen Konsumgesellschaft und ihres rasch eskalierenden „Megalopolis-Projekts", zum anderen läßt sie sich als eine Folge der überlieferten Wahrnehmungsweise der Japaner verstehen, die sich in kulturellen, architektonischen und städtebaulichen Traditionen ausdrückt. Das Verständnis der gegenseitigen Abhängigkeit dieser beiden widersprüchlichen Faktoren ist für die neue Generation japanischer Architekten die Grundvoraussetzung für ihre Arbeit.

Der historische Hintergrund

Für einen flüchtigen Besucher mag es auf den ersten Blick nicht einsichtig sein, daß die Entwicklung der heutigen „poststrukturalistischen" Stadt weit in die Geschichte der japanischen Architektur zurückführt. Wer jedoch die zahlreichen erhaltenen traditionellen Baugruppen und Stadtbezirke gründlich erforscht und sie zu verstehen sucht, entdeckt neben deutlichen Zeichen ihrer Ursprünge eine Ähnlichkeit zwischen traditionellen städtebaulichen Formen und bestimmten stadtgestalterischen Intentionen der neuen Architektengeneration.

6. Kenzo Tange, Festival Plaza, Weltausstellung Osaka, 1970

7. Fumihiko Maki, Hillside Terrace Apartments, Tokyo, 1969–76

8. Unterhaltungsviertel Shinjuku, Tokyo

Die ersten ständigen Hauptstädte Japans wurden nach dem Vorbild der chinesischen Stadt Changan geplant und angelegt, der ein starres Schachbrettmuster mit nordsüdlich und ostwestlich verlaufenden Haupt- und Nebenstraßen zugrunde lag; die gesamte Anlage war von befestigten Mauern umzogen. In diesem klar abgegrenzten und homogenen städtischen System hatten besondere Gebäude, darunter auch der Komplex des Kaiserpalasts, ihren genau bestimmten Ort.[13] Das chinesische Modell stand zwar am Ursprung, doch entfernte sich der japanische Städtebau in der Folge immer mehr von diesem Vorbild. Diese Abweichung, die in Wirklichkeit eine bewußte Übertretung war, begann damit, daß die frühen japanischen Städte den vorgegebenen Plan nur unvollständig einhielten.[14]

Die Stadt Heiankyo oder Kyoto, die 794 Nagaoka als Hauptstadt ablöste und ihren Status bis 1869 behielt, nahm nicht nur an Größe und Einwohnerzahl zu, sondern entwickelte sich auch nach neuen und immer willkürlicheren Mustern, die den topographischen Bedingungen, der Lebensweise und der Mentalität der Japaner entsprachen.[15] Der nach zahlreichen Bränden immer wieder notwendige Wiederaufbau erleichterte diese Abweichungen, die man oft als einen Prozeß der Japanisierung bezeichnet hat (Abb. 9). Heute hat Kyoto eine städtebauliche Anlage, die sowohl das ursprüngliche Schachbrettmuster als auch das zufällige Netz der später über ältere Linienführungen gelegten Straßen erkennen läßt. Da öffentliche Plätze fehlten, diente das ausgedehnte und komplizierte Straßennetz als Raum für das städtische Leben und die Aktivitäten der Gemeinde.

In gleichem Maße prägten komplexe Straßensysteme die Entwicklung zahlreicher anderer Typen städtischer Besiedlung, in denen der rechtwinklige Raster von Anfang an nur eine untergeordnete oder gar keine Rolle spielte. Zu ihnen gehörten die Burgstädte, die vom 16. Jahrhundert an zu bedeutenden Zentren des politischen, wirtschaftlichen und sozialen Lebens wurden und den Kern der meisten modernen Städte Japans bildeten. Aus Verteidigungsgründen waren die wichtigen Straßen und Verkehrswege der Burgstädte mit zahlreichen Biegungen versehen; sie liefen nur durch die Geschäftsviertel und berührten nie das Zentrum. Der Tokaido zum Beispiel, der berühmte Weg zwischen Edo (Tokyo) und Kyoto, wies in der Stadt Okazaki 27 Krümmungen auf. Zudem gab es praktisch keine Straßenkreuze; die meisten Straßeneinmündungen waren T- oder L-förmig angelegt.

Dieses Straßennetz, das zu den Eigenheiten der japanischen Architektur hinzukommt, ist nicht nur die Voraussetzung für einen besonderen Stadtplan, sondern auch für die Aufteilung des städtischen Raums in Zonen oder Bezirke, die oft

9. Kyoto, Plan und Entwicklung bis ins 19. Jh.

1. Kaiserpalast
2. Suzaku-mon-Tor
3. Higashi Sanjo-Palast
4. Westlicher Markt
5. Östlicher Markt
6. Suzaku-Straße
7. Toji
8. Kinkakuji
9. Daitokuji
10. Shimokamo-Schrein
11. Ginkakuji
12. Kamo-Fluß
13. Nanzenji
14. Kiyomizudera

durch die Tätigkeit der in ihnen wohnenden und arbeitenden Handwerker gekennzeichnet waren. Selbst heute noch findet man bestimmte Läden, Kinos, Theater und andere kulturelle Institutionen oder Unterhaltungskomplexe in besonderen Zonen, die gewöhnlich nicht zum Stadtkern oder Zentrum gehören. Während die unregelmäßige, doch einfühlsame oder „kunstvolle Ordnung" der traditionellen Stadtlandschaft in den meisten Fällen (wenn auch manchmal nur unterschwellig) vorherrschte, beschleunigten die Zerstörung zahlreicher Burgen und der wachsende Einfluß geschäftlicher und anderer Entwicklungen den Prozeß städtischer Zerstückelung.[16] William Coaldrake stellt fest, daß sich Tokyo, eine dieser Burgstädte, „als Summe der einzelnen Teile, doch nicht als planvolles Ganzes ausbreitete".[17]

Diese Entwicklung wird durch den traditionell schwachen oder mehrdeutigen Charakter der Stadtzentren weiter verstärkt. Von ihrer Anlage her hatte die chinesische Stadt, die den frühen japanischen Hauptstädten als Vorbild diente, kein Zentrum, und dieses Merkmal fand in Japan überzeugte Verteidiger. Der Komplex des Kaiserpalasts mit seinem homogenen Raster wurde an das nördliche Ende der Nordsüdachse gelegt, und als eine befestigte „verbotene Stadt" war und ist er dem gewöhnlichen Volk nicht zugänglich. Selbst in den späteren Siedlungstypen fehlt der große Platz, um den sich öffentliche Gebäude und Institutionen drängen und der das politische und geistige Zentrum der Stadt ist.

In japanischen Städten wurden wichtige Gebäude in bestimmten Abständen an den Straßen aufgereiht.[18] Religiöse Komplexe lagen oft am Rand oder außerhalb der Stadt. Mittelalterliche Burgstädte, die selbst keine Stadtmauern hatten, waren von zahlreichen Tempeln umringt, die Verteidigungszwekken dienten. Während die Stadt keine genaue Umgrenzung hatte, sondern nur ungeordnete Reihen von Häusern und Holzbauten, war die eigentliche Burg von Gräben und dicken Steinmauern umzogen. Das beherrschende Zentrum war wie der Kaiserpalast durch eine weitere Mauer geschützt; gewöhnlichen Bürgern war der Zutritt verboten. Da im heutigen Tokyo die kaiserliche Residenz im innersten Bezirk der erhaltenen Edo-Burg liegt, ist das ursprüngliche Zentrum der Stadt unerreichbar, unsichtbar, ein abgeschlossener Raum. Solche Merkmale veranlaßten Terunobu Fujimori, die japanischen Städte mit Kohlköpfen, die von weichen, schützenden Schichten umgeben sind, und westliche Städte mit hartschaligen Eiern zu vergleichen.[19] Um die Unterschiede zu verdeutlichen, fügte Shuji Takashina hinzu: „Wo man im Westen den Raum in einer einheitlichen, konvergierenden Weise als ein abgesondertes, in sich geordnetes Ganzes versteht, sieht man ihn in Japan in pluralistischer, divergierender Weise, in Form von zahlreichen, untereinander verbundenen Einzelstücken."[20]

Die Entwicklung des japanischen Städtebaus läßt erkennen, daß die Stadt als ein erweiterbares Geflecht (ein Text?) geschaffen, wahrgenommen und verstanden wurde; die Teile (oder Episoden) besaßen in einem Netzwerk unabhängiger Orte Vorrang; das Ganze (oder die Geschichte) als Summe oder als unvollständige Form bleibt schwer faßbar und konstituiert sich erst in der Erinnerung und der Phantasie des Betrachters. Wie Tokyo am besten veranschaulicht, hat die japanische Stadt weder die strukturelle Übersichtlichkeit europäischer Städte noch das Schachbrettmuster amerikanischer Siedlungen. Statt dessen wuchs sie wie ein mehrfach unregelmäßig gefaltetes Tuch oder, wie Vladimir Krstic bemerkt: „Sie entwickelte sich ohne sichtbares Konzept ihrer Totalität."[21]

Gewöhnlich wurden städtische Reihenhäuser in dicht besiedeltem Gebiet und die Straßen, an denen sie lagen, durch den manchmal massiven, doch stets raffinierten Einsatz von Zeichen und Symbolen individualisiert und erkenntlich gemacht; diese Zeichen wurden je nach Bedarf oder Übereinkunft ausgewechselt, doch nie einer endgültigen oder starren Ordnung unterstellt (Abb. 10). Die aus leichtem, vergänglichem Material errichteten Gebäude wurden oft erneuert, umgestellt oder wiedererbaut. Das Ritual des periodischen Neubaus der Shinto-Schreine ist ein typisches Beispiel, obwohl auch gewöhnliche Häuser immer wieder neu zu errichten waren, da sie aufgrund ihrer leichten Bauweise in Holz und Papier durch Brände, Erdbeben oder Kriege, die Japan im Lauf seiner ganzen Geschichte heimsuchten, zerstört wurden.[22] Die japanische Stadt kann also trotz ihres labyrinthischen Charakters in überraschendem Maße mit Hilfe ihrer Zeichen und Symbole gelesen und verstanden werden, nicht jedoch durch die Materialität ihrer einzelnen Bestandteile oder Abgrenzungen. Die Japaner verstehen den städtischen Raum nicht wie Europäer oder Amerikaner als Raster oder Netzwerk, sondern eher „als Collage oder empirische Vereinigung von verstreuten Symbolen".[23] Diese Eigenschaften rufen einen Eindruck der Unstofflichkeit und Vergänglichkeit, der Veränderlichkeit des menschlichen Lebens, von Existenz und Sinndeutung hervor. Sie lassen den starken Einfluß östlicher Weltanschauungen wie Shintoismus oder Buddhismus auf das städtische Umfeld erkennen und die Stadt – als Bühne wie als Manifest – zu einem Teil der „vergänglichen Welt" der Japaner werden.

Die städtische Konsumwüste

Zweifellos hat vieles von dem, was Tokyo und andere japanische Städte heute so kaleidoskopartig erscheinen läßt, seinen Ursprung in der Geschichte des japanischen Städtebaus. Trotz offensichtlicher Ähnlichkeiten gibt es jedoch wichtige, wenn auch nicht auf den ersten Blick einsichtbare Unterschiede zwischen der Edo-Zeit oder Vormoderne und zeitgenössischen städtischen Entwicklungen.

In der Edo-Zeit gab es ein in weiten Teilen unbestimmtes Umfeld mit einer komplizierten Ordnung, deren Wahrnehmung physische Teilnahme und geistige Interpretation voraussetzte. In einer solchen Wahrnehmung der (städtischen) Wirklichkeit – sie läßt sich mit der buddhistischen Hinführung des kritischen Selbstbewußtseins zu einer nicht-rationalen „vielfachen Leere" *(mu)* vergleichen[24] – konnten das wahrnehmende Subjekt und die wahrgenommene Welt identisch und zugleich verschieden sein, während die Bedeutung des gebauten Umfelds weder absolut noch relativ zu setzen war. Heute jedoch leben wir in und arbeiten an einem städtischen Geflecht, in dem das System der Zeichen und Symbole aus Reklame- oder Propagandagründen auf seine reine Instrumentalität beschränkt ist und durch

10. Traditionelle städtische Reihenhäuser, Gion Corner, Kyoto

den einzigen Zweck des Konsums gelenkt wird. Dieser Prozeß wird durch den allgegenwärtigen Apparat der Massenmedien gefördert, der im Verein mit einer gleichgeschalteten konsumorientierten Gesellschaft ein Klima schafft, das, wie Vladimir Krstic bemerkt, „zur Durchsetzung und Manipulation einheitlicher Wert- und Präferenzsysteme in allen Bereichen des sozialen Lebens beiträgt".[25] Die Förderung des Massenkonsums läßt sich nur aufrechterhalten, wenn das urbane Umfeld hinsichtlich seiner Form und Atmosphäre mit einer begrenzten und unmittelbaren räumlichen Bedeutung geplant wird; tatsächlich wird es mit gezielter Genauigkeit geschaffen.[26]

Da das ganze überbaute Land Warencharakter annimmt, kann sich die Flut der Reize unter den Schutz der Bedeutung stellen. Ein solcher Overkill der Sinne entwertet jedoch alles, beutet die Symbole und andere Kommunikationsweisen aus und raubt der Stadt ihre Bedeutung. Die heutige japanische Stadt ist, wie Toyo Ito feststellt, keine Oase mehr, sondern wird von der wachsenden Zerstörung und Gleichförmigkeit der Wüste bestimmt.[27] Diese Tendenzen der Großstadt sind zwar allgemein für den Städtebau kapitalistischer Gesellschaften charakteristisch, doch in Japan besonders extrem ausgeprägt, weil dort die noch lebendigen traditionellen Bauweisen und soziokulturellen Verhältnisse der Ausbeutung durch die Konsumwelt kaum etwas entgegenzusetzen haben. Niemand ist sich dieser gefährlichen Lage stärker bewußt als die „unglückliche" Avantgarde der zeitgenössischen japanischen Architekten, die sich in ihren Entwürfen mit den weitreichenden Folgen und endgültig kurzgeschlossenen Beschränkungen der Großstadt auseinanderzusetzen haben.[28]

Nach dem Bankrott der metabolischen Theorie in Japan reagierten die Architekten in den vergangenen fünfzehn Jahren in vielfältiger Weise auf die Entwicklung und Verschlechterung der urbanen Bedingungen. Allen gemeinsam ist die Einsicht, daß die Zeit riesiger revolutionärer Stadtgestaltungen im Zeichen technokratischer Utopien endgültig vorüber ist. Solche Entwürfe wären in Anbetracht der sozialen, ideologischen und kulturellen Gegebenheiten des neuen Fin-de-siècle nicht nur äußerst fragwürdig, sondern sogar unmöglich; in dieser Hinsicht ist die Stadt kein Thema für Entwürfe mehr. In den frühen siebziger Jahren wurde die japanische Avantgarde-Architektur durch den Fortschritt der Moderne überrannt, durch das „Megalopolis-Projekt", das die modernen Architekten, die Metabolisten miteingeschlossen, zu fördern sich bemühten. Da die Avantgarde ihre Daseinsberechtigung verloren hat, macht sie einer neuen Spätavantgarde oder „Arrièregarde" Platz, um den Ausdruck Kenneth Framptons zu zitieren, die nicht stur den Fortschritt fördert, sondern dessen Mythos und Demagogie in Frage stellt und ihnen zudem Widerstand leistet.[29] Allerdings werden Notwendigkeit und Natur dieses Widerstands nicht von jedermann gleichermaßen erkannt und verstanden.

Eine Architektur des Widerstands

Seit den frühen siebziger Jahren haben sich zahlreiche Architekten auf der Suche nach einem Ersatz für die verlorenen universellen Zeichen in etwas gestürzt, das im allgemeinen als Sprachspiel bekannt ist; sie glauben immer noch an die Möglichkeit, in einer „Stadt ohne Eigenschaften" Identität herstellen zu können. So verzweifelt bemühen sie sich um die Erfindung neuer Stile, Formen und Bedeutungen, um ihre eigenen Markenzeichen zu setzen, daß sie nicht immer bemerken, wie sie in Wirklichkeit das städtische Babel nur weiter verschlimmern. „Die Tragödie liegt", wie Hajime Yatsuka betont, „nicht unbedingt in ihren Meinungen, sondern in dem semantischen Universum, das sie umgibt."[30] Der großstädtische Marktplatz ist unermüdlich darum besorgt, alle Dinge in den Blick zu bekommen, vor allem leicht zu identifizierende Stile und Produkte, die sich in vermarktbare Bilder verwandeln lassen. Damit verlieren sie jedoch zu aller Erstaunen ihren Wert. Unzählige Gestalter fielen diesem Prozeß zum Opfer und erholten sich nicht mehr von dem Verlust eines Spiels, das Chris Fawcett treffsicher „eine Art ästhetisches Russisches Roulette" genannt hat.[31]

Jenen, die von einem formalistischen, kontextbezogenen Typ des Städtebaus weniger überzeugt waren, standen andere Möglichkeiten offen. Das Spiel selbst wurde beibehalten, doch die Absicht der „Neuen Welle der japanischen Architektur" war es, die Spielregeln zu ändern.[32] Das erste Anzeichen dieser Entwicklung war der Entwurf von Gebäuden, die eine bewußte Abkehr von der Stadt erkennen ließen. Wie viele Architekten fühlten, war unter den gegebenen Umständen die gewöhnlich vermittelnde Beziehung zwischen Gebäude und Stadt oder zwischen privatem und öffentlichem Bereich schwierig oder unmöglich aufrechtzuerhalten. Die so entstehende introvertierte, defensive Architektur was als Bollwerk des Widerstands gedacht. Um die Bewohner vor den zunehmenden Gefahren der Stadt zu bewahren, grenzten die Entwerfer Außen- und Innenbereich oft hermetisch voneinander ab. Weil es nur wenig Austausch zwischen Innen und Außen gab, stellte die kleine Innenwelt, ein hermetischer Mikrokosmos, verborgen in massiven Betonbauten mit starrem Grundriß, die Bedingungen für Augenblicke der Stille bereit, in denen sich der Bewohner körperlich und geistig erholen konnte.[33]

Diese Gebäude, meist kleine Wohnhäuser, zeigten entweder eine leere Fassade oder drehten ihre Rückfront zur Stadt, in einer Haltung, die ausdrücklich anti-urban war oder zumindest Gleichgültigkeit signalisierte. Im Inneren jedoch versuchten sie alle, eine neue humane Wirklichkeit und ein neues Selbstbewußtsein zu schaffen, indem gewohnte Anschauungen und vertraute Assoziationen oft bewußt in Frage gestellt oder verfremdet wurden. Man suchte also nach neuen Beziehungen zwischen Raum und Bewohner, um neue Lebensweisen und Bedeutungen zu erzeugen. So war Tadao Andos schlichte minimalistische Architektur eine Neuinterpretation der Ruhe eines Hauses im traditionellen *sukiya*-Stil und der Hofanlage des städtischen Wohnhauses *(machiya);* damit kritisierte sie zugleich die hedonistischen und konformistischen Tendenzen des zeitgenössischen Bürgertums in Architektur und Städtebau (Abb. 11 und 34). Ando schreibt dazu: „Ich will die wirklich beständigen und wesentlichen Elemente der menschlichen Wohnung eines nach dem anderen wiedergewinnen; viele von ihnen wurden im Lauf unseres raschen wirtschaftlichen Wachstums aufgegeben: echte Beziehungen zur Natur, direkter Dialog mit den Materialien, die kleinen Entdeckungen und Überraschungen, die die Leute in ihrem täglichen Lebensraum machen können, das Vergnügen und die ästhetische Erbauung, die eine schöpferische Initiative einer einfachen Lebensweise bringen kann."[34]

Kazuo Shinohara, Toyo Ito und sogar Hiroshi Hara verfolgten in den frühen siebziger Jahren eine ähnliche Linie. Auch ihre Bauten wandten sich gegen das amorphe urbane Umfeld.[35] Man betrachte beispielsweise Shinoharas kleine Wohnhäuser wie das Haus in Uehara (1976) und das Haus an einer kurvigen Straße (1978) oder Itos U-Haus in Nakano (1976), die alle als isolierte Fremdkörper im urbanen Kontext von Tokyo erscheinen. Das Erlebnis der Innenräume dagegen entzieht sich der Bestimmung oder objektiven Beschreibung, insofern rationales Erfassen und räumliche Wirklichkeit außer Kraft gesetzt werden. Der durch zwei weiße, sanft geschwungene parallele Steinwände gebildete Innenraum des U-Hauses hat weder sichtbaren Mittelpunkt noch eine klare Ausrichtung oder einen Abschluß. Nichts ist fixiert, nichts ist absolut. Das durch einen Schlitz in der abgeschrägten Decke einfallende Licht und das einzige, sich auf den leeren Hof – das negative Zentrum – öffnende Fenster bringen das gewohnte Bezugssystem unserer Wahrnehmung ins Wanken. Das von den Wänden reflektierte Dämmerlicht verleiht den Innenräumen immaterielle Existenz. Man fühlt sich wie in einer dunklen Höhle oder wie im Mutterleib (Abb. 12 und 36).

Trotz ihres offensichtlichen anti-urbanen Charakters sind diese Gebäude nicht notwendigerweise gegen die Stadt überhaupt gerichtet. Wie Hara erklärt, drücken sie lediglich „eine kritische Haltung gegenüber den heutigen urbanen Gemeinschaften" aus.[36] Bei näherer Betrachtung lassen viele Beispiele dieser Verteidigungsarchitektur, darunter auch Haras eigene „Reflection Houses", die Absicht erkennen, innerhalb eines Einzelgebäudes „eine andere Stadt" zu schaffen. Hara entwarf zahlreiche Häuser mit einer Folge zentral gelegener Räume als „öffentlichem" Bereich, beispielsweise „städtische" Straßen oder Treppen mit winzigen metaphorischen urbanen Bruchstücken: Plätzen, Kreuzungen, Fassaden von Innenräumen, das Ganze unter dem schützenden Dach des Gesamthauses (Abb. 13). Auch Andos kleine Gebäude sind in der Mehrzahl mit winzigen Freilichthöfen ausgestattet, die wie „städtische Plätze" Brücken und Treppenanlagen aufweisen. Eine ähnliche Absicht bestimmt des weiteren die „gespaltenen Räume" im „Unvollständigen Haus" (1970) und im „Vielspaltenhaus" (1972) von Kazuo Shinohara, ganzu zu schweigen von Isozakis öffentlichen Gebäuden wie dem Gunma Museum (1974; Abb. 14) und dem Kitakyushu Museum (1975) oder dem Rathaus von Kamioka (1978).

Diese Entwürfe zeugen von einer merkwürdigen Umkehrung des Städtebaus: Innerhalb selbständiger Gebäude werden paradoxe Stadtmodelle geschaffen. Haras Absicht ist es, „die Stadt im Haus zu begraben", und Ito geht es um den Bau von „Utopias in kleinem Maßstab"[37]. Allerdings zeigen diese

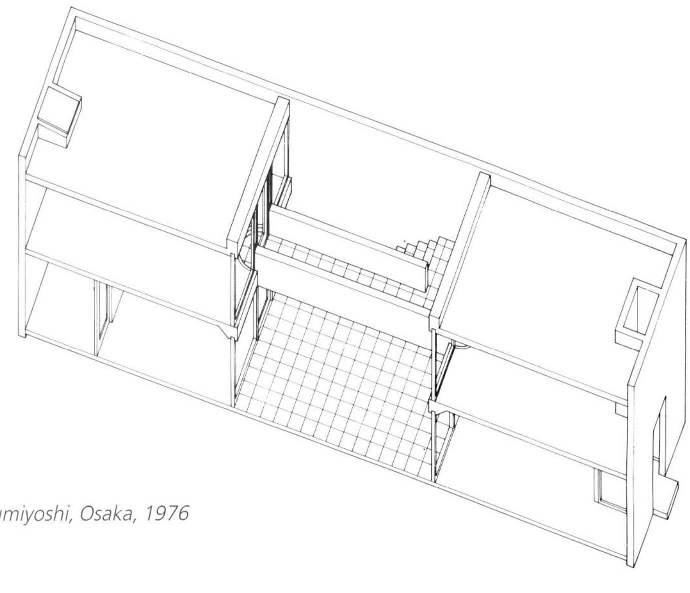

11. *Tadao Ando, Reihenhaus, Sumiyoshi, Osaka, 1976*

12. *Toyo Ito, U-Haus, Nakano, Tokyo, 1976*

Äußerungen wie auch viele der Gebäude selbst das Dilemma und die Enttäuschung all jener, die angesichts der zunehmenden Bedeutungslosigkeit der Außenwelt und des Alltags auf der Suche nach einer freieren, dabei jedoch privaten und selbständigen Lebensordnung sind. Ihre Bemühungen führen unweigerlich in die Isolierung und verspielen die Möglichkeit einer gemeinsamen Grundlage innerhalb des öffentlichen Bereichs, in dem Bedeutung letzten Endes wurzelt. Das Dilemma liegt darin, daß die Großstadt die öffentliche Kommunikation einerseits unterbindet, während sich andererseits die Auswirkungen der Massenmedien selbst durch hermetische Abschrankungen nicht vollständig ausschließen lassen.

Neue Zielsetzungen

Im Bewußtsein, daß die Situation unmöglich so bleiben könne, begann sich die japanische Architekten-Avantgarde umzubesinnen und neue Strategien zu entwickeln. Die Defensivhaltung und die Abkehr vom städtischen Bereich machten der Bereitschaft Platz, der Großstadt mit ihren eigenen Begriffen entgegenzutreten. Nun ging es nicht mehr allein um eine neue Interpretation des „Begrabens der Stadt in der Architektur", sondern vermehrt darum, „die Architektur in die Stadt einzubetten".[38] Die neue Architektur suchte also trotz aller Selbstbehauptung die Beziehung zur Stadt, ohne dabei jedoch ihre kritische Haltung aufzugeben. An die Stelle von Gewalt und radikaler Konfrontation traten dichterische und vielleicht wirkungsvollere kritische Entwurfsmethoden, die den Begriff des „Poetischen" einbezogen.[39]

Die Flexibilität, Lebensenergie, Dynamik und Spannkraft, die die japanische Stadt nie verloren hatte, werden nun in einer städtebaulichen Renaissance wiederentdeckt. Die Architekten gehen mit neuer, erhöhter Sensibilität auf die Stadt ein. Das Paradox ist, daß die Architektur nun nicht nur die zunehmend

13. *Hiroshi Hara, Haus Hara, Machida, 1974*

14. *Arata Isozaki, Gunma Museum, Takasaki, 1974*

unbestimmbaren Kräfte der Großstadt aufdeckt, sondern oft auch als Waffe und Schutzschild gegen sie eingesetzt wird. Shinoharas Haus unter der Hochspannungsleitung (1972) kann beispielsweise, wie Marc Treib ausführte, verstanden werden „als ein Akt der Ehrerbietung, in dem sich die Dachebene vor den unsichtbaren Kräften der staatlichen Versorgungsbetriebe verbeugt, [aber auch] als Akt der Herausforderung, in dem die Architektur nicht zurückweicht, sondern sich der verborgenen Kraft entgegenstemmt, wenn sie dabei auch verformt wird."[40]

Diese Bauten der Avantgarde sind also von einer inneren Ambiguität geprägt: Auf der einen Seite passen sie sich der Stadt an, auf der anderen stellen sie sich ihr entgegen; dementsprechend verwischen sich auch die inneren Abgrenzungen zwischen kreativen (poetischen) und kritischen Prozessen. Wollten die Architekten zuvor die Regeln des Sprachspiels neu formulieren, so versuchen sie nun, sie zu brechen und das ganze Spiel in Frage zu stellen; ihre Absicht ist es, die geschlossenen, in sich beschränkten Schaltkreise der Bedeutung aufzubrechen. Statt nach einer Kontextbestimmung zu suchen, befassen sich die Entwerfer mit der vielversprechenderen unbestimmten Textualität des überbauten Umfeldes; die Stadt wird als offener Text innerhalb der diskursiven Tätigkeit der Gesellschaft verstanden. In diesen Absichten spiegelt sich die Auseinandersetzung mit zeitgenössischen Strömungen der westlichen Philosophie, mit Poststrukturalismus und Dekonstruktivismus.

Genauer gesagt geht es darum, Lücken in den Regeln des formschaffenden und sinnerzeugenden Spiels zu finden und dadurch dessen System und innere Logik aufzudecken oder kritisch zu dekonstruieren. Auf diese Weise erscheinen weder Form noch Sinn als selbstverständliche, natürliche (oder ahistorische) abgeschlossene Einheiten und erweisen sich so weniger anfällig auf die Vermarktung und Ausbeutung in der Konsumgesellschaft. In einer solchen Integration ohne Synthese ist Totalität kein Zustand visueller Vollständigkeit oder Vollkommenheit; das Ganze muß ständig mit Hilfe der Erinnerung und Einbildungskraft rekonstruiert werden. Eine bruchstückhafte Integration weicht die erstarrte, auf einen Punkt gerichtete Perspektive oder gewohnte Wahrnehmung auf; der Beobachter muß eine Mehrfachperspektive entwickeln, um die Wirklichkeit dieser Architektur zu interpretieren und intuitiv zu verstehen, einer Architektur, die eine gegenseitige – und vielleicht auch kritische – Beziehung zwischen dem interpretierenden Subjekt und dem interpretierten Objekt herstellt und die Person durch eine Unzahl unsichtbarer Fäden mit der Welt verknüpft. Objekte gehen zunehmend ihres objektiven Charakters verlustig, während Subjekte ihre Subjektivität aufgeben und ihre Unabhängigkeit und gegensätzliche Position verlieren. Weder die geschaffene Welt noch die Menschen können Anspruch auf Selbstbehauptung und Eigenständigkeit erheben.

In dieser Architektur ist die Totalität unbeständig, brüchig und dauernd durch Auflösung bedroht. So erinnern uns viele neue Gebäude in Japan an Dinge, die im Verschwinden oder umgekehrt im Entstehen begriffen sind. Sie zu erfahren ist ein Prozeß, Architektur in einen ständig wechselnden, vorläufigen Zwischenzustand zu versetzen, in dem Werden und Vergehen, Wachstum und Verfall, Wirklichkeit und Fiktion, Schweigen und Sprechen gleichzeitig gegenwärtig oder vielleicht ein und dasselbe sind. In diesem Sinn erinnern viele dieser Entwürfe an Sinnestäuschungen, Zwielicht, Schatten, Wolken oder Spiegelungen und gewinnen eine flüchtige oder fiktive Qualität.

Allerdings darf und soll die Dekonstruktion von Form und Bedeutung, das heißt, der Sprache von Architektur und Städtebau selbst, nicht ihre vollständige Beseitigung und Zerstörung meinen. Ebensowenig soll damit, wie in der populistischen und reaktionären Richtung der Postmoderne, gesagt werden, daß nun alle Positionen zur Verfügung stehen oder daß alles möglich sei. Eher wird damit eine kritische Methode bestätigt, die Form und Bedeutung zerlegt, um sie auf andere Weise wieder zusammenzusetzen, eine Weise, die uns aus der Macht der Buchstäblichkeit befreit und die Idee einer besonderen Darstellungsweise innerhalb eines ästhetischen Sonderbereichs und unter der Herrschaft eines besonderen „Mittelpunkts" bestreitet. Es geht darum, Unterschiede anzuerkennen und zu berücksichtigen, ohne in reinen Widerspruch zu verfallen, durch eine kritische Vermittlung, die über den starren Dualismus von Objektivität und Relativität hinausgeht, um eine „Struktur der Differenz" oder die „Ordnung des Chaos" zu schaffen. Aus japanischer Sicht ist es nicht zufällig, daß diese neue, nicht-westliche Verstehens- und Verhaltensweise zahlreiche Aspekte des traditionellen japanischen Denkens widerspiegelt, das sich auch in den überlieferten Strukturen der historischen Stadt ausdrückt.

Architektur, Stadt und Natur

Lücken innerhalb der gegenwärtigen vorhersagbaren Verhältnisse werden mit Hilfe neuer Sensibilität aufgespürt, die auf erhöhter Angst und lakonischem Stoizismus beruhen; diese beiden Haltungen kennzeichnen das kulturelle und intellektuelle Klima des neuen Fin-de-siècle wie auch die architektonische und urbane Landschaft in Japan. Die Wiederentdeckung und Neuinterpretation der engen Beziehung zwischen Natur und Architektur ist eine dieser Lücken, durch die die Architekten den heutigen städtischen und kulturellen Zwängen entkommen. Die neueren Bauten von Hara, Yamamoto, Ito, Hasegawa und natürlich Ando sind ausnahmslos Kommentare über die Natur anhand und bezüglich der Architektur.

Von seinem Verständnis des Gegensatzes zwischen Kultur und Natur ausgehend, setzt Tadao Ando die Natur gegen die trivialisierenden Tendenzen der zeitgenössischen Massenkultur und der Großstadt. Allerdings schließt er gewöhnlich die Pflanzenwelt aus seinem Werk aus, weil er, wie Kenneth Frampton meint, erkannt hat, „daß die Pflanzen heute ständig als billige Verbesserungsvariante verwendet werden, das heißt, als sentimentale Ästhetisierung eines sonst sterilen, wenn nicht brutalen Umfeldes".[41] Heute ist selbst die Natur zur Ware geworden (man denke an die Unzahl von Grünpflanzen, die eine natürliche Atmosphäre erzeugen sollen, in Ladenstraßen und Einkaufszentren). So kennzeichnet Ando die Natur als Leere, anstatt sie durch naturähnliche Bilder darzustellen.

Um die Reduktion seiner Gebäude zu konsumierbaren Bildern zu verhindern, strebt Ando eine Architektur an, die nicht auf Erscheinung, sondern auf Erfahrung gegründet ist. Seine Werke beruhen auf einem Paradox, insofern sie eine substantielle Leere schaffen sollen, die alles Absolute, darunter auch den Begriff des Zentrums, zurückweist. In den Höfen, die man in all seinen Bauten, selbst den kleinsten Häusern, findet, ist die anregende und provozierende Kraft der Natur in Form von Wind, Regen, Schnee und als „gerahmter Himmel" gegenwärtig: als gestaltlose, formlose und deswegen nur schwer reduzierbare Erscheinungsformen unserer natürlichen Welt; dem Wohnbereich direkt gegenübergestellt, sind sie fähig, unsere zweckbezogenen, materialistischen Bestrebungen ständig herauszufordern. Andos Natur schleicht sich in seine Gebäude ein und gewinnt Bedeutung durch die Lücke, die vorhanden ist oder die er vorsätzlich zwischen Funktion und Architektur öffnet: „Meine Entwurfsarbeit verfolgt das Ziel, den Räumen durch natürliche Elemente und die zahlreichen Aspekte des Alltagslebens eine reiche Bedeutung zu verleihen. Solche Dinge wie Licht oder Wind gewinnen nur Sinn, wenn sie mittels einer aus der Außenwelt herausgeschnittenen Form in das Haus eingeführt werden. Die isolierten Fragmente von Licht und Luft können die gesamte Natur andeuten" (Abb. 15).[42] Diese Haltung, die jener des japanischen *haiku* nicht unähnlich ist, läßt poetische Inspiration erkennen, ist sich jedoch der Oberflächlichkeit und wachsenden Gleichförmigkeit heutiger Lebensweisen voll bewußt.

Dieses besondere Paradox, bei dem die Totalität der Natur in Stücke zerlegt wird, um die Gesamtheit zu bewahren, zeigt sich noch in Andos Entwürfen aus der Mitte der achtziger Jahre. Das Time's Building (1984), die Rokko-Kapelle (1985) oder das „Jun" Port-Island Building (1985) haben jedoch einen großzügigeren Standort als ihre Vorläufer in den siebziger Jahren und reagieren deshalb besser auf die umgebende Natur oder Stadtlandschaft (Abb. 16). Obwohl seine Architektur zweifellos stärker auf die Umgebung eingeht und dadurch an provozierender Wirkung verliert, filtert Ando weiterhin Natur und Stadt, bevor er sie in seine Gebäude einbezieht. Durch geschichtete Wände mit Zwischenräumen, durch Teilumfriedungen und sorgfältig angeordnete Öffnungen – Andos wichtigste Gestaltungsmittel – werden Natur und Standort verwandelt oder in Architektur umgeformt, um ihre natürliche Erscheinung zu verlieren, während seine Architektur zu einer durchlässigen Matrix unbestimmter Räume wird.

Ando ist allerdings nicht der einzige, der Wände hintereinanderschichtet, um die Bedingungen zu verändern, denen die Gebäude ausgesetzt sind. Wenn die Umstände es zulassen, greifen auch andere Architekten zu diesem Mittel. Kunihiko Hayakawa setzte in seinen drei Häusern in Seijo (1981–1988), die an einer lärmigen Straße mit Kreuzung liegen, die schützende Funktion solcher Mauern ein. Mit geschichteten Betonwänden, wenigen Öffnungen und Zwischenzonen schuf er einen Übergang zwischen öffentlichem Verkehrs- und privatem Wohnbereich, eine Grenze, die bei aller Geschlossenheit durchlässig ist.

Obwohl Hiromi Fujii ein völlig anderes Verhältnis als Ando zu „architektonischer Metamorphologie, Dekonstruktion, Dekomposition, Desemiotisierung und der Negativität des Materialismus" hat, drücken seine Bauten, vor allem die jüngeren, einen Zusammenbruch des baulichen Objekts aus.[43] Während Ando ein Architekt der Heideggerschen Nähe ist, arbeitet Fujii mit einer kritischen Distanz, die an Theodor W. Adorno erinnert. Lange Zeit beschäftigte er sich mit der Aufhebung von Form und Bedeutung, die auf Routine und Wahrnehmungsmechanismen beruhen. Es gilt, den Menschen in einen ursprünglichen Zustand zurückzuversetzen, in dem Bezüge zum Alltagsleben sorgfältig ausgeschaltet werden, um eine rein existentielle Beziehung zwischen Subjekt und Objekt zu erreichen. Diesen Zustand erreicht Fujii durch eine überrationale Anwendung der Geometrie, die die Architektur dem kontrollierten Zufall unterwirft. In seinen Projekten Shibaura Gymnasium und Ushimado (beide 1985) wird jedes architektonische Element – Wände, Öffnungen, Räume – ständig umgewandelt. Im Ushimado International Arts Festival Center geht die Architektur unmerklich in dem atemberaubenden, doch schwer zu beschreibenden transzendentalen Bereich der Terrasse auf.

15. Tadao Ando, Haus Koshino, Ashiya, 1982

Die Projekte Mizoe Nr. 1 und Nr. 2 sind Fujiis neueste Versuche, die (architektonische) Welt der Klassik mit ihrer einheitlichen Perspektive in Frage zu stellen und sie durch verstreute, mehrschichtige Räume mit vielfältigen Perspektiven zu ersetzen. Zum erstenmal bringt Fujii hier seine ungewöhnlichen Ideen in reine Wohnhäuser ein; bei beiden Projekten handelt

16. Tadao Ando, Rokko-Kapelle, Mt. Rokko, Kobe, 1986

es sich um Modellhäuser in der Stadt Iizuka auf Kyushu. Baut Nr. 1 noch auf einem rechteckigen System auf, so weist Nr. 2 nicht nur in Teile zerlegte, sondern auch verstreut angeordnete Mauern und Rahmengitter auf. Das Verständnis der räumlichen Anlage setzt in diesem Fall einen ständig wechselnden Standpunkt voraus (Abb. 17). Fujii schreibt dazu: „Wenn ich die Welt der Klassik und zudem die Wirklichkeit in all ihrer Vielfalt und Komplexität betrachte, bin ich gezwungen, die verschiedenen Ansichten, die die letztere bietet, in Betracht zu ziehen. (...) Das betrachtende Subjekt, das wir früher als Spiegel verstanden, der unveränderliche Bilder zurückwarf, besitzt Verzerrungen wie die Sprache und ist zudem nur ein Teil der Außenwelt."[44] So ist Fujiis unklassische Architektur, für die das Ushimado Center und das Projekt Mizoe Nr. 1 die besten Beispiele sind, eine deutliche Kritik an der heutigen urbanen Architektur und ihrer vereinfachenden Darstellungsweise.

Mit Andos gestalterischem Bemühen, die unvorhersagbaren, wechselnden Naturerscheinungen in die Architektur einzubeziehen, verwandt ist Hiroshi Haras neues architektonisches Konzept der Modalität, das auf die Verwischung der Grenzen zwischen Natur und Architektur ausgerichtet ist.[45] In seinen neuesten Bauten, vor allem dem Tasaki Museum (1986), dem Yamato International Building (1987) und dem City Museum in Iida (1988) ist die Architektur selbst so gegliedert, daß sie sich Naturerscheinungen wie Wolken, Nebel, Regenbogen oder Fata Morgana annähert (Abb. 18). Die Grenzen dieser Gebäude sind innerhalb einer mehrgeschossigen Struktur möglichst unbestimmt gelassen. Die geschwungenen, zerstückelten Volumen, die von reflektierenden Aluminiumplatten umhüllt sind, die zahlreichen sorgfältig gemusterten Milchglas-Fensterscheiben und das raffinierte Wegesystem, das Innen- und Außenräume durchzieht, erzeugen eine vielschichtige Architektur. Damit soll ein Bezug hergestellt werden zu den amorphen und vergänglichen Formen der Natur und zu den Strukturen des menschlichen Unterbewußtseins, das solche Erscheinungen erfaßt. Haras Architektur der Modalität steht im Einklang mit der Natur, sie kann sich „mit den Veränderungen der Natur selbst verändern", ist aber auch, wie das Werk Marcel Duchamps, ein Versuch, „in das Bewußtsein zu spähen".[46] Hara ist bemüht, in verschiedenen Szenen seinem intuitiven Verständnis Ausdruck zu verleihen, daß Architektur, Natur und menschliches Bewußtsein unzertrennlich miteinander verknüpft sind und sich gegenseitig bedingen; ihre Grenzen, die jenseits des physischen Bereichs liegen, sind wie ihre Formen, Bedeutungen und eigentliche Natur von unergründlicher Vieldeutigkeit.

Vielleicht weisen Takefumi Aidas neue Experimente mit architektonischer Fluktuation, Zerstückelung und Verstreuung

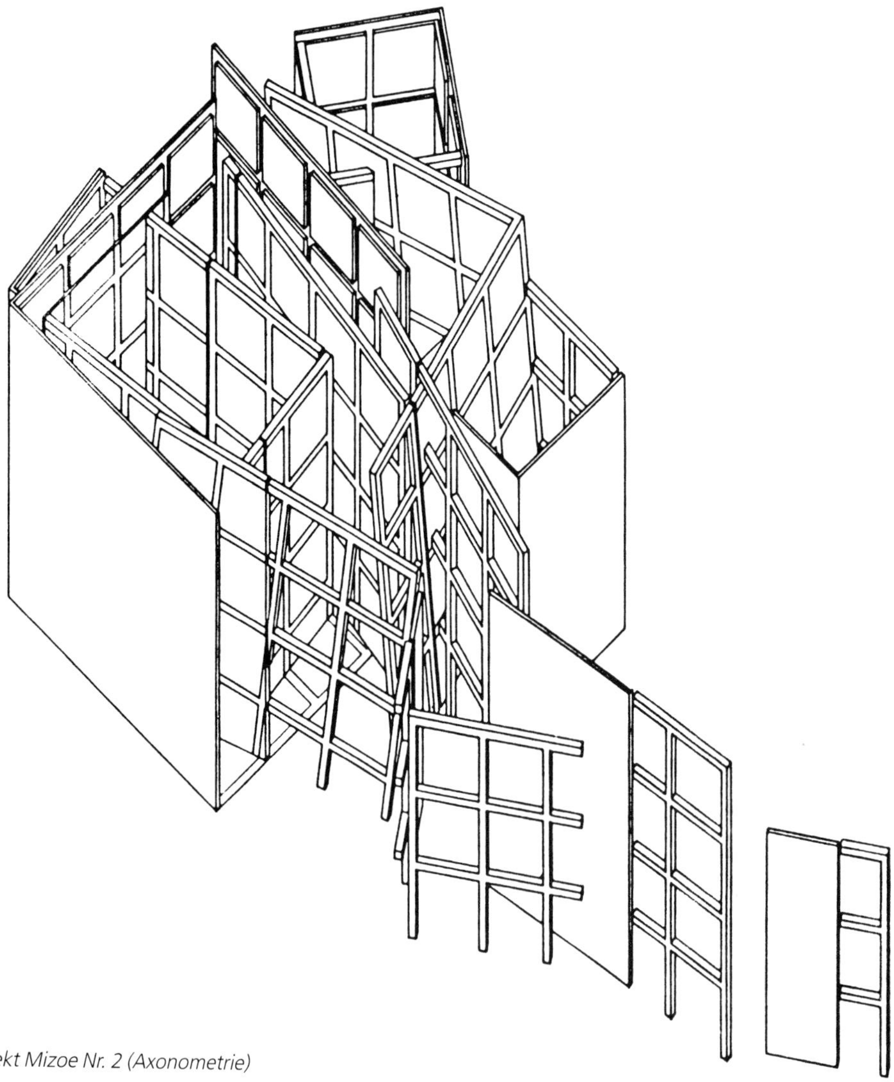

17. Hiromi Fujii, Projekt Mizoe Nr. 2 (Axonometrie)

der Dreidimensionalität in die gleiche Richtung. Nachdem Aida seine Bauklötzchen-Häuser aufgegeben hatte, arbeitete er vor allem mit zweidimensionalen, geschichteten Wänden in parallelen, doch keiner Gesamtkomposition gehorchenden Konfigurationen, die seinen Bauten auf besondere Weise Tiefe verleihen. Eine ähnliche Wirkung zeigt sich, wenn man auf die Stadtlandschaft blickt: Wie in einem starken Teleskop türmen sich die Gebäude auf und scheinen zu verschwimmen. In diesem unaufhörlichen Fluß werden Grenzen zwischen Architektur, Stadt und Natur nur noch unscharf wahrgenommen.[47] In Aidas bekanntesten Bauten, wie dem Haus Kazama (1987) und dem War Memorial Park in Tokyo (1988), durchdringen die parallelen massiven Betonwände den gesamten Bereich der Architektur und lösen die geschlossenen dreidimensionalen Volumen in flüssigere Raumeinheiten auf. Wenn die „zufälligen" Wandöffnungen sich visuell überlagern, geben sie den Blick auf innere und äußere Geschehnisse frei; Innen- und Außenwelt werden in bruchstückhafter, höchst poetischer Weise gefiltert und miteinander vermischt.

Die Anpassung der Architektur an die Natur ist auch ein Aspekt der neueren Bauten von Toyo Ito und Itsuko Hasegawa. Ihre Gebäude aus dünnen, leichten Materialien ahmen nicht nur, vor allem bei Hasegawa, Naturformen nach, sondern werden auch von Naturelementen durchdrungen, als ob die Architektur von der Natur geschaffen werde oder sich in ihr auflöse. Dieser Naturbezug hat jedoch nichts mit sentimentaler Erinnerung oder nostalgischem Schwelgen zu tun. Die Verwendung von vorfabrizierten Elementen, Metallplatten und weichen Stoffen bedeutet nicht, daß die Natur als eine idealisierte Welt verstanden wird, in die man sich aus der rauhen Wirklichkeit des städtischen Alltags flüchten kann, sondern sie wird zum Verbündeten, um diese Wirklichkeit zu erkennen und zu bestehen. Hasegawa schreibt: „Ich verwandle Naturbilder in Architektur, weil ich ein heutiges Weltverständnis ausdrücken will, gemäß dem ein Leben in größerer Freiheit möglich ist. Ich benütze architektonische und technologische Details, um an die Natur zu erinnern, und natürliche und kosmische Details, um an die Architektur zu erinnern" (Abb. 19 und 40).[48]

18. Hiroshi Hara, Tasaki Museum, Karuizawa, 1986

19. Itsuko Hasegawa, Haus in Nerima, Tokyo, 1986

Um die Probleme zu lösen, die sich durch die radikale Veränderung der japanischen Stadt stellen, befaßt sich Yasumitsu Matsunaga damit, nicht nur die Natur, sondern den ganzen Kosmos in die Architektur einzubeziehen. Dazu braucht es eine neue Erkenntnislehre, die auf den erstaunlichen Fortschritten der Grenzwissenschaften aufbaut. Beinahe hat man, wie Matsunaga meint, den „Bereich des transzendentalen Denkens erreicht", während sich die Logik der Physik mit den intuitiven Einsichten der Metaphysik verbindet.[49] „Da sich (...) das Weltbild der Wissenschaft radikal verändert hat, muß sich auch die Architektur, insofern sie die Welt spiegelt, einem grundlegenden Wandel unterziehen."[50] Damit scheint er zu behaupten, daß die Architektur weiterhin ein Modell des Universums ist; da sich jedoch unsere Auffassung der Welt und Natur tiefgreifend gewandelt hat, muß auch die Architektur neu definiert werden. Die von Matsunaga in den letzten Jahren gebauten kleinen Häuser zeugen von seiner Absicht, ein neues Paradigma der Architektur zu schaffen, das sich offenbar mit dem Urbild der Hütte des Abbé Laugier vergleichen läßt, wenn man davon absieht, daß in Matsunagas Fall die Natur als Bezug ersetzt wird durch die vom Menschen umgewandelte Natur unserer heutigen, von Technik, Wissenschaft und Verstädterung beherrschten Welt. In diesem Sinn sind Matsunagas Häuser, vor allem das Daita Housing Project (1989) mit Itos Auffassung städtischer Nomadengemeinschaften verwandt; was die Legitimierung der Architektur durch Kosmologie und Metaphysik betrifft, so verfolgen die beiden Architekten jedoch völlig andere Richtungen (Abb. 20 und 41).

Von diesen architektonischen Absichten leitet sich ein neuer Ansatz her, die Beziehung zwischen Stadt und Natur in unorthodoxer Weise zu verstehen und beide Begriffe sogar gleichzusetzen. Statt den urbanen Bereich nur als Schauplatz wirtschaftlicher, sozialer und politischer Entwicklungen und/ oder Konflikte zu sehen, betrachten viele japanische Architekten die Stadt als fruchtbares Land, dessen „pulsierendes Leben, chaotische Energie, ständige Bedürfnisse, Wahrnehmungsweisen – die dem städtischen Nexus innewohnende Unlogik, in der Art von Deleuze' ‚Maschine' oder ‚organlosem Körper'" ihnen im Gegensatz zu anderen Medien vielfältige Impulse und Anregungen verschaffen und etwas hervorrufen, das man „Stadtempfindlichkeit" nennen könnte.[51] Fumihiko Maki meint dazu: „Wir verstehen die Stadt als eine von Menschen geschaffene Natur und versuchen, auf sie zu antworten."[52]

Diese Antworten zeigen ein breites Spektrum zwischen

20. Yasumitsu Matsunaga, Daita Housing Project, Tokyo, 1989

zwei deutlich unterschiedenen, wenn nicht gegensätzlichen Tendenzen. Auf der einen Seite geht es um die Umwandlung von Natur in Architektur, auf der anderen um die Umwandlung von Architektur in Natur. Die erste Richtung setzt voraus, daß die Natur stets Gegenstand menschlicher Interpretation und Veränderung ist, was soweit führen kann, daß ihre eigentliche Natur unnatürlich erscheint, daß es sich dabei, anders gesagt, um eine historische Konstruktion handelt. Die zweite Richtung dagegen sieht die Architektur als natürliches Phänomen an und behauptet damit, daß ihre Natur jenseits der Geschichte liege oder daß sie ahistorisch sei. Die erste Tendenz wird wahrscheinlich am besten von Ito veranschaulicht, die zweite von Hara, während die übrigen Architekten unterschiedliche Zwischenpositionen einnehmen.

Die Stadt als Topographie

Die neuesten Bauten von Riken Yamamoto, wie Gazebo (1986), Rotunda (1987) und Hamlet (1988), haben teilweise die gleichen Kennzeichen und zeugen von den gleichen Absichten wie Itos Entwürfe; sie sind durch weitgespannte zeltartige Strukturen überdeckt, die große, den wechselnden Bedingungen von Wetter und Natur offen stehende Räume schützen. Doch im Gegensatz zu Ito sind Yamamotos mehrdeutige Bereiche, bei denen es sich um die Wohnungen der Eigentümer handelt, auf den Gebäuden eingerichtet, zu denen sie gehören. Sie stehen auf einer Struktur, mit der sie nur die Beziehung zu haben scheinen, die jeder Bau mit dem Grund hat, auf dem er sich erhebt. Diese Unterbauten sehen ihrerseits so aus, als wären sie einzig errichtet worden, um eine Basis für die Attikawohnungen zu bilden, den einzigen Ort, an dem über der unfreundlichen Stadt noch Wohnen und „Architektur" möglich wären (Abb. 21 und 42).

Insofern sie Lücken in der Stadt füllen, sichern die unteren Teile von Yamamotos Gebäuden die Kontinuität des bestehenden ungeordneten urbanen Geflechts, das für den Architekten wie ein rauhes, unebenes Substrat oder eine zerstückelte Landschaft erscheint. Yamamoto spricht von der Stadt als Topographie und damit als Teil einer neuen Natur.[53] Einmal mehr die Stadt als Natur? Möglicherweise in dem Sinne, daß von Menschen gestaltete Landschaften der Vergangenheit, wie die in der Erde verborgenen Überreste alter Kulturen, als eine vergängliche künstliche Natur oder als Topos verstanden werden können. Diese Weise, der heutigen Stadt Ruinencharakter zuzusprechen, erinnert in mancher Hinsicht an Isozakis visionäre Himmelsstädte und an die Vorstellung, daß die zukünftigen Städte auf den Ruinen der gegenwärtigen stehen.

In seiner „Stadt als Topographie" bestätigt Yamamoto nicht nur implizit den bruchstückhaften Charakter der japanischen Stadtlandschaft, sondern er versucht auch, indem er auf den übereinanderliegenden Schichten dieses künstlichen Orts baut, die vermuteten „Überreste" ins Licht zu holen. So könnte man seine Entwurfsarbeit (und die mehrerer gleichgesinnter Architekten) mit den Tätigkeiten eines Archäologen oder Bauarbeiters vergleichen, die diese Zeugnisse merkwürdigerweise nicht ausgraben, um die Vergangenheit zu rekonstruieren, sondern um die Gegenwart und mehr noch, die Zukunft, zu gestalten. So ist auch das Azabu Edge Building (1987) von Ryoji Suzuki eine Anhäufung von ausgegrabenen Fragmenten oder Fossilien, wie er sie nennt, die tief im kollektiven Gedächtnis der Stadt und ihrer Bewohner vergraben waren.[54] Über diesen als Neuland arrangierten Bruchstücken erhebt sich auch hier die Wohnung des Eigentümers.

Haras Beschäftigung mit Dörfern der „primitiven" Kulturen Afrikas und Asiens hatte einen stetigen Einfluß auf seine Entwurfsarbeit, selbst als er die natürliche und städtische Umgebung immer mehr mitberücksichtigte. Während er jedoch zu Beginn durch den Einbezug der Stadtlandschaft topologische Innenräume schuf, kehrt er dieses Modell nun offenbar um und verwandelt seine neuen Bauten in Metaphern einer Stadt in der Stadt. So erscheint das Yamato International Building (1987) wie die umgekehrte und zugleich erweiterte Fassung eines „Reflection House", besonders seines eigenen Wohnhauses von 1974 (Abb. 13 und 33). Doch ist das Gebäude nicht einfach in die Stadt, sondern auch über sie gestellt. Der große, streng geformte Unterbau, der sich dem Maßstab der urbanen Umgebung und der benachbarten Schnellhochstraße anpaßt, ist nur eine künstliche Plattform, ein Topos, auf dem ein fiktives Dorf wie eine flimmernde Fata Morgana oder, in Hiroshi Watanabes Worten, „wie ein High-Tech-Shangri-la" erscheint.[55]

Das kleine Belvedere mit dem Ausguck auf Hasegawas Haus in Nerima und der obere Teil, die sogenannte Akropolis, von Makis Spiral Building beruhen auf einer ähnlichen Auffassung, ebenso die Centennial Hall des Tokyo Institute of Technology (1987) von Shinohara, die man zudem als Neuinterpretation von Isozakis „City in the Air" verstehen könnte, in der die Form und vielleicht auch die Idee absichtlich aufgebrochen wurden. Isozakis „schwebende Röhren" – die Ausführung seiner utopischen Städte, die man in der Medical Hall von Oita (1960), im Kitakyushu Museum (1975) und in gewissem Sinn in den Dachformen des Country Club in Fujimi (1974) findet – scheinen in der Centennial Hall wie durch Zufall beinahe wörtlich zitiert zu sein. Die schwebende halbzylindrische Röhre hat sich beim Aufprall umgedreht und ist in der Mitte auseinandergebrochen.

In all diesen Projekten soll die Architektur zwischen verschiedenen, oft gegensätzlichen Erscheinungen vermitteln: zwischen Stadt und Privatwohnung, Land und Himmel, Künstlichem und Natürlichem, Ordnung und Unordnung, Altem und Neuem. Dazu trägt ein Unterbau, der Teil der städtischen Topographie ist, einen Oberbau, der nur in zufälliger Beziehung zu seiner Basis steht. Die Ausführung dieser Idee läßt allerdings eine große Vielfalt an baulichen Möglichkeiten offen, unter

21. Riken Yamamoto, Gazebo Building, Yokohama, 1986

denen die Anspielung auf den Konstruktivismus, selbst wenn es sich oft um Dekonstruktivismus handelt, die auffälligste ist. Die Bauten von Yamamoto und Shinohara veranschaulichen das in besonderer Weise, und die neuen Projekte von Minoru Takeyama scheinen in die gleiche Richtung zu weisen.

Takeyama, der seine Entwurfskarriere in den frühen siebziger Jahren als Semiotiker mit „Pop"-Gebäuden wie dem Ichiban-kan Building (1969) und dem Niban-kan Building (1970) begann, wandte sich vor kurzem einer quasi-konstruktivistischen Architektur zu, ohne dabei die Bedeutung erzeugenden Aspekte der architektonischen Sprache zu vernachlässigen (Abb. 22). Seine neuesten Bauten, darunter das International Port Terminal Building in Tokyo, das 1991 vollendet wird, sind durch eine eindrucksvolle Reihe sichtbarer Strukturelemente und industrieller Materialien gekennzeichnet. Auf frisch aufgeschüttetem Land – eine andere Art urbaner oder künstlicher Topographie – in der Bucht von Tokyo errichtet, stellt das Port Terminal Building, wie die Bauten von Yamamoto, Hara und Hasegawa, eine Architektur des Übergangs dar. An den Grenzen von Meer und Festland, von Stadt und Natur gelegen, läßt dieser durchscheinende Baukörper aus Stahl und Glas, Licht und Bewegung eine Bauweise erkennen, die poetisch und kritisch zugleich ist; im Kampf zwischen Industrielandschaft und Meer scheint er die gegnerischen Kräfte in Schach halten zu können.

22. Minoru Takeyama, Niban-kan Building, Tokyo, 1970

Der Ort der Stadtnomaden

Zweifellos setzt der sehnliche Wunsch vieler Architekten, eine unmittelbare, tiefe Beziehung zur Natur und ihren Elementen zu finden, im Gegensatz zu heutigen materialistischen Lebensweisen und grellen Architekturformen die Wiedergewinnung einer ursprünglichen Schlichtheit voraus, wie sie lange von Ando angestrebt wurde. Dabei geht es vor allem um die Suche nach einem neuen Paradigma für Architektur und Städtebau, durch das sich die paradoxen Bedingungen und Erfahrungen der Gegenwart besser bewältigen ließen. Ito bezeichnet sein eigenes Wohnhaus als Anhäufung urtümlicher Hütten und hält dies für die Bauform, die am besten zu den heutigen Stadtbewohnern, den urbanen „Nomaden", paßt (Abb. 23).[56]

Wie Koji Taki ausführt, ist Ito in der Lage, „den Istzustand der Stadt in all seiner Widersprüchlichkeit sowohl darzustellen als auch zu überwinden. Seine Methode ist ‚gleitend'. Von Anfang an gestaltete Ito Innenräume nicht durch Aufteilungen, sondern als fließende Passagen, um lebendige, flexible Wohnräume zu schaffen. Eine extreme Konsequenz dieses Vorgehens ist die Idee, daß der feste Wohnort in der heutigen Stadt seine Bedeutung verloren hat, ein Gedanke, der nicht als Kritik an unserer Lebensweise anzusehen ist, sondern als das direkte Ergebnis von Erkundungen über das heutige Leben. (...) Zwar gibt Ito zu, daß es niemand ohne festen Wohnort gibt, doch entwirft er das Bild des Stadtnomaden nicht so sehr, um eine buchstäblich entwurzelte Stadt zu erfinden als um die Befreiung aus politischen und autoritären Zwängen als Ziel zu setzen."[57]

Neben Itos vorgefertigten einfachen Zeltstrukturen erinnern uns viele andere Werke an schlichte, anspruchslose Unterkünfte wie Jurten, Hütten oder Höhlenwohnungen. Vor allem denkt man hier an die Bauten von Yamamoto, Hasegawa, Sakamoto und Kazuyo Sejima, obwohl auch Matsunagas Erdarchitektur mit den siloartigen Anbauten seines Inscription House (1987) und seine zahlreichen zeltähnlichen Kuppeln über dem Daita Housing Project (1989) diese Richtung veranschaulichen. Der Bezug auf die archaischen Bautypen wird allerdings nicht mit auffälligen Formen, sondern mit leichten, hellen Konstruktionen hergestellt.

Das Werk von Kazuyo Sejima ist in diesem Zusammenhang ein ausgezeichnetes Beispiel. Ihren Platform-Projekten, wie Platform Nr. 1 in Katsuura (1988), liegt eine ähnliche Auffassung zugrunde, wie sie Toyo Ito vertritt, ihr früherer Arbeitgeber und Lehrer, der die Architektur von der Tyrannei zusammengesetzter Formen und rückwärtsgewandter Symbole befreien will. Das geht nicht nur aus der Helligkeit und beinahe ätherischen Raumqualität des Hauses hervor, sondern auch aus ihren eigenen Worten: „Gewöhnlich versuche ich, Architektur mit Tätigkeiten zur Deckung zu bringen, die keine Abfolge bilden. Wenn solche flüchtigen Tätigkeiten auf einen Ort treffen, leiten sich daraus ein bestimmtes Volumen und ein erkennbarer Umriß ab."[58]

Während in Sejimas Entwürfen die Architektur als Aktion oder Ereignis verstanden wird, versucht Kazunari Sakamoto ein Gebäude nicht als Objekt, sondern als Umfeld zu gestalten. Ein Bau als Objekt, so erklärt er, „stellt ein Gebäude dar, das eine beherrschende Form hat und dessen Bedeutung in einer formalen, visuellen Komposition liegt. Ein Gebäude als Umfeld dagegen läßt sich auf verschiedenen Ebenen auf eine Sache oder Person beziehen" (Abb. 24).[59] Diese Deformalisierung und oft auch Deformation kann auf verschiedenen Wegen erreicht werden. Während Architekten wie Ando, Fujii, Suzuki und Aida geschichtete Betonwände und rechtwinkliges Gitterwerk verwenden, um eine Form zu brechen oder die umgebende Landschaft in Stücke zu zerlegen, arbeiten andere mit leichten, vorgefertigten Materialien, um dünne, membranähnliche Abgrenzungen und collageartige, mehrdeutige Umfriedungen, oft mit beabsichtigter Oberflächlichkeit, zu schaffen.[60]

23. Toyo Ito, Egg of Winds, Europalia, Brüssel, 1989

In beiden Fällen erzielen die Architekten – wenn auch auf unterschiedliche Weise – eine wahrnehmungsmäßige Immaterialität und auch in traditioneller Architektur anzutreffende Unstofflichkeit, ohne auf nostalgische oder sentimentale Bezüge zu einer formalen Vergangenheit zurückgreifen zu müssen. Kenneth Frampton stellte in seinem Aufsatz über „Ukiyo-e und die Kunst von Toyo Ito" fest, daß Itos Architektur und in einem weiteren Sinn die Mehrzahl der neueren Avantgarde-Bauten jene versteckte Qualität gewonnen hätten, von der die japanische Kunst – vor allem die Kalligraphie und die Ukiyo-c-Malerei mit ihren Bildern der vergänglichen Welt – seit je gekennzeichnet war: die Verschmelzung von Schrift und Malerei. Ihre Oberflächlichkeit und kalligraphische Feinheit weisen wie die beziehungsreichen, leichten und halbtransparenten Schichten des von diesen Architekten geschaffenen neuen urbanen Geflechts auf eine unsichtbare Tiefe und unerklärliche Leere hin.[61]

Mit anderen Worten: Indem diese Architekten aus freien Stücken die Materialien und Produkte einer hochtechnisierten Industrie verwenden, drücken sie zugleich mit Erfolg ihre Kritik an der zeitgenössischen Industrie- und Konsumgesellschaft aus. So entwickeln sie eine neue städtisch-industrielle Architektursprache, die eine echte Alternative zu dem rasch eskalierenden „Megalopolis-Projekt" bilden könnte. Die Bauten von Architekten wie Shinohara, Komiyama, Yatsuka und Maki lassen noch mehr erkennen: In ihrer Auseinandersetzung mit der neuen Stadtlandschaft stellen diese Entwerfer deterministische Strukturen in Frage und brechen deren „Imperialismus der Einheit" auf.[62] Doch geht es dabei nicht um die Zerstörung jeglicher Struktur, sondern um die Schaffung einer empfindsameren, flexibleren Ordnung.

„Nullpunkt-Stadtmaschine" gegen „dezentralisierte Stadt"

Shinohara, der in seiner beruflichen Laufbahn mehrmals die Richtung wechselte, zeigt in letzter Zeit ein zunehmendes Interesse an den besonderen Eigenschaften der zeitgenössischen Stadt. An die Stelle seiner früheren Bezüge auf ursprüngliche Formen sind in den achtziger Jahren neue Visionen sperriger High-Tech-Maschinen mit „Null-Bedeutung" getreten.[63] Das bedeutet allerdings nicht, daß seinen Entwürfen jeglicher Sinn abginge, denn seiner Meinung nach „können diese bedeutungslosen Maschinen neue Bedeutungen in der Architektur annehmen"; der Bruchstück-Charakter ihrer Formen und Strukturen ermöglicht die Entstehung neuer Bilder, die selbst unter den heutigen rasch wechselnden Bedingungen einen Sinn gewinnen können.[64] In dieser Hinsicht gleicht Shinoharas Maschine der Oberflächlichkeit, Beliebigkeit, Zerstückelung und progressiven Anarchie der Stadt. Obwohl seine Gebäude das städtische Chaos noch zurückweisen, ziehen sie daraus Kraft und Energie. Diese Stadt als Maschine hängt auch eng mit der Vorstellung einer neuen informationsgeladenen „Technopolis" zusammen (Abb. 25).

Demzufolge ist Shinoharas Architektur, ähnlich wie die Bauten von Matsunaga, Takeyama, Komiyama, Yatsuka, Maki und anderen, eine Weiterentwicklung der Moderne, die den falschen Gegensatz von moderner und postmoderner Architektur beseitigt, indem sie beide Richtungen in sich vereint. Bei Maki leitet sich diese Aufhebung von seiner früheren Beschäftigung mit den Beziehungen zwischen dem Ganzen und dessen Teilen her. Mit Blick auf seine jetzigen Bauten kennzeichnet er das angestrebte Umfeld als ein Aggregat unterschiedlicher aktiver Teile, die, sich nie einer Formel anpassend, das Ganze erzeugen.[65] Mehrere seiner neueren Projekte, darunter das Gymnasium in Fujisawa (1984) und das Spiral Building (1985), veranschaulichen seine Absichten (Abb. 26). Makis National Museum of Modern Art in Kyoto (1986) weist dagegen in eine etwas andere Richtung, die den Architekten in die Nähe zweier anderer „Exmetabolisten", Kurokawa und Isozaki, rückt. Innerhalb eines geschlossenen modernen Rahmens, dessen rasterartige Außenstruktur an den alten Stadtplan von Kyoto erinnert, vereinte Maki in weihevoller, raffinierter Weise explizite Bezüge zu anderen Episoden der Architektur des 20. Jahrhunderts, darunter De Stijl und Carlo Scarpa. Diese Art des expliziten Zitierens historischer Architektur kennzeichnet heute nicht nur Isozakis, sondern auch Kurokawas Werk und könnte eher als Förderung der Postmoderne denn als Erweiterung der Moderne verstanden werden.

Zu Beginn der achtziger Jahre zeichnete sich Isozakis Ar-

24. Kazunari Sakamoto, Siedlungsprojekt, Osaka (Modell und Aufriß)

chitektur zunehmend durch Merkmale aus, die zuvor kaum in Erscheinung getreten waren. Als erstes Gebäude zeugte das Tsukuba Center Building (1983) von diesem Richtungswechsel. In den siebziger Jahren beruhten Isozakis Entwürfe auf der ungewöhnlichen Verschmelzung abstrakter Metaphern und subtiler Anspielungen, ausgeführt in einer radikalen Art, die den ästhetischen Hauptströmungen der damaligen Architektur entgegenlief und Isozaki eine führende Position in der japanischen Avantgarde verschaffte. Viele seiner neueren Bauten sind dagegen Kombinationen einer zunehmenden Zahl von expliziten, doch klischeehaften Vergleichen und darstellenden Elementen historischer westlicher Stilrichtungen. Mit anderen Worten: er näherte sich den populistischen postmodernen Erinnerungen an die europäische Klassik, wie sie vor allem Michael Graves pflegt, und damit einer konformistischen Architektur sowie dem politischen Establishment immer weiter an.

Das trifft selbst zu, wenn er, wie in dem riesigen öffentlichen Projekt von Tsukuba mit der angesenkten, leeren oder negativen Platzanlage, die Behörden um Erlaubnis fragen mußte, ein zentrales Symbol und damit den Begriff des Zentrums selbst zu beseitigen. Das Tsukuba Center Building ist zweifellos ein bedeutendes städtebauliches Projekt, doch trägt es deutliche Anzeichen eines Verlusts; verloren ist nicht nur das Zentrum, sondern auch eine früher von Isozaki vertretene kritische Haltung gegenüber der zunehmend reaktionären kulturellen Entwicklung. Kenneth Frampton meint dazu: „Anstelle seiner ironischen, geistig herausfordernden und sinnlichen ‚zwielichtigen' Manier und der konstruktiven Strenge seiner ‚anagrammatischen' (...) Formen beschränkt sich Isozaki in Tsukuba auf historistisches Auftrennen und syntaktisches Zusammennähen" (Abb. 27).[66]

Eine vergleichbare ideologische Unsicherheit kennzeichnet viele neuere Bauten von Kisho Kurokawa, denen ebenfalls ein Zentrum fehlt. Indem sich Kurokawa von seiner langjährigen Rolle als radikaler Metabolist verabschiedet, gibt er sich in seinen neuen Entwürfen kaum oder überhaupt nicht mehr technologischen Träumereien hin. Allerdings führt seine Beschäftigung mit einer weniger strukturalistischen Architektursprache und dem über die Semiotik hinausführenden Konzept des „Poetischen" nicht immer zum Erfolg oder zu neuen Erkenntnissen.[67] Seine Philosophie der Symbiose arbeitet zu Recht Ähnlichkeiten zwischen bestimmten Bewegungen der buddhistischen Tradition und dem zeitgenössischen französischen Poststrukturalismus heraus und übt dadurch eine deutliche Kritik an der Vorherrschaft westlicher Metaphysik. Doch mehrere seiner neueren Projekte, wie das National Bunraku Theater (1983), das Roppongi Prince Hotel (1984) und das Deutsch-Japanische Zentrum in Berlin (1988), überzeugen weniger, wenn es darum geht, diese Theorie in die Praxis umzusetzen.[68] Sie beweisen, daß das reine Nebeneinandersetzen von architektonischen Elementen mit verschiedenen historischen oder kulturellen Bezügen und Anspielungen, geschweige denn von direkten baulichen Zitaten, nicht ohne weiteres neue Entdeckungen und die für jede Entwurfsarbeit notwendige kritische Schärfe garantiert.

Davon abgesehen entwirft Kurosawa weiterhin zahlreiche gutgestaltete öffentliche Gebäude, etwa die Museen in Nagoya (1987) und in Hiroshima (1988), selbst wenn sein aufsehenerregender Wandel vom Enfant terrible zum Architekten des Establishment seinem Werk bestimmte Beschränkungen aufzuerlegen scheint (Abb. 28). Das City Museum in Hiroshima nennt Charles Jencks Kurosawas „reifstes und bisher zurückhaltendstes Werk", und fährt fort: „In den sechziger und siebziger Jahren war seine Architektur zwar phantasiereich und provozierend, doch oft auch etwas schematisch – eine Illustration für ‚Metabolismus' oder ‚Kapselarchitektur' oder später für ‚Rikyu-Grau' oder ‚Symbiose'. Das Museum in Hiroshima ist zwar immer noch eine Veranschaulichung dieser Konzepte, doch besticht es mehr als irgendein Theorem; es ist ein Gebäude, das einen langsam überzeugt, auf unmerkliche Weise, ohne groß etwas behaupten zu wollen."[69]

25. Kazuo Shinohara, Polizeihauptquartier, Kumamoto (Modell)

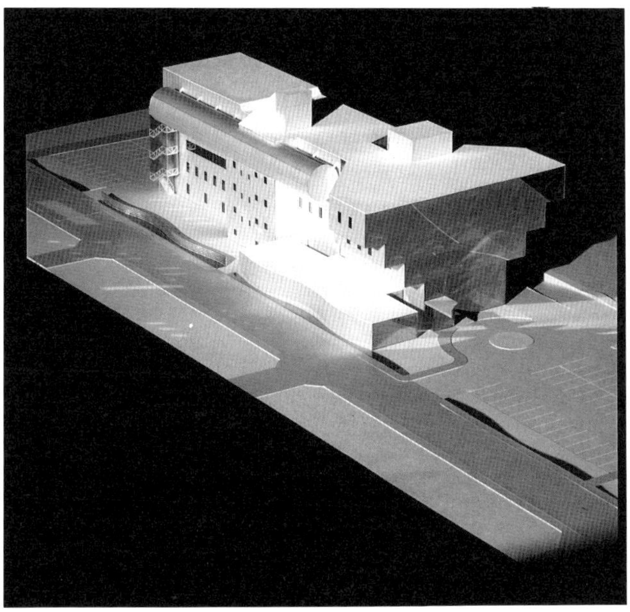

26. Fumihiko Maki, Fujisawa Gymnasium, Fujisawa, 1984

Das großstädtische Theater

Trotz ihrer deutlichen Bezüge zur Moderne und zu deren Vokabular haben Makis Museum in Kyoto und selbst sein Spiral Building in Tokyo einen gewissen theatralischen Charakter, der sich jedoch nicht nur auf Makis Werk beschränkt, sondern in unterschiedlichem Ausmaß auch andere Bauten der neuen Avantgarde kennzeichnet. So strahlt das Angelo Tarlazzi Building (1987) von Hajime Yatsuka bühnenhafte Leichtigkeit aus. Der elegante Reigen architektonischer Elemente vor der „schwarzen Leinwand" führt weit über moderne Dogmen hinaus und wäre von modernen Architekten kaum gutgeheißen worden. Durch Yatsuka wird die Moderne beschleunigt, bis an ihre Grenzen getrieben und in einem Ballett der Zeichen dekonstruiert.

Der theatralische Charakter der japanischen Architektur der späten achtziger Jahre erreicht in den Bauten der neuen Symbolisten wie Osamu Ishiyama, Atsushi Kitagawara und vor allem Shin Takamatsu seinen Höhepunkt. Keiner von ihnen läßt sich allerdings leicht einordnen. Kitagawara zum Beispiel hat einen geschärften Sinn für bruchstückhafte Konstruktionen, die jenen anderer japanischer Architekten wie Yatsuka oder Suzuki und nicht-japanischer Entwerfer wie Zaha Hadid, Bernard Tschumi, Frank Gehry und Coop Himmelblau (alle in Tokyo tätig) gleichen. Das kleine Mehrzweckgebäude 395 (1986), in dem das Büro des Architekten liegt, ist ein Beispiel für diese Verwandtschaft. Auf der anderen Seite zeigt Kitagawaras bisher größtes Projekt, das Rise Building in Tokyo (1986), daß er offenbar nicht ausschließlich an der Wiederaufnahme von Elementen der Moderne interessiert ist. Es läßt den optimistischen Positivismus völlig vermissen, der sonst die städtebaulichen Lösungen moderner Architekten kennzeichnet. Ihre heroischen Gebärden sind hier einer nervösen, vibrierenden Sensibilität gewichen, die der zerbrechlichen, theatralischen Natur der zeitgenössischen japanischen Stadt entspricht.

Doch erinnern die zusammenfallenden Formen der Aluminium-Draperien auf dem Dach und die anderen zerstückelten Elemente des Baus, der nicht zufällig mehrere Kinos enthält, an die Zeitlichkeit, die das einfache Verständnis des großstädtischen Umfelds als ständig wechselnder Bereich übersteigt; das Rise Building kündigt irgendeine drohende Katastrophe an, wenn es sie nicht gar in Gang setzt, und veranschaulicht die Zerstörung und Unvermeidlichkeit einer Ruinenlandschaft. Die Katastrophenästhetik und „das Gefühl, das nichts von sich aus den Zustand der Vollendung erreichen kann", sind eine zeitgenössische Erfahrung, die zahlreiche Bauten der zeitgenössischen Architekten-Avantgarde bestimmt, von Isozaki bis Suzuki, von Hara bis Yamamoto und selbst von Shinohara bis Ito, und die hier einmal mehr in ausgesprochen literarischer Weise in Erscheinung tritt.[70]

Eine ähnliche, doch offenbar schwierigere intellektuelle Empfindsamkeit kennzeichnet das Werk von Shin Takamatsu, der zweifellos der Hauptdarsteller in dem – für ihn – ziemlich bizarren großstädtischen Theater ist. Angesichts der zunehmenden allgemeinen Verwirrung, die dazu führt, daß laut Chris Fawcett „naivste Effekte westlicher Romantik zahlreiche städtische Fassaden dekorieren", versteht sich Takamatsu als

27. Arata Isozaki, Tsukuba Center Building, Tsukuba, 1983

ein Gegner, dessen mit Zaubermacht ausgestattete Bauten wie ein Gegenschock oder Sabotageakt in der Stadt wirken sollen.[71] Bis in die jüngste Zeit brachte er seine Faszination für die Brutalität und rohe Macht der primitiven Maschine in seine Bauten ein. Das Ark Building (1983) und das Pharaoh Building (1984) sind gute Beispiele seiner Metaphern für mechanische Finsternis oder industrielle Verzweiflung. Das Maschinenbild gipfelte in Origin III (1986) – ein Projekt, das Fawcett „Selbstmordmaschine" nennt –, bevor es im Week Building (1986) explodierte und sich auflöste. Das Week Building stellt also den Tod der Maschine und vielleicht des ersten Maschinenzeitalters dar (Abb. 29). In dieser „Dead-Tech" kreuzen sich, auf verschiedenen Ebenen und nur punktuell, die Wege von Takamatsu, Kitagawara, Suzuki, Takasaki und mehreren weiteren japanischen Architekten.

Das Kirin Plaza Building (1987) hat zwar noch ein unheilvolles Aussehen, doch deutet es eine andere Richtung in Takamatsus Schaffen an. Es führt auf eine raffiniertere High-Tech-Stadtmaschine zu, die nicht nur die erschreckenden Aspekte einer überwältigenden Technologie, sondern auch die Vitalität und die literarische Qualität der ständig wechselnden Geschichte der Stadt ausdrückt. Das Kirin Plaza Building ist ein Turm aus Dunkel und Licht; es ist geheimnisvoll und sinnlich, krankhaft und spaßig, ein Alp- wie ein Wunschtraum. Takamatsu scheint hier nicht nur, wie in früheren Werken, das

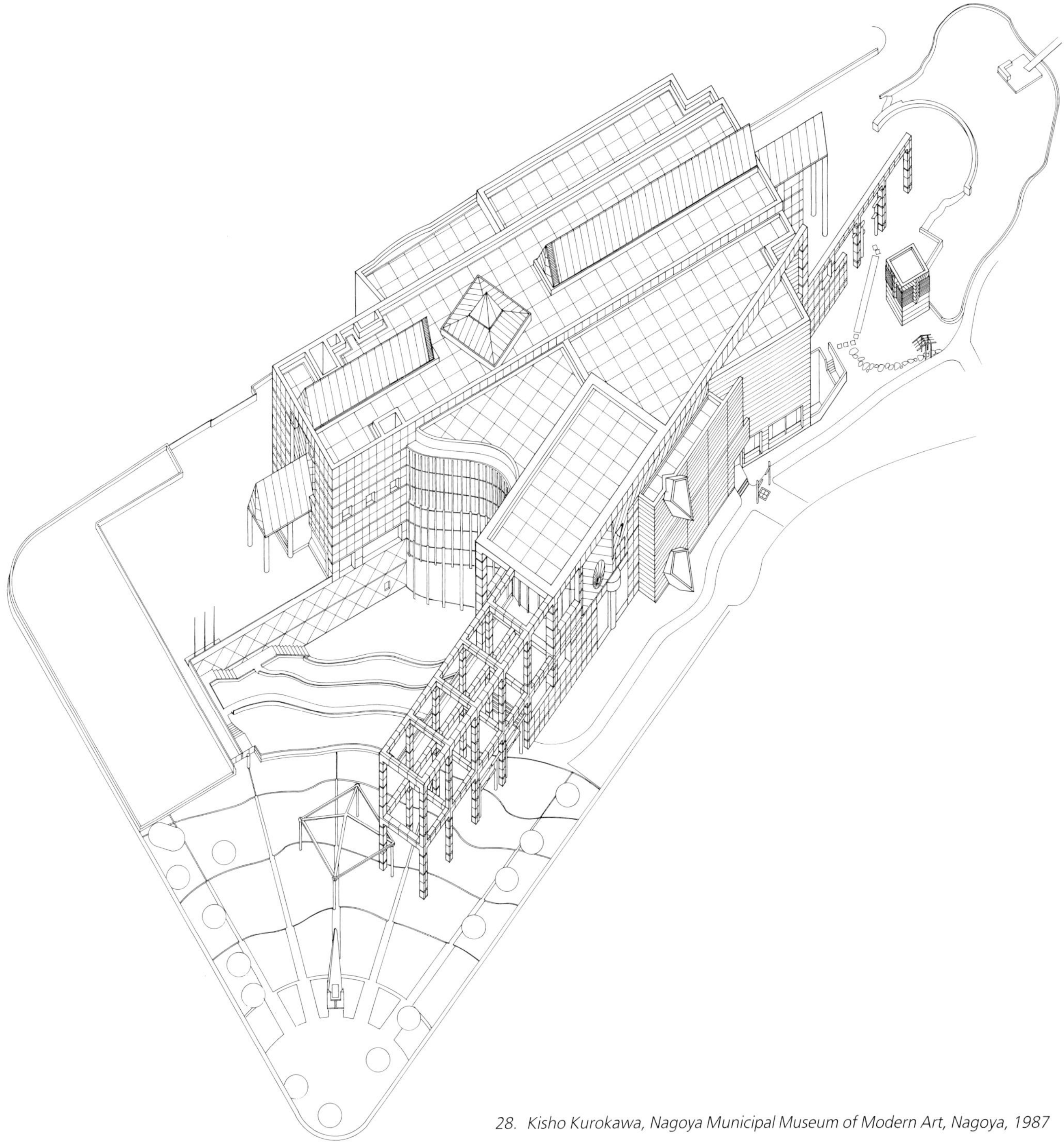

28. Kisho Kurokawa, Nagoya Municipal Museum of Modern Art, Nagoya, 1987

Todes-, sondern auch das Lebensthema zu kommentieren, und damit ist das Gebäude ein paradoxes, doch bedeutungsvolles architektonisches und städtisches Manifest. Trotz aller Kritik am heutigen Stadtbild, die sich in den unverhohlenen Antagonismen und der geheimnisvollen Dunkelheit seiner „schwierigen" Entwürfe zeigt, steht Takamatsu allerdings vor einem Dilemma: Ausgerechnet die Kultur, der er sich entziehen will, bewundert seine Gebäude und verwandelt sie in Konsumtempel. Mit diesem Dilemma muß heute allerdings fast jeder Architekt leben.

Durch die verschiedenen Interpretationen des großstädtischen Theaters zieht sich die Angst vor einer bestimmten Schwelle, die die Begriffe von Fort- und Rückschritt – oder eher von Realität und Fiktion – voneinander trennt und zugleich

29. Shin Takamatsu, Week Building, Kyoto, 1986

aneinander bindet, während sie neue Entwurfsmöglichkeiten eröffnet. Die meisten japanischen Architekten haben intuitiv erkannt, daß die Inszenierung des städtischen Bereichs und des darin stattfindenden menschlichen Lebens auf der gleichzeitigen Aktion zweier Kräfte oder Tendenzen beruht: Die eine ermöglicht es der Stadt, sich ständig zu erneuern und in bunter Vielfalt zu präsentieren, die andere schafft die Voraussetzungen, die Bühne für den nächsten Akt zu räumen. In Wirklichkeit sind diese beiden Dinge – Bauen und Abreißen, Konstruktion und Dekonstruktion – für den Japaner ein und dasselbe, was ebenso paradox ist wie der Begriff des fortschrittlichen Rückschritts oder des vitalen Verfalls.[72] Einmal mehr werden wir daran erinnert, daß die Japaner Dinge als Ereignisse und nicht als Substanzen verstehen.[73]

Allerdings ist gerade dieser Aspekt der japanischen Architektur, wie bereits erwähnt, der Gefahr der Vermarktung am stärksten ausgesetzt. Damit scheint der Kreis der Ereignisse vollendet (oder abgeschlossen?) zu sein, in dem sich die heutige Architektur und Stadtplanung in Japan bewegt. Die neue Avantgarde steht vor der ungeheuren Aufgabe, die gegenwärtige Allgegenwart und Trägheit des „Megalopolis-Projekts" zu überwinden, und ihre Erfolgschancen scheinen augenblicklich nicht allzu groß zu sein. Doch gibt es Hoffnung auf die Durchsetzung einer neuen Strategie, die an Michel Foucaults spätere philosophische Methode erinnert. Der französische Philosoph vereinte „einen Typ archäologischer Analyse, die den distanzierenden (oder kritischen) Effekt des Strukturalismus beibehält, mit einer interpretativen (oder poetischen) Dimension, die die hermeneutische Einsicht entwickelt, daß der Forscher stets standortgebunden ist und die Bedeutung seiner kulturellen Tätigkeit auch von innen her verstehen muß. (...) So gelang es Foucault, die beiden für das Studium des Menschen (und die Gestaltung seines Umfelds) zur Verfügung stehenden Hauptmethoden zu kritisieren und zugleich auf eigenwillige Weise einzusetzen."[74]

Mit anderen Worten: der Erfolg der japanischen Avantgarde, der Stadt zu einem befreienderen Umfeld zu verhelfen, beruht auf diesen Tätigkeiten, die aufgrund ihrer Unerschrokkenheit, Aufrichtigkeit und Entschlossenheit, dem Alptraum des Fortschritts zu widerstehen, geeignet sind, kritische Räume in einer ansonsten konsum- und zweckbestimmten Welt einzurichten und zu erweitern.

ANMERKUNGEN

1 Fumihiko Maki, Spiral, in: *Japan Architect,* März 1987, S. 33.

2 Unter dem Shogunat der Tokugawa war Japan ab 1639 von der Außenwelt abgeschlossen, bis Commodore Perry das Land 1853 zur Öffnung zwang.

3 Als um die Mitte des 6. Jh. nach der Zeitenwende der Buddhismus aus China über Korea nach Japan gelangte, übernahmen die Japaner zahlreiche Elemente der chinesischen Kultur: Schrift, Kunst, Architektur, Stadtplanung, Regierungsformen, Staatsverwaltung. Diese zweckvolle Übernahme setzte sich in verschiedener Intensität während Jahrhunderten bis zur Tokugawa-Zeit fort.

4 Zu den ersten ausländischen Architekten gehörten der Engländer Josiah Conder (1852–1920), der Franzose C. de Boinville, der Italiener C. V. Capelletti und der Deutsche Hermann Ende. Westliche Architekten, die Japan bereisten, wie Frank Lloyd Wright, Antonin Raymond, Bruno Taut und Walter Gropius, übten gleichfalls großen Einfluß auf die japanische Architektur aus.

5 Noboru Kawazoe, *Contemporary Japanese Architecture,* Tokyo: Kokusai Bunka Shinkokai 1965, S. 19.

6 Die Industrialisierung veränderte die Kultur- und Stadtlandschaft bereits vor dem Zweiten Weltkrieg, doch war ihr Einfluß auf den Gesamtplan der Städte weniger stark als während des wirtschaftlichen Aufschwungs der fünfziger und sechziger Jahre, als die „Realität der Stadtplanung", wie William Coaldrake bemerkt, „grauenhaft pragmatisch, opportunistisch und egoistisch" war. In: Order and Anarchy: Tokyo from 1848 to the Present, in: Martin Friedman (Hg.), *Tokyo: Form and Spirit,* New York: Abrams 1987, S. 172.

7 Ungeachtet vieler riesiger Städtebauprojekte haben das allgemeine Straßennetz Tokyos und der Plan vieler Bezirke deutliche Bezüge zur Vergangenheit; ein großer Teil der „Struktur" Tokyos beruht auf dem Plan der älteren Burgstadt Edo. Das hängt damit zusammen, daß Japan *keine* tiefverwurzelten Städtebautraditionen hat und daß trotz zahlreicher Initiativen „die meisten Versuche, konventionelle Planungsstrategien durchzusetzen, fehlgeschlagen sind", selbst nach dem Zweiten Weltkrieg. So David Stewart, *The Making of a Modern Japanese Architecture: 1868 to the Present,* Tokyo–New York: Kodansha International 1987, S. 172.

8 Toyo Ito, In Search of a Context, 1971 –, in: *Japan Architect,* April 1982, S. 22.

9 So kostete in Kurokawas Nakagin Capsule Tower in Tokyo (1972) eine vorgefertigte und fertiggestellte Wohnungseinheit so viel wie ein Toyota-Mittelklassewagen und konnte auf gleiche Weise bestellt und gekauft werden: mit zahlreichen Optionen nach dem Geschmack des Käufers.

10 Fumihiko Maki, The Theory of Group Form, in: *Japan Architect,* Februar 1970, S. 39.

11 Roland Barthes, *Empire of Signs,* übers. von Richard Howard, New York: Hill and Wang 1982.

12 Barthes (zit. Anm. 11), S. 36.

13 Der Plan der chinesischen Stadt entsprach der kosmischen Ordnung und dem Weltbild des Hinduismus und esoterischen Buddhismus: Der Himmel war rund, die Erde rechteckig, und ihre vier Seiten fielen mit den Kardinalpunkten des Umkreises zusammen; der Bereich innerhalb der Linien war dem Menschen zugeordnet.

14 So hatten die japanischen Hauptstädte beispielsweise keine oder nur in Teilstücken errichtete Stadtmauern, und die unvollständigen Segmente besaßen mehr Symbol- als Verteidigungscharakter. Zudem entwickelten sich in Nara wie in Kyoto die westlichen Bezirke nicht gleichzeitig mit den östlichen; in Nara wurden sie sogar aufgegeben, so daß die heutige Stadt Nara den nordöstlichen Teil der ursprünglich geplanten Hauptstadt einnimmt.

15 Auf einem Plan angelegt, doch nur vorübergehend in Funktion waren die Hauptstädte Naniwa (645–667), Otsu (667–694), Fujiwara (694–710), Heijo oder Nara (710–784), Kuni (740–745) und Nagaoka (784–794).

16 Der Ausdruck „kunstvolle Ordnung" wurde von Gunter Nitschke geprägt in: MA – The Japanese Sense of Place, in: *AD, Architectural Design,* März 1966, S. 147–148.

17 William Coaldrake (zit. Anm. 6), S. 72. Viele Burgen wurden auf Geheiß des Shoguns Tokugawa Ieyasu nach 1615 zerstört, um Machtkämpfe zwischen Feudalherren zu verhindern, die die gerade gefundene politische Einheit des Landes gefährdeten. Weitere Burgen fielen dem Zweiten Weltkrieg zum Opfer. Heute sind nur rund zwölf Burgen erhalten oder wiederaufgebaut.

18 In der Geschichte der japanischen Architektur und Stadtplanung gibt es bis in die Moderne keine „öffentlichen" Gebäude im herkömmlichen Sinn. Wandel- und Markthallen, Stadien, Bibliotheken oder andere Einrichtungen für Volksversammlungen waren in Japan unbekannt. „Die in der Edo-Zeit auftauchenden Theater, Regierungsbüros und Schulen waren Nebenbauten von Wohnsitzen der Samurais, Tempeln oder Schreinen und variierten architektonisch lediglich diese Gebäude." So Fumihiko Maki, The Public Dimension in Contemporary Architecture, in: *Maki, Isozaki – New Public Architecture: Recent Projects by Fumihiko Maki and Arata Isozaki,* New York: The Japan Society 1985, S. 16 (Ausst.-Kat.).

19 Terunobu Fujimori, Urban Planning in the Meiji Era, in: Shuji Takashina (Hg.), *Tokyo: Creative Chaos,* Sondernummer von *Japan Echo,* Bd. XIV (1987), S. 49.

20 Takashina (zit. Anm. 19), S. 5. Es wurde ebenfalls bemerkt, daß sich die japanische Kulturlandschaft – Gärten und Einzelbauten, doch natürlich auch die Städte – seit je durch ihren bruchstückhaften Charakter ausgezeichnet hat. Wie erwähnt, sind Blick und physische Bewegung stets eingeschränkt; der zum Wandeln bestimmte Garten ist eine Ansammlung „unabhängiger" Blickpunkte mit „beziehungslosen" Ereignissen. Selbst im winzigen Teeraum *(chashitsu)* verdeckt eine schmale Zwischenwand *(sodekabe)* die Sicht auf den ganzen Raum.

21 Vladimir Krstic, A Life Act and Urban Scenography: Supraphysical Concept of Urban Form in the Core of the Japanese City, Master Thesis, Department of Architecture, Kyoto University 1985, S. 17.

22 In der Geschichte der japanischen Architektur wechselte nicht nur die Hauptstadt des öfteren, sondern auch Bauten wurden in ihre Teile zerlegt und an anderen Standorten wieder errichtet. Andere Gebäude mußten nach natürlichen oder anderen Katastrophen mehrmals wiederaufgebaut werden. Shinto-Schreine schließlich wurden regelmäßig im Rahmen eines Reinigungsrituals neu errichtet, was sich heute nur noch beim berühmten Ise-Schrein beobachten läßt.

23 Toyo Ito, Collage and Superficiality in Architecture, in: Kenneth Frampton (Hg.), *A New Wave of Japanese Architecture,* New York: IAUS 1978 (IAUS Catalog Nr. 10), S. 68.

24 Gemäß zenbuddhistischer Lehre „ist Form Leere, und Leere ist Form"; das spielt auf das endgültige Nichts oder die „vielfache Leere" an, die das persönliche Ich und alles andere enthält und zu der die buddhistische Lehre führt.

25 Krstic (zit. Anm. 21), S. 36–37.

26 Krstic (zit. Anm. 21), S. 52.

27 Aussage von Toyo Ito in: Kazuo Shinohara, in: *Shinkenchiku,* Sondernummer über die Häuser der Showa-Zeit, 1976.

28 Es ist aufschlußreich, die Schriften, Gedanken oder Kommentare dieser Architekten zu lesen; fast alle beziehen sich auf die zeitgenössischen Bedingungen der Stadt. Viele Architekten, zum Beispiel Maki, Shinohara, Ito, Ando, Hasegawa, Yamamoto, Takamatsu, Kitagawara oder Suzuki, beziehen ihre architektonischen Ideen und ihre Entwurfsphilosophie aus ihrer kritischen Beschäftigung mit dem japanischen Städtebau.

29 Kenneth Frampton, Towards a Critical Regionalism, in: Hal Foster (Hg.), *The Anti-Aesthetic,* Port Townsend: Bay Press 1983, S. 20.

30 Hajime Yatsuka, Architecture in the Urban Desert, in: *Oppositions* Nr. 23, Winter 1981, S. 20.

31 Chris Fawcett nennt die japanische Großstadt die „Stadt Japan", in: *New Japanese House,* New York: Harper and Row 1980, S. 31.

32 Die „Neue Welle japanischer Architektur" war eine Wanderausstellung, die 1978–1979 in mehreren amerikanischen und europäischen Städten zu sehen war. Sie stellte die neuen Bewegungen vor, die in den frühen siebziger Jahren die metabolistische Architektur abgelöst hatten.

33 Botond Bognar, *Contemporary Japanese Architecture: Its Development and Challenge,* New York: Van Nostrand Reinhold 1985, S. 277.

34 Tadao Ando, Town House at Kujo, in: *Japan Architect,* Nov.–Dez. 1983, S. 52.

35 Es muß betont werden, daß die zur Frage stehenden Werke dieser Architekten zu einem großen Teil auch durch zahlreiche andere Absichten und Entwurfsphilosophien geprägt wurden.

36 Hiroshi Hara, On the Form of Reflection Houses, in: *G.A. Document,* Sondernummer 1970–1980.

37 Hiroshi Hara, Anti-Traditional Architectural Contrivance, in: Frampton (zit. Anm. 23), S. 39.

38 Itsuko Hasegawa, Embedding Architecture in the City, in: *Shinenchiku,* Juni 1978.

39 Der Ausdruck „das Poetische" („le poétique") ist ein zentraler Begriff der poststrukturalistischen französischen Philosophen, vor allem von Julia Kristeva, Gilles Deleuze und Jean Baudrillard; vgl. etwa Julia Kristeva, *La Révolution du langage poétique,* Paris: Le Seuil 1974.

40 Marc Treib, The Dichotomies of Dwelling Edo/Tokyo, in: Friedman (zit. Anm. 6), S. 121.

41 Kenneth Frampton, The Work of Tadao Ando, in: Yukio Futagawa (Hg.), *Tadao Ando,* Tokyo: A.D.A. EDITA 1987, S. 10.

42 Tadao Ando, From Self-Enclosed Modern Architecture Towards Universality, in: *Japan Architect,* Mai 1982, S. 9.

43 Hiromi Fujii, Architectural Metamorphology, in: *Oppositions,* Nr. 22, 1980; Deconstruction through Differentiation – Metamorphology, Desemiotization, Traces, and Deconstruction, in: *Japan Architect,* Sept. 1985; De-composition, in: *A + U. Architecture and Urbanism,* Jan. 1980.

44 Hiromi Fujii, Dispersed, Multilayered Space, in: *Japan Architect,* Jan. 1989, S. 6.

45 Hiroshi Hara, Modality – Central Concept of Contemporary Architecture, in: *Japan Architect,* Nov.–Dez. 1986, S. 24.

46 Hara (zit. Anm. 45), S. 26.

47 Takefumi Aida, From Toy-Blocks to an Architecture of Fluctuation, in: *Shinkenchiku,* Juni 1987, S. 203.

48 Itsuko Hasegawa, Thin Membranous Boundaries, in: *Japan Architect,* Nov.–Dez. 1986, S. 54.

49 Yasumitsu Matsunaga, T-Haus, in vorliegendem Band S. 166–169.

50 Matsunaga (zit. Anm. 49).

51 Koji Taki, Fragments and Noise: The Architectural Ideas of Kazuo Shinohara and Toyo Ito, in: *Architectural Design: Japanese Architecture,* Bd. 58 (1988), Nr. 5/6, S. 34.

52 Fumihiko Maki, To Offer Unforgettable Scenes (A Discussion with Fumihiko Maki), in: *Japan Architect,* März 1987, S. 69.

53 Riken Yamamoto, The City as Topography, in: *Japan Architect,* Nov.–Dez. 1986, S. 42.

54 *Contemporary Architecture in Drawings, 11 – Space and Concept: Ryoji Suzuki,* Tokyo: Dohosha 1986, S. 3.

55 Hiroshi Watanabe, High-Tech Shangri-la, in: *GA Document,* Nr. 17, 1987.

56 Toyo Ito, Primitive Hut in the Modern City, in: *Japan Architect,* Mai 1985, S. 30.

57 Taki (zit. Anm. 51), S. 34.

58 Kazuyo Sejima, Platform No. 1, Katsuura, 1988, in vorliegendem Band S. 220–222. Der Text trug ursprünglich den Titel „Architectural Place".

59 Kazunari Sakamoto, From Architecture as an Object to Space as an Environment, in: *Japan Architect,* Nov.–Dez. 1986, S. 64.

60 Vgl. etwa Ito (zit. Anm. 23), S. 68.

61 Kenneth Frampton, Ukiyo-e and the Art of Toyo Ito, in: *Space Design,* Sept. 1986, S. 144. Frampton verwendet den Ausdruck „Ukiyo-e" in Zusammenhang mit Itos Architektur aus zwei Gründen: „erstens weil der japanische Holzschnitt (Ukiyo-e) eine Kunst der Mittelklasse für die Mittelklasse der Tokugawa-Zeit (1603–1868) und deswegen im wesentlichen eine Kunst des Volkes für das Volk war, zweitens weil solche Holzschnitte eine vergängliche Welt spiegeln, die in verschiedener Hinsicht an den gleichen geistigen Stoizismus und die gleiche Energie erinnert, mit denen Ito der Großstadt begegnet."

62 Der Ausdruck „Imperialismus der Einheit" findet sich bei Paul Ricœur, *History and Truth,* Evanston: Northwestern University Press 1965, S. XXI.

63 Kazuo Shinohara, A Program for the „Fourth Space", in: *Japan Architect,* Sept. 1986, S. 28.

64 Shinohara (zit. Anm. 63).

65 Fumihiko Maki, Modernism at the Crossroad, in: *Japan Architect,* März 1983, S. 22.

66 Kenneth Frampton, Twilight Gloom to Self-Enclosed Modernity: Five Japanese Architects, in: Friedman (zit. Anm. 6), S. 225.

67 Kisho Kurokawa, Le Poétique in Architecture: Beyonds Semiotics, in: *Process Architecture, Kisho Kurokawa: Recent Work and Projects,* Nr. 66 (1986), S. 154.

68 Kisho Kurokawa, The Philosophy of Symbiosis: From Internationalism to Interculturalism, in: *Process Architecture* (zit. Anm. 67), S. 48.

69 Charles Jencks, Hiroshima Acropolis, in: *Space Design,* Juni 1989, Sondernummer *Kisho Kurokawa: 1979–1989,* S. 6.

70 Riichi Miyake, The Generation of Sensitiveness, in *Japan Architect,* Nov.–Dez. 1986, S. 10; Ryoji Suzuki, An „Archipolitique" of Architecture, in: *Japan Architect,* Okt. 1987, S. 36.

71 Chris Fawcett, Architecture: The Essential Scandal: Three Recent Works by Shin Takamatsu, Manuskript, 1984, S. 1.

72 In diesem Zusammenhang ist es aufschlußreich, einen von Isozakis kurzen Artikeln aus dem Jahre 1962 zu lesen: „The City Demolition Industry, Inc." Darin führt Isozaki als Architekt und Stadtplaner ein interessantes Gespräch mit seinem Alter Ego namens Shin (andere Lesart des chinesischen Zeichens für seinen Vornamen Arata), einer subversiven Person, die auf das Zerschlagen, Zerstören und Niederreißen von Städten spezialisiert ist. Die Diskussion endet in einer Pattsituation, was Isozakis unentschiedene Haltung gegenüber der Großstadt gut spiegelt (der Beitrag ist abgedruckt in Frampton, zit. Anm. 23, S. 48). Isozakis paradoxe Haltung kommt auch in einem seiner „City in the Air"-Projekte aus demselben Jahr zum Ausdruck, in dem Ruinen der klassisch-antiken Architektur (Ruinenromantik) mit der Vision einer zukünftigen Stadt verknüpft sind (Abb. 4 des vorliegenden Bandes).

73 Aus westlicher Perspektive können weite Bereiche der japanischen Kultur als entschieden „dekadent" erscheinen. Keine andere Kultur neigte mehr einer Ästhetik und künstlerischen Wertschätzung solcher Begriffe wie Vergänglichkeit, Altern oder Verfall zu wie die japanische während ihrer ganzen Geschichte. Zu dieser Veranlagung kommt die Bereitschaft hinzu, Bauten und Hauptstädte den Ort wech-

seln zu lassen und neu zu errichten, ob es nun Naturkatastrophen oder menschliche Zerstörungen gab oder nicht, aber auch die japanische Haltung gegenüber der „Abwesenheit" oder Selbstauslöschung (auch einer Form des Selbstmords) ist ausschlaggebend. All das darf jedoch nicht einseitig negativ verstanden werden. Der Prozeß der Zerstörung und des Verfalls ist demzufolge eine ständige Erscheinung und Voraussetzung für den unaufhörlichen Wandel, die Erneuerung und, paradox genug, die Dauer der Dinge.

Francesco Dal Co, der sich in einem Gespräch über das Begriffspaar „Blüte und Dekadenz" äußerte (On History and Architecture, in: *Perspecta,* Nr. 23, S. 14), nahm einen ähnlichen Standpunkt ein: „Bezeichnenderweise ist das Nebenprodukt der typisch westlichen Idee (von Aufstieg und Niedergang) das Verständnis der Geschichte als einer Folge von Ereignissen, die sich nach Augenblicken der Blüte und Augenblicken der Leere oder Dekadenz unterscheiden lassen. (...) Wir haben uns jedoch damit abzufinden, daß alle Augenblicke der Geschichte miteinander verbunden sind, daß es keine genauen Grenzen zwischen Augenblicken der Blüte und solchen des Niedergangs gibt; daß Blüte und Niedergang nicht nur miteinander verbunden sind, sondern sich gegenseitig beinhalten und bedingen."

74 Hubert L. Dreyfus und Paul Rabinow, *Michel-Foucault: Beyond Structuralism and Hermeneutics,* Chicago: University of Chicago Press 1983, S. XXI und XXVII (Zusätze von mir).

EINE ARCHITEKTUR IM MEER DER ZEICHEN

Hajime Yatsuka

Für zeitgenössische Architekten haben sich die japanischen Städte im Laufe der Jahrzehnte von unterschiedlichen Seiten gezeigt. In den sechziger Jahren, der Periode des ersten japanischen Wirtschaftsbooms, erschienen sie als physische Strukturen, die mit gewaltigen „Bauten" gestört oder im Gegenteil gebildet werden mußten. Eine solche Auffassung kennzeichnet beispielsweise die Architektur von Kenzo Tange und der Gruppe der Metabolisten.[1] Als in den sechziger Jahren infolge der Wirtschaftskrise die Bautätigkeit nachließ, erwies sich der städtische Raum als antisozialer, anonymer und feindlicher Bereich, auf den die Architekten zunehmend negativ reagierten, während sie – hauptsächlich in kleinen provokativen Bauten – ihre eigene Identität zu bewahren suchten. In den achtziger Jahren, in der augenblicklichen Periode des zweiten wirtschaftlichen Aufschwungs, der in Japan in weitaus stärkerem Maße als in anderen Ländern zu spüren ist, wurde die Stadt zu einer Erscheinung, die weit über die physischen Aspekte hinausreicht: Sie wurde zu einem Ort für Bedeutungen, ein Phänomen, das ich „Meer der Zeichen" nennen möchte.

Tokyo hat eine Rolle übernommen, die in den Jahren nach 1880 von Paris als der „Hauptstadt des 19. Jahrhunderts" und in den sechziger Jahren unseres Jahrhunderts von New York als „Neuem Babylon" gespielt worden war. Heute ist Tokyo die Hauptstadt des neuen Fin-de-siècle, doch im Gegensatz zu Paris und New York in einer postmodernen Weise.[2] Der Stadt fehlen grandiose Elemente wie die Pariser Boulevards oder die Wolkenkratzer New Yorks, die Wahrzeichen der Hauptstädte der Moderne. Dagegen ist Tokyo eine riesige Ansammlung mittelmäßiger Strukturen, eine Stadt ohne Charakter, die Ähnlichkeiten mit Franz Kafkas Schloß hat. Dennoch ist diese Ansammlung nicht notwendigerweise die systematische Überlagerung von Schichten vergangener Perioden. Tradition wurde, soweit noch vorhanden, vergewaltigt und in der Zwischenzeit vollständig aufgegeben. Besonders deutlich zeigte sich das immer wieder, wenn Tokyo in Schutt und Asche sank, wie während des Zweiten Weltkrieges. Doch im Gegensatz zu den kriegszerstörten europäischen Städten wurde Tokyo fast ohne jegliche Rücksichtnahme auf alte Strukturen oder historische Gebäude wiederaufgebaut. Darüber hinaus ließen der Wiederaufbau und die spätere Baupolitik mehr denn je zuvor die japanischen Städte zu einem Patchwork eklektizistischer Mischungen werden.

Patchwork meint hier, daß es keine organische Beziehung zwischen einander benachbarten Elementen wie Straßen und Gebäuden gibt, daß es zudem unmöglich ist, eine solche Beziehung herzustellen. Vom Standpunkt moderner Stadtplanung und deren Besessenheit, der „kranken" Stadt Gesundheit und eine vernünftige Ordnung zurückzugeben, aus gesehen, waren die zufälligen Kennzeichen des Patchwork schlicht unannehmbar und abzulehnen. Allerdings war diese rationale Haltung nicht eine Erfindung der Moderne; ein ähnliches Verständnis prägte auch das Konzept der traditionellen europäischen Stadt während der gesamten Geschichte der westlichen Architektur. Im Gegensatz dazu hat die heutige Postmoderne (die in dem hier verwendeten Sinn nichts mit der Tändelei rund um die Formensprache der europäischen Klassik zu tun hat), indem sie auf das Streben nach Vollkommenheit verzichtete, das Patchwork zu einem neuen Objekt des Interesses gemacht.

Der französische Philosoph Gilles Deleuze hat den Ausdruck „corps sans organes" (organloser Körper) von Antonin Artaud übernommen, um das organisatorische oder genauer: das anti-organisatorische System des Patchwork zu bezeichnen.[3] Diesen Begriff verband er mit einem eigenen: dem des „Rhizoms".[4] Ein Rhizom kommt ohne jede Art hierarchischer Ordnung aus; es ist ein radikaleres Modell für die Beziehung zwischen Bestandteilen als das „Halbgitter", das von Christopher Alexander als Gegenbegriff zum hierarchischen „Baum" gesetzt worden war. Für Alexander „ist die Stadt kein Baum", sondern eine Gruppe von Halbgittern, eine viel komplexere Organisation.[5] Allerdings ist ein Halbgitter immer noch eine Ansammlung baumähnlicher Untergruppen und deshalb kein echter Gegenbegriff zu „Baum". Auf der anderen Seite wehrt sich ein Rhizom gegen alle Arten der Hierarchie; ihm geht jeglicher Sinn für Ordnung ab. So fehlt in einem „organlosen Körper" oder Rhizom den einzelnen Bestandteilen jede synthetische Verbindung mit anderen Elementen; es ist Patchwork.

Deleuze selbst vergleicht den Begriff des Patchwork mit jenem des Gewebes, ein Ausdruck, der oft als Metapher für die Stadt verwendet worden ist. Damit scheint er anzudeuten, daß es eine Verschiebung vom Gewebe zum Patchwork gäbe, von der synthetischen Stadt zur „organlosen" Stadt, von der „ville radieuse" zur anarchischen Patchwork-Stadt.[6] Dieser Wandel in den urbanen Verhältnissen Japans bildet die Grundlage – oder den Kontext – für die zeitgenössische japanische Architektur. Man könnte hier sogar von den Bedingungen der postmodernen Stadt sprechen. Wie die meisten anderen Aspekte des postmodernen Japans ist auch die Postmoderne der japanischen Städte untrennbar mit den urbanen Verhältnissen der Vormoderne verknüpft.

Tokyo, das vor dem Beginn der Meiji-Zeit (1868) Edo hieß, war die Verwaltungshauptstadt unter dem Shogunat der Tokugawa. Der allgemeine Plan der japanischen Feudalstädte folgte zwei Ordnungsschemata: Das erste war das von den alten Hauptstädten wie Kyoto oder Nara übernommene Raster; das zweite beruht auf einem labyrinthischen Straßennetz, das sich der Feudalzeit verdankt. Diese labyrinthische Anlage war zwar rein funktional, das heißt, nach defensiven Gesichtspunkten entworfen, um das Eindringen des Feindes zu verhindern, doch kann sie auch als Vorläufer des heutigen Rhizoms gelten. In der Meiji-Zeit (1868–1912) war die Verschönerung von Tokyo, dem früheren Sitz des Shoguns, eine ständige Sorge der japanischen Regierung. Mit Projekten für breite Boulevards und einem leistungsstarken Verkehrssystem wollte man mit westlichen Städten wie Paris und Berlin Schritt halten. Allerdings führten diese Pläne zu keinen konkreten Ergebnissen, auch nicht nach dem Ersten Weltkrieg oder dem großen Erdbeben von 1923.

Im Gegenteil: die dramatische Verteuerung der Grundstücke führte zu einer wachsenden Zerstückelung des Landes und damit zur Fragmentierung und Unregelmäßigkeit des städtischen Gewebes; Grundbesitzer mußten, um die stark gestiegenen Steuern bezahlen zu können, kleine Parzellen ihres Besitzes verkaufen oder ein Gebäude darauf stellen, um ihr Einkommen zu erhöhen. Die Baukosten für eine Geschoßfläche entsprechen nun – ungeachtet des Ausbaustandards – der jährlichen Grundstücksteuer für diese Fläche. Natürlich ist dieses Phänomen vor allem für die zweite Hälfte der achtziger Jahre charakteristisch, und so findet man immer noch ältere Stadthäuser oder ehrwürdige Schreine zwischen neuen Geschäfts- und Bürogebäuden eingeklemmt. Kein Bezirk hat ein einheitliches Erscheinungsbild. Größe, Formen, Farben und Nutzung wechseln von Gebäude zu Gebäude. Jeder Bau ist ein Patchwork innerhalb des Bezirks, und der Bezirk ist ein Patchwork innerhalb der Stadt. Diese Art der Ungleichartigkeit legt die wirtschaftliche Schichtung Japans im Querschnitt frei.

Gewöhnlich wurde die utopische Stadt der Zukunft als umfassende, aus homogenen Elementen bestehende Einheit entworfen; jedes Gebäude und jeder Bezirk sollten das Werk einer einzigen Person sein, das sofort in die Wirklichkeit umgesetzt wurde. Moderne Utopien, darunter auch die Stadtprojekte der Meisterarchitekten der zwanziger Jahre, bilden da keine Ausnahme. Die entschiedene Heterogenität der zeitgenössischen japanischen Städte bedeutet jedoch genau das Gegenteil und zeugt vom Scheitern der von Jürgen Habermas geforderten „Aufklärung" der Moderne.[7] Diese Ungleichartigkeit scheint die Absurdität der automatisch ablaufenden kapitalistischen Entwicklung darzustellen, die jeden vernünftigen Eingriff zurückweist und die Unordnung der vor- oder frühkapitalistischen Stadtstrukturen bestätigt – ein Vorwurf, den auch ein moderner Architekt wie Le Corbusier äußerte.

Sollte deswegen das Fehlen einer machtvollen Planung einzig dem Anachronismus oder der „Erbarmungslosigkeit" der kapitalistischen Spekulation zugeordnet werden? Die Antwort auf diese Frage scheint zumindest in Japan „nein" zu sein, aufgrund eines Umstands, der die Grundlage der japanischen Architektur in den achtziger Jahren bildet. Wenn es eine Erkenntnis gibt, die sich nun durchsetzte, so ist es die Einsicht des japanischen Volks, und nicht nur der Architekten, daß die „organlose Stadt" zum erstenmal seit dem Beginn der Meiji-Zeit von Interesse sein könnte. Eine der auffallendsten Erscheinungen der japanischen Postmoderne in den achtziger Jahren sind die unzähligen Bücher über die Stadt, verfaßt von Autoren verschiedenster Herkunft und Ausrichtung, die alle meinen, die urbanen Strukturen besser als alle anderen zu verstehen.[8]

Zweifellos trug das Interesse für die Erhaltung historischer Gebäude, das sich allerdings etwas zu spät entwickelte, zur erhöhten Aufmerksamkeit für urbane Architektur und Kultur in Japan bei. Dennoch hat dieses Interesse noch nicht die Systematik und strenge Rationalität der wissenschaftlichen Forschung europäischer Architekten und Historiker angenommen, die von der Typologie der Bauten und der Morphologie der Städte ausgehen. Für das chaotische japanische Stadtgebiet – mit Ausnahme vielleicht der alten Hauptstädte wie Kyoto und Nara, die beide den verheerenden Kriegszerstörungen entgingen – erwiesen sich solche Konzepte als falsch; eine „organlose Stadt" läßt sich weder mit typologischen noch mit morphologischen Methoden erfassen, die ohne Bezug auf organische Grundlagen ins Leere greifen. Einige Architekten und Historiker wandten sich vermehrt zweitklassigen Gebäuden zu. Ihrer Ansicht nach spielen diese mittelmäßigen Bauten eine bedeutende Rolle in der Stadt und müssen nicht unbedingt hinter den bekannten historischen Baudenkmälern zurückstehen. In Wirklichkeit sind die urbanen Verhältnisse Tokyos weitgehend durch „mittelmäßige Gebäude in einer mittelmäßigen Stadt" bestimmt, die dennoch eine höchst stimulierende Stadt ist.

Nicht zum erstenmal in der Geschichte der modernen Architektur zieht eine „mittelmäßige" Stadt die Aufmerksamkeit der Architekten auf sich. Erinnern wir nur an Robert Venturis ironischen Lobpreis der „häßlichen und ordinären" Architektur.[9] Allerdings war Venturis Stadt mit ihrer Hauptgeschäftsstraße eine eher homogene und einfache Agglomeration von neueren Gebäuden. Im Gegensatz dazu setzen sich die japanischen Städte aus weit mehr und entschieden heterogenen Bestandteilen zusammen; daß ihnen bestimmende Normen fehlen, kann die Venturische Ironie mit Erfolg neutralisieren. In diesen Städten kann alles gutgeheißen werden, oder umgekehrt: Nichts kann sich wertvoll erweisen oder gerechtfertigt werden. „Rhizom" bedeutet auch die Freiheit von jedem Wert. In der „organlosen Stadt", der „Stadt ohne Eigenschaften", ist es deswegen äußerst schwierig, wenn nicht gar unmöglich, von Werten zu reden.

Ein anderer bedeutender Aspekt der zeitgenössischen japanischen Städte, vor allem solch monströser wie Tokyo oder Osaka, besteht darin, daß ihre jüngste Entwicklung durch einen raschen Vermarktungsprozeß vorangetrieben wurde, wie er für die dynamischen, obwohl manchmal ungeordneten großstädtischen Zentren der spätkapitalistischen Gesellschaft typisch ist. In dieser Hinsicht sind die japanischen Städte ebenfalls zerstückelte, trivialisierte und „beschleunigte" Versionen von Venturis Las Vegas.[10] In der „Stadt des Konsums" ist die Architektur weniger eine Ansammlung von Gebäuden als ein Strom von Bildern. Insofern dieser Vermarktungsprozeß explizit und implizit mit den menschlichen Wünschen und Sehnsüchten in Beziehung steht, symbolisiert die Architektur diese Wünsche auf intime Weise; sie gewinnt eher Zeichencharakter als Substanz. Städte sind nun höchst komplizierte Schaltkreise von Informationen und Wünschen, die ich „Meer der Zeichen" nenne, und durch dieses unsichtbare, vielschichtige Informationsnetz dienen sie als Orte des Konsums und der Warenwelt. Wenn man japanische Städte als „Rhizome" bezeichnen kann, so weil dieses System von Informationen und Wünschen die gesamte Architektur erfaßt und durchzieht. Gebäude sind heute mehr denn je ein integrierter Teil dieser Kreise. Obwohl sie immer noch als reale Einheiten existieren, haben sie bereits an Selbständigkeit verloren und lassen die Dimension der „Tiefe" vermissen, was das gemeinsame Kennzeichen aller Medien ist. „Architektur als Medium", eine vor dreißig Jahren als Ziel gesetzte These, scheint nun ohne jede Einschränkung Wirklichkeit geworden zu sein.

All das hat die Architekten in eine unklare, problematische Lage versetzt. Zweifellos vermittelt ihnen diese Stadt des Konsums und der Medien gute Arbeits- und Verdienstmöglichkeiten. In den kommerziellen Massenmedien werden nicht nur ihre Bauten, sondern auch sie selbst häufig vorgestellt. Das ist für japanische Architekten ziemlich ungewohnt, die im Gegensatz zu Schriftstellern und Künstlern nie im Rampenlicht der Öffentlichkeit standen. Das – mit Hilfe der Massenmedien – stark gewachsene öffentliche Interesse für Architektur ist eines der wichtigsten Kennzeichen der japanischen Postmoderne. Dieses erhöhte Interesse hat auch dazu geführt, daß immer mehr berühmte ausländische Architekten in Japan bauen, darunter Michael Graves, Norman Foster, Richard Rogers, Renzo Piano, Hans Hollein, Zaha Hadid und Rem Koolhaas. Diese Bekanntheit ist natürlich willkommen, doch in einer hochentwickelten Warengesellschaft untrennbar mit der Tendenz verbunden, daß die meisten auffälligen Dinge, in unserem Fall die Architektur, selbst zur Ware werden. In einer solchen Situation produzieren die Architekten nicht nur Waren, sondern sie sind selbst Teil des Vermarktungsprozesses und haben sich demzufolge, vielleicht nur unbewußt, den Gesetzen der kapitalistischen Gesellschaft unterworfen. Sie müssen also ständig die Hauptforderung der Warenwelt, den Wunsch nach Neuem, erfüllen. Angesichts solcher Imperative wird die Architektur, um es direkt zu sagen, zur modischen Ware.

Dieses Faktum wirkt sich auch auf der anderen Seite des Dilemmas aus, dem sich die Architekten heute ausgesetzt sehen. Zwar kann die ungewöhnliche Freizügigkeit der japanischen Städte den Architekten, die sich dem Zwang, etwas Neues zu schaffen, unterziehen, ein willkommenes Medium bieten, doch ist in der „Stadt ohne Eigenschaften", in der es fast unmöglich ist, über Werte zu sprechen, jede Art kreativer und selbst kritischer Tätigkeit dazu verurteilt, in der Leere des Relativismus unterzugehen, die von den Protagonisten der Postmoderne so gedankenlos verteidigt wird. Schöne Gebäude können zwar immer noch Interesse erregen, doch nur in der gleichen Weise, wie das mittelmäßige tun. Das ist eine zutiefst paradoxe, wenn nicht ironische Situation. Selbst die kreativsten Werke können, wenn sie einmal vom kollektiven Ideal gelöst sind, das Jean-François Lyotard die „Meistererzählung" oder die „große Geschichte" der Hochmoderne nannte, nur in ihrer eigenen „hermetischen" Weise einzigartig sein.[11] Mit anderen Worten: diese im „Meer der Zeichen" schwimmenden einzigartigen Werke sind nur bedingt einzigartig und besitzen weder einen endgültigen Charakter noch einen ebensolchen Zweck. Deswegen grenzt die heutige scheinbar fröhliche Orgie der Kreativität und der architektonischen Demonstration direkt an die Finsternis des Nihilismus. Doch nur in einer solchen Grenzsituation besteht für Architekten die Hoffnung – ein metaphorisches Seil über dem Abgrund –, auch in Zukunft schöpferisch tätig zu sein und den Seiltanz ohne fremde Hilfe zu Ende zu bringen.

ANMERKUNGEN

1 Metabolistische Architekten wie Kenzo Tange, Kiyonori Kikutake und Kisho Kurokawa, die letzten Vertreter der japanischen Hochmoderne, schufen riesige utopische Entwürfe mit Megastrukturen und Megaformen, um damit die bestehenden städtischen Verhältnisse radikal zu erneuern.

2 Walter Benjamin, *Charles Baudelaire: Ein Lyriker im Zeitalter des Hochkapitalismus* hg. von Rolf Tiedemann, Frankfurt am Main: Suhrkamp 1974; Manfredo Tafuri, New Babylon, in: *Archithese,* Nr. 20.

3 Gilles Deleuze und Félix Guattari, *Mille Plateaux,* Paris: Les Editions de Minuit 1980; vor allem das Kapitel „Le lisse et le strié".

4 Deleuze und Guattari (zit. Anm. 3).

5 Christopher Alexander u. a., *A Pattern Language: Towns, Buildings, Construction.* New York: Oxford University Press 1977.

6 Deleuze und Guattari (zit. Anm. 3).

7 Vgl. Jürgen Habermas, Modernity – An Incomplete Project, in: Hal Foster (Hg.), *The Anti-Aesthetic: Essays on Postmodern Culture,* Port Townsend: Bay Press 1983, S. 3.

8 Ich beziehe mich auf mehrere Bücher und Artikel von Autoren wie Terunobu Fujimori und anderen. Vgl. beispielsweise die Sondernummer von *Japan Echo,* Bd. XIV (1987) mit dem Titel *Tokyo: Creative Chaos,* die Beiträge von Fujimori, Takashina Shuji, Hidenobu Jinnai, Akira Naito, Nobuo Fujii u. a. enthält.

9 Robert Venturi, Denise Scott Bown und Steven Izenour, *Learning from Las Vegas,* Cambridge, MA: MIT Press 1972, S. 91.

10 Venturi, Scott Brown und Izenour (zit. Anm. 9).

11 Jean-Francois Lyotard, *The Postmodern Condition: A Report on Knowledge.* Minneapolis: University of Minnesota Press 1984, S. XXIII.

VOM WILDEN ZUM NOMADEN: KRITISCHE BEITRÄGE ZUR ZEITGENÖSSISCHEN JAPANISCHEN ARCHITEKTUR

Lynne Breslin

Zu Beginn des 20. Jahrhunderts beschäftigte sich die künstlerische Avantgarde mit der primitiven Kunst, um einen zeitgemäßen Ausdruck für sich selbst zu finden. Die russischen Futuristen griffen auf den bäuerlichen *lubok* (einfache Form des Holzschnitts) und die frühen Ikonen zurück. Für die Kubisten und europäischen Avantgardemaler stellte die sogenannte primitive Kunst Afrikas, Ozeaniens und der Amerikaner die psychischen und sexuellen Kräfte dar, die von Sigmund Freud und – in ihren Anfängen – von der Anthropologie beschrieben und untersucht wurden. Der Dadaismus konzentrierte sich auf eine andere Form des Primitiven: das Kind und sein Gestammel. Parallel dazu erforschte der Psychologe Jean Piaget die Entwicklung des kindlichen Verhaltens. In seinem Buch „L'Art primitif" von 1930 stellte G. H. Luguet fest, daß „die Kunst von Kindern und jene primitiver Menschen eine einzige Kategorie bilden, die die Werte der zivilisierten Kunst in Frage stellt".[1]

Die Analyse der Beziehungen zwischen den „anderen" und der Kunst, die sie inspirieren, wurde in der Zeit des Poststrukturalismus fortgesetzt. Die Aneignung der primitiven Kunst während der ersten Jahrzehnte des 20. Jahrhunderts fand eine neue Form. Der Poststrukturalismus untersucht die anderen Kulturen – den Wilden, den Nomaden, die Frau, das Kind – nicht als formale Paradigmen oder als ursprünglich sexuelle, psychologische Modelle, sondern als alternative Verständnismöglichkeiten, die durch keine hierarchische Ordnung bestimmt werden. Jede Welle der Avantgarde scheint die primitive Kunst in bezug auf ihre eigenen Ziele neu zu bewerten.

Die neueste Welle des „Primitivismus" in der japanischen Architektur läßt sich direkt von der Auseinandersetzung und Verarbeitung der gegenwärtigen strukturalistischen und poststrukturalistischen Theorie ableiten. Allerdings hatten sich die japanischen Architekten bereits früher mit dem Primitivismus beschäftigt und dabei weniger nach einer fernen oder „versetzten" Zeit gesucht als einen entfernten Ort bestimmt: eine Landschaft unberührter Naturschönheit. Die Fixierung auf das Totem, die im westlichen Primitivismus zentral ist, fehlt in der japanischen Kunst. Der Rückzug Sen-no-Rikyus aus der prunkvollen, allzu komplizierten Welt des Shoguns im späten 16. Jahrhundert wurde vielleicht von dem

Wunsch geleitet, zu einer schlichteren Gesellschaftsform zurückzufinden, doch fand er Gestalt im Bild einer einfachen Landschaft. Diese Konzentration auf eine verfeinerte Natur bildete ein mächtiges Paradigma für spätere Generationen unzufriedener Architekten. Die Ideen von *sabi* und *wabi* umschrieben die Teezeremonie und isolierten die Grundelemente und Urformen der Landschaft. Holz, Feuer, Gräser und Erde erhielten einen einzigartigen symbolischen Sinn, und eine Harmonie zwischen Natur und Kunst wurde durch Zurückhaltung, Nüchternheit, Schlichtheit und Armut erreicht. Die Strenge und geistige Disziplin des Zen fand ihren Höhepunkt in winzigen strohgedeckten Holzhütten und im genau festgelegten Teezeremoniell. Die ländliche Sensibilität des *sukiya*-Teehauses wurde zu einem architektonischen Ideal erhoben (Abb. 30).

In der westlichen Architektur zeugten die aufeinanderfolgenden Wellen des Primitivismus von einer erneuten Auseinandersetzung mit den eigenen Ursprüngen. Von Christopher Wren an war die Rückkehr zu den Ursprüngen ein erklärtes Ziel der Architektur. Laugiers „urtümliche Hütte" – eine Ablehnung der Rokoko-Übertreibungen – bedeutete eine Neubewertung der Schönheit in der Architektur und zeigte die wichtige Rolle der Struktur in der Theorie. Die folgenden rustikalen Episoden, die an kritischen Wendepunkten auftraten, deuteten einen Wandel in den architektonischen Grundbegriffen an. Im Gegensatz dazu wurden die Hauptkomponenten des japanischen Primitivismus und die damit einhergehende Hervorhebung des Natürlichen institutionalisiert. Schönheit war in der japanischen Architektur und Kunst ein elementarer Begriff. Die zukünftige „Reinigung des Hauses" bedeutete ästhetisch eine Rückkehr zum Wesen der japanischen Schönheit in der Architektur.

Die moderne japanische Nachkriegsarchitektur erinnert an das Elementare als ein Mittel, angesichts der wachsenden Anonymität Selbständigkeit zu bewahren.[2] Der Bezug auf den französischen Strukturalismus und Poststrukturalismus hat die traditionellen Elemente des japanischen „Primitivismus" verwandelt. Die Unterschiede zwischen westlichem und östlichem Primitivismus haben sich verwischt. Die westliche Moderne gilt als ein echtes Vermächtnis der Nachkriegsgeneration japanischer Architekten.

30. Teeraum, Shokintei, Katsura-Villa, Kyoto, 1620–1647

Kazuo Shinohara ist in seinem Kampf mit dem Vermächtnis der japanischen Bautradition ein gutes Beispiel für dieses Phänomen. Zwar hat er sich erst teilweise daraus befreien können, doch ist die Richtung seiner Entwurfstätigkeit deutlich zu erkennen. Seine ursprüngliche Entdeckung der Wirksamkeit traditioneller Ästhetik und Raumauffassung setzt das „Primitive" in seinem Werk in Bewegung und wird von ihm in seinen Gedanken über den Zen-Tempel verdeutlicht: „Ein innerhalb eines Tempels angelegter Steingarten überrascht den Besucher allein durch seine Reduktion auf einige Felsstücke, die sorgfältig über ein weiße Sandfläche verteilt sind. Es gibt eine Art *chashitsu* mit einer nur zwei Matten großen Fläche, wo alle potentielle Aktion sozusagen in Nicht-Aktion erstarrt ist. Ich empfinde oft Ehrfurcht vor der Hartnäckigkeit, mit der die Japaner die formale Beschränkung und den Prozeß der Vereinfachung angestrebt und nie nachgelassen haben, bis sie nicht den letzten glänzenden Raum schaffen konnten. (...) Sie waren nie besonders daran interessiert, gegebenes Material zu Zwecken der Integration und Bereicherung zusammenzustellen. Statt dessen nahmen sie diesen Elementen oft ihre Lebenskraft, um sie in anorganische Materie zu verwandeln. Dieses unermüdliche Bemühen um Vereinfachung wurde jedoch stets damit belohnt, daß das Objekt als etwas Neues wiedererstand. Alle Spuren oberflächlicher oder zufälliger Existenz wurden durch einen Komplementärwert ersetzt: die glänzende symbolische Existenz."[3]

In seiner Untersuchung „On Adam's House in Paradise" betont Joseph Rykwert die Verbindung zwischen dem Elementaren im Entwurf und den geistigen oder religiösen Assoziationen dieser Architektur.[4] Shinohara meint dazu: „Ich kann nicht leugnen, daß die quietistische Struktur der traditionellen japanischen Architektur ihren Weg in meinen Ausdruck der ewigen Elemente gefunden hat. Ich hatte erkannt, daß der symbolische Raum der Kern der schönen Raumtradition Japans war. Ich muß meiner Auffassung Ausdruck verleihen. Ich schaffe negativen Raum als Protest gegen die wahnsinnige Bewegung rund um mich."[5]

Die Urtypen dieser symbolischen Räume werden von Shinohara gelegentlich aus der traditionellen Architektur übernommen, doch stets neu gestaltet. Im Erdhaus (1966) läßt er die Erde im Innern offen zutage treten. Der Boden aus Lehm, Kalk und Salz erinnert zusammen mit dem offenen Dachstuhl und dem unregelmäßigen rechteckigen Grundriß an ein Bauernhaus. Im Wohnhaus Tanikawa (1974) bleibt der Lehmboden uneben, um die Verbindung zwischen Haus und Grund, künstlichem Werk und Natur, zu zeigen (Abb. 31). Der Erdboden wird aber auch belassen, um an die *doma* alter Bauernhäuser zu erinnern. Shinohara schreibt dazu: „In der Auseinandersetzung mit Architektur können wir die *doma* als Ausgangspunkt nehmen. Sie stellt einen wesentlichen Aspekt der bäuerlichen Wohntradition dar. Dieser schwach erleuchtete, einfache Raumteil ist ein direkter

31. Kazuo Shinohara, Wohnhaus Tanikawa, 1974

Nachfahre der dunklen Innenräume der Erdwohnungen der Jomon-Zeit."[6]

Im Wohnhaus Tanikawa erinnern der unregelmäßige Lehmboden, das spitze, scheunenähnliche Dach und die kräftige Struktur an das Urbild eines Hauses aus ferner Vergangenheit. Indem Shinohara vergangene Bedeutungen und Funktionen aufhebt und die Räume in negative, „nackte" oder Null-Räume verwandelt, versucht er, den traditionellen Prozessen der Destillierung und Vereinfachung auf seine Weise zu entsprechen. Auf der anderen Seite sind diese Räume auch seine Methode, die Logik der Marktgesetze zu bekämpfen, die das wirtschaftlich erstarkte Japan beherrschen. Der rauhe Charakter vieler seiner Häuser (Beton und Holz werden unbearbeitet eingesetzt) und die Dürftigkeit und Strenge der Strukturelemente wirken dem Warencharakter des Hauses entgegen. Während Shinohara jede mögliche Erneuerung der Bedeutung traditioneller Architektur ablehnt, kann er die durch diese neuen „nackten" Räume bewirkte Bedeutung und Symbolik nicht negieren. Solche Bedeutungen setzen allerdings den Gebrauch einer stochastischen Methode voraus: „Da ich nicht an die Möglichkeit vollständiger Bedeutungslosigkeit glaube, bin ich davon überzeugt, daß ein relativer Wert mit Hilfe jener Elemente erreicht werden kann, die ihre Bedeutung verloren haben und in den Nullzustand versetzt wurden; das setzt einen Kontext voraus, in dem der symbolische Raum von jeder Bedeutung gereinigt worden ist. Ich will nicht auf einem bekannten Weg zurückschreiten, sondern ich bewege mich in eine neue Richtung. Mein Ziel ist der ursprüngliche Raum, der funktionale Raum."[7]

Diese wiederholte Interpretation von Raum, Materialien und Elementen ist durch die französische Nachkriegsphilosophie geprägt. Der Begriff des „räumlichen Nullpunkts" ist von Roland Barthes übernommen, der die Idee des „Nullpunkts der Literatur" entwickelt hat.[8] Genauso wichtig ist für Shinoharas Theorie die strukturale Anthropologie von Claude Lévi-Strauss, die das Bedürfnis aller Menschen, Symbole zu schaffen und zu verwenden, bestätigt. Der Strukturalismus stellt Shinohara zudem eine Strategie zur Entwicklung eines Programms zur Verfügung, die ihn wieder direkt zu den ursprünglichen, funktionalen Räumen führt: „Obwohl ich mich augenblicklich in der Hauptsache mit dem Ausdruck von Dingen im Rohzustand beschäftige und das Entstehen von Bedeutung zu unterdrücken versuche, muß ich trotz all meiner Bemühungen noch eine Methode finden, um solche Dinge zusammenzuhalten. Dabei scheint sich eine Neigung abzuzeichnen, in Richtung vereinheitlichter Strukturen vorzustoßen. Diese widersprüchliche Situation nenne ich ‚Wildheit' in Analogie zum ‚Wilden Denken' des Ethnologen Claude Lévi-Strauss."[9]

Shinoharas Interesse für „Wildheit" zeigt sich zum erstenmal in seinem Haus in Uehara von 1976. Das für dieses Haus angefertigte Modell erinnerte ihn an ein japanisches Bauernhaus mit seiner Balken- und Ständerkonstruktion und zugleich an den „Dschungel". Die zu lösenden Probleme – ein kleiner Standort, Beschränkungen der Höhe, Bauvorschriften und ein komplexes Programm – führten zu mehre-

32. Kazuo Shinohara, Haus in Uehara, Tokyo, 1976

ren widersprüchlichen Raumanordnungen, die nicht immer miteinander harmonieren (Abb. 32). Wie Shinohara ausführt, hat ihn „diese Methode, direkt auf das Objekt einzugehen, dazu geführt, an die Wildheit zu denken, obwohl ich dem gleich entgegenhalten muß, daß es nicht die Idee der Wildheit war, auf die das dschungelähnliche Aussehen zurückzuführen ist. In Zusammenhang mit der Untersuchung der Denkweise von Wilden schrieb der bekannte Ethnologe

Claude Lévi-Strauss, daß ‚jede getroffene Wahl zu einer vollständigen Neuordnung der Struktur führt, die nie dieselbe wie die ursprünglich vage vorgestellte oder wie eine andere, der man vielleicht den Vorzug gegeben hätte, sein wird'. Obwohl sich das eigentlich nicht auf Architektur bezieht, zeigt es deutlich, wie sich nacheinander getroffene spezifische Entscheidungen auf das Gesamtkonzept oder den Gesamtraum auswirken."[10]

Für Shinohara sind nicht die formalen Assoziationen der Wildheit ausschlaggebend, obwohl es eine gewisse Faszination für den Dschungel und seinen wuchernden Charakter gibt. Eher führt die Wildheit der strukturalen Ethnologie zu einem Neubeginn des Denkprozesses. Für den Strukturalismus sind die „tiefen Gesetze" universal; eingebettet in das kollektive Denken, transzendieren sie jede Kultur. Lévi-Strauss vermutete, daß solche „Strukturen" in den Funktionen des menschlichen Gehirns verwurzelt wären, und daß die Darstellung des Geflechts von Beziehungen und Gegensätzen die Dynamik und Thematik aller Künste bestimme. Shinohara setzt diese Beziehungen frei, indem er um jede Funktion verschiedene Eigenschaften sich ansammeln und verfestigen läßt.[11] Die „nackten" Räume, die von all ihren früheren Bedeutungen und Assoziationen befreit sind, erhalten „symbolischen" Charakter, sobald sie ihre verschiedenen Rollen im Haus wahrnehmen.

Vorherbestimmung allein ist nicht imstande, eine besondere Anhäufung von Formen zu sichern. Wie in den fortschrittlichsten heutigen Maschinen, beispielsweise dem Mondlandemodul „Tom Cat", oder wie in der Natur selbst ist die Ordnung uneinheitlich, schwerfällig und sogar schmutzig. Das Haus in Uehara ist die erste Etappe auf Shinoharas „wilder" Reise. Als Sammlung von Lösungen strahlt das Gebäude Unbeholfenheit aus. Die Struktur – vertikale Stützen mit 45-Grad-Verstrebungen – hat eine eigene rohe Ordnung. Die Berücksichtigung von Vorschriften, was Erdbebensicherheit und Höhe betrifft, führte zu einer nicht-axialen Anordnung. Da der Bauherr den Entschluß für das zweite Obergeschoß erst nach Baubeginn faßte, folgen Erd- und erstes Obergeschoß einem Plan, der auf das obere Volumen keinen Bezug nimmt. Die Disharmonie der Teile schafft ein dynamisches Erscheinungsbild, das sich nicht einfach auf die einzelnen Elemente zurückführen läßt. Zudem besitzt der Bau eine ursprüngliche Aussagekraft, die man mit dem Schamanen wie mit dem Roboter in Verbindung bringen kann.

Trotz der Betonung der strukturalen Grundlage der „Wildheit" feiert Shinoharas Werk in zunehmendem Maße das Dschungelbild, wenn sich Wildheit und Dschungel in einer Art bewegter, chaotischer Energie verbinden. Zwar reiste Shinohara verschiedentlich durch Afrika, doch lehnte er immer wieder jeden Bezug auf die afrikanische Landschaft ab und behauptete, bestimmte Viertel von Tokyo hätten mehr Dschungelcharakter als Afrika. Ähnlich sind auch, bedingt durch den wachsenden Einbezug von High-Tech-Materialien, seine Bauten der achtziger Jahre geartet.

Gelegentlich als „progressive Anarchie" bezeichnet, ruft auch seine „zweite Maschine" nicht aufgrund ihres Gesamtaussehens, sondern bedingt durch die Einzelteile, Dschungelassoziationen hervor. In der Centennial Hall des Tokyo Institute of Technology (1987) zeigt sich das Dickicht der Funktionen besonders deutlich. Der halbzylindrische Querschnitt von Halle und Bar durchdringt den Körper eines Gebäudes, das zudem durch Gänge und verschiedene Ausstellungs- und Konferenzräume unterteilt und beherrscht wird. Die traditionellen Auffassungen der sechziger Jahre sind durch die ursprüngliche Ordnung der Zukunft ersetzt. Die Symbolik der sechziger und siebziger Jahre, für die eine das Gebäudezentrum beherrschende Leere typisch war, ist nicht völlig verschwunden, wird jedoch nun von einer Kakophonie der Darstellungen verdeckt.

Hiroshi Hara beschäftigt sich nicht mit dem Begriff der „Wildheit", doch mit jenem der Bastelei, einem anderen Terminus von Claude Lévi-Strauss. Bastelei ist für Hara Collage: die Kombination von Zitaten, um eine Metapher zu schaffen. Solche Metaphern sind ein zentrales Element seiner Architektur und der Schaffung von „Schauplätzen". Diese Schauplätze sind weder vollständig konkret noch sind es objektive Anspielungen. Es kommt stets auf die jeweilige Stimmung an. In seinem neuen Architekturmanifest betont Hara die Notwendigkeit für Architekten, „in das Bewußtsein zu spähen", um die Abhängigkeit der Moderne von der Funktion zu überwinden.[12] Eine solche „Nabelschau" begründet jeden Schauplatz, der eine dramatische Neuinterpretation der Welt darstellt. Darin ist das Bild der Natur, einer Natur von Topos und Klima, amorph und mehrdeutig zugleich. Solche Geschichten können nur durch den Bastler wiedererzählt werden.

Die Wege und Grenzen dieser szenischen Bereiche finden sich in Haras eigenem Werk. Seine frühere Beschäftigung mit afrikanischen und arabischen Siedlungen galt vor allem der Fülle von Ordnungen, Texturen und Bildern. Auf diesen Wohnstätten beruht das Grundvokabular, das er in seinen frühen Häusern entwickelte. In seinem eigenen Wohnhaus von 1974 verknüpfte Hara die Idee, „die Stadt im Haus zu begraben" – die Struktur der Stadt mit ihren Wegen und Grenzen –, mit der Erfahrung des Natürlichen. Die Unzahl von Bewegungsmöglichkeiten und Kreuzpunkten, die Metapher der Siedlung, werden allerdings durch die hölzerne Außenhaut des Gebäudes nicht veranschaulicht. Die Wolken und der ständig wechselnde Himmel sind durch die runden Oberlichter und das von oben einfallende natürliche Licht miteinbezogen (Abb. 13).

In seinen späteren Projekten verwendet Hara High-Tech-Materialien wie Metall, reflektierende Ziegel, polierten Stein und Glas, weil sie entmaterialisierend wirken und einen Hintergrund für Licht, Wolken und Umgebung bilden. Das City Museum von Iida (1988) und das Yamato International Building (1987) in Tokyo scheinen Städte der Lüfte und Städte in den Lüften zu sein. Primitivismus wird durch das kosmogonische Bild angedeutet, um an die Bewußtheit des Anfangs zu erinnern. Mit Hilfe hyperphilosophischer Erkenntnis wird „Naturalismus" angestrebt, der sich in unzähligen Bühnenbildern entfaltet. Die Erscheinung ist unverkennbar, ohne eindeutig identifizierbar zu sein (Abb. 33).

Insofern sich Tadao Ando mit dem Begriff der Assemblage auseinandersetzt, steht sein Gebrauch des Primitivismus den Vertretern der Frühmoderne näher. Die Assemblage leitet sich, wie Ando ausführt, vom traditionellen *sukiya*-Haus ab, das sich

33. Hiroshi Hara, Yamato International Building, Tokyo, 1987

34. Tadao Ando, Reihenhaus, Sumiyoshi, Osaka, 1976

aufgrund seiner Schiebewände als eine Folge von Schauplätzen präsentiert: „Die *sukiya*-Tradition nimmt den unbestimmten Naturschauplatz auf und schafft ihn in künstlicher, strenger Ordnung neu."[13] Ando macht keinen Hehl aus seiner Bewunderung für das *sukiya*-Haus und dessen enger Verbindung zur Natur, einer Natur, die aus dem modernen Japan verbannt worden ist: „Gemäß traditioneller japanischer Auffassung ist die Architektur stets mit der Natur eins und versucht sie in ihren organischen Metamorphosen zeitlich zu isolieren und zu fixieren. Mit anderen Worten: diese Architektur ist auf äußerste Einfachheit und eine Ästhetik reduziert, die sich aufgrund ihrer Aktualitätsferne und Eigenschaftslosigkeit den Theorien des *mu* oder Nichts nähert."[14] Im Gegensatz zu den Bauten von Hara, Ito oder Hasegawa wird Andos Werk nicht zum Bühnenbild, um die spürbar fehlende Dimension der Natur zu kompensieren (Abb. 11 und 34).

So muß in Übereinstimmung mit Theodor W. Adornos „Negativer Dialektik" der Konsum verhindert werden – eine Unmöglichkeit und dennoch ein Ziel. Während Ando anfangs Modeboutiquen und Schauräume für die Modeindustrie gestaltete, suchte sich sein Werk zugleich der Mode zu entziehen. Obwohl diese Architektur funktional zu sein scheint, verhindert sie im Sinne Bertolt Brechts Funktion und stellt Struktur und Darstellung in Frage. Ando bemüht sich um eine Ästhetik der Unbequemlichkeit und primitiver Auserlesenheit. Kenneth Frampton meint dazu: „In Andos Fall wird dieser Widerstand durch die Betonung der Grenze ausgedrückt, wodurch ein nach innen gerichteter Bereich geschaffen wird, dank dem der Hausherr über genug privaten ‚Grund' verfügt, um dem entfremdenden Niemandsland der zeitgenössischen Stadt entgegenzutreten." Frampton hebt die Umhüllung eines „primitiven Raums" hervor.[15]

Die Abwesenheit der Natur wird zur Grundlage von Andos Bauten, die überwiegend Betonwände aufweisen, um das städtische Chaos auszuschließen und einen geschützten Raum zu schaffen. Wie er selbst sagt, versucht er, „eine primitive Bildszene in dem von den Wänden in diesem Haus abgegrenzten Bereich zu schaffen" (Abb. 35).[16]

Ando kennzeichnet sein Werk mit folgenden Worten: „Erstens verwende ich wenig Materialien und lege deren charakteristische Texturen bloß. Zweitens besitzen meine Räume nicht immer eine klare funktionale Ordnung. Meiner Meinung nach erlauben mir diese Kennzeichen, räumliche Prototypen zu schaffen. Die kräftigen Nuancen einfacher Materialien und ihrer Textur betonen einfache Raumformen und führen so zu einem bewußten Dialog mit natürlichen Elementen wie Licht und Wind." Der Grund für die Verwendung dieser Methode ist verknüpft „mit dem Wunsch, dem Individuum innere Einsichten zu verschaffen und Räume zu gestalten, die das Individuum in sich selbst hegt. Aus diesem Grund betone ich die unbestimmten Teile, die mit dem menschlichen Gefühl und den Zwischenzonen zwischen den funktional bestimmten Räumen verbunden sind. Diesen räumlichen Prototyp nenne ich den gefühlsbegründeten Raum. Sobald er festgelegt ist, versuche ich ihn in einen symbolischen Raum zu sublimieren."[17]

Ähnlich wie die bisher untersuchten Architekten beginnt Toyo Ito seine symbolische Suche im Bereich des Primitivismus. Seine frühen Bauten erforschen die „archäologischen" Ursprünge der Architektur. Das U-Haus in Nakano (1976) gleicht einerseits mit dem von oben einfallenden Licht einer Höhle und ist andererseits organisch, einem atektonischen Darm vergleichbar (Abb. 12 und 36). Über sein Haus mit Y-förmigem Hof und der Holzbalken-Pergola schreibt Ito, es wäre „vom Aufbau her gesehen der primitivste Bautyp, in dem sich Beziehungen zwischen architektonischen Elementen miteinander vergleichen lassen".[18] In der Silver Hut (1984) beschäftigt er sich mit „anemorphischer" Architektur, die den Wind mitein-

35. Tadao Ando, Wall House, Ashiya, 1981

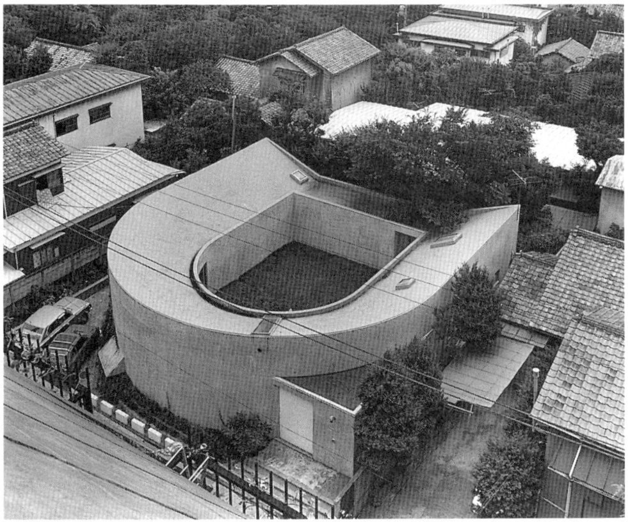

36. Toyo Ito, U-Haus, Nakano, Tokyo, 1976

bezieht, setzt dabei aber auch die antiformalen, symbolischen Versuche Haras und Shinoharas fort. Vom Wind verformte Bauteile weisen auf eine Architektur des Wandels hin. Eine alternative ursprüngliche Ordnung tritt an die Stelle von Rationalität, Hierarchie und Begrenzung.

Das Konzept des Nomadentums übernimmt Ito von Gilles Deleuze und Félix Guattari, die in „Mille Plateaux" einem ande-

37. Toyo Ito, Haus in Magomezawa, Funabashi, 1986

ren Beginn der Mobilität nachgehen. Der Hauptunterschied ihres Modells des Primitivismus ist der Begriff des Nomaden als Gegensatz zu dem des Seßhaften, der Ordnung, Wissen und Tätigkeit vollkommen bestimmt. Gegen die westliche Metaphysik, die auf Autorität und Staatsverbundenheit gründet, werden die Naturkräfte, der Begriff des Wandels und der des offenen Raums gesetzt. Nomadischer Raum ist unbeschrieben und ungestaltet – glatt.[19] Das Erscheinen von Architektur ist mit der Gründung der „ersten Stadt" verbunden. Durch den Begriff der „Deterritorialisierung" kann die letzte Verbindung zur Architektur vergangener Zeiten abgebrochen werden. Die Architektur vermag sich nun von ihrem Standort zu lösen (Abb. 37).

Ito formt um, was als Zeichen dieser „anderen" Ordnung angeboten wird. Sein *pao*-Projekt, Wohnstatt für die Tokyoter Nomadenfrau (1985), eine Installation für ein Warenhaus, bringt das Nomadengepäck auf den neuesten Stand und macht deutlich, daß dieses Gepäck ein Ersatz für das Wohnhaus ist. Unter Itos ironischem Blick wird das Überleben in der Gegenwart zu einer Sache des Zufalls. Kein gewöhnlicher Mensch hat Einfluß auf dieses Überleben; auf diese Weise sind „Obdach" und „Überleben" in all ihrer heutigen Oberflächlichkeit zu erkennen. Die Wohnstatt der Tokyoter Nomadenfrau gewährt Bedienung, Verpflegung und Unterhaltung. Alle Bedürfnisse der heutigen Gesellschaft werden befriedigt.

Im Nomad Club (1986), einem Restaurant in Roppongi, zieht Ito den Vergleich zwischen heutigen Stadtbewohnern und Nomaden: „Das Restaurant gleicht einer Oase für Abenteurer, die nach ihrer Lust und Laune leben und durch die Städte reisen (...), das Bild eines riesigen Zelts, das für kurze Zeit

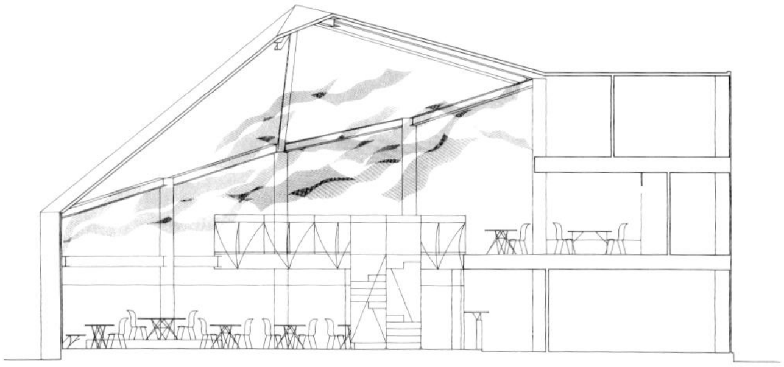

38. *Toyo Ito, Nomad Club, Tokyo, 1986*

in der Stadtwüste aufgerichtet wurde, erleuchtet von neonähnlichen Sternen am Himmel" (Abb. 38).[20] Das einer Fata Morgana gleichende glitzernde Innere wird allen Ansprüchen gerecht. Mit leichten, weichen, beweglichen und demontierbaren Gegenständen ausgestattet, kann es trotz beschränkten Raumangebots die verschiedensten Bedürfnisse erfüllen. An das Nomadentum erinnern der zeltähnliche Dachaufbau (von provisorischem Charakter, wie Standort und Grundstück) und die vielfach nutzbare Möblierung. Baumaterialien – gelochtes Aluminium, Streckmetall, maßgefertigte Stahlrahmen und komplizierte Verbindungsstücke – und Baumethoden haben nichts mit Ländlichkeit zu tun.

Itos Turm der Winde in Yokohama (1986) beschwört den natürlichen Wind in denaturalisierter Technologie. Gelochte Metallplatten umhüllen einen Ventilationsturm aus Spiegelacryl. Unzählige elektrische Lampen sind zwischen Turm und Hülle befestigt und zeigen mit Hilfe eines computergesteuerten Programms die wechselnden Winde in Ton- und Lichtmustern an.

Das Sportzentrum im Owani (1985) und das städtische Kulturzentrum von Fujisawa (1986) gleichen beide einem High-Tech-Lager. Reflektierendes Metall – dazu Glaskuppeln in Fujisawa und eine mit teflonbeschichtetem Fiberglas bedeckte Holzstruktur in Owani – deuten Unbeständigkeit und eine Verbindung mit den Elementen an. Über Fujisawa schreibt Ito: „Die gesamte Struktur soll zerlegbar sein, wie Zelte in einem orientalischen Basar. Das ist ein Protest gegen öffentliche Gebäude, die zu Leichnamen der durch Autoritätsgläubigkeit korrumpierten Moderne verkommen sind."[21] Allerdings sind weder Sport- noch Kulturzentrum leicht zu demontieren.

Der Vergleich mit dem Nomadenzelt ermöglicht es uns, über eine Architektur nachzudenken, die vom Wetter mitbestimmt wird, ein oft vernachlässigter Aspekt, da die moderne Technik klimatische Einflüsse weitgehend ausschaltet. Itos Kritik des modernen Lebens als eines Vakuums, das durch raschen sozialen Wandel und ständige Modernisierung erzeugt wird, kann als Text verstanden werden, und seine Weise, sich mit Textualität zu befassen, ist klassisch. Eine Geschichte wird durch Raumformen (oder Licht) erzählt, die in einer Signifikant-Signifikat-Beziehung Bedeutung gewinnen. Dagegen betont der Poststrukturalismus den freien Fluß von Bedeutungen und Zeichen, um durch ihre ungehemmte Verbreitung neue Inhalte und vollständigen Wandel zu erzeugen.

Itsuko Hasegawa, die ebenfalls bei Shinohara lernte, versucht wie Hara und Ito den Verlust des natürlichen Zentrums zu überwinden und den symbolischen Kern der traditionellen japanischen Architektur in ihre Bauten zu übertragen: „Offenbar besitzt das japanische Volk in seinem innersten Wesen ein Ideal, das sich in der langen Geschichte einer ländlichen Gesellschaft herausgebildet hat. Es muß eine Art natürlicher Schauplatz mit aufragenden Bergen, strömenden Flüssen, Reisfeldern, Seen und Meeren, mit verstreuten Häusern, Tempeln und Schreinen sein. Verschiedene bauliche Symbole westlichen und japanischen Ursprungs sind in marktgerechten Häusern zu finden, doch ich versuche, einen natürlichen Schauplatz durch naturähnliche Symbole zu erzeugen. In einem Kreis angelegte kleine Dächer lassen das Bild der Berge entstehen. Berge und ein Meer aus Bäumen stehen wie ein Schattenbild auf der senkrechten Fläche."[22]

In ihren Entwürfen setzt Hasegawa die Natur in Bewegung, indem sie mit Hilfe einer Vielfalt von Techniken Licht, Wind und Landschaft in den Bau miteinbezieht. Sie schafft Landschaften in und mit ihren Gebäuden – Landschaften, in denen man viele Anliegen Shinoharas wiederfindet. Ihre Formen fügt sie wie eine Bastlerin zusammen. Ihre Räume weisen auf die Verweigerung und die Suche nach dem Nullzustand des Raums von Shinoharas Frühwerk zurück, während ihre Landschaften die Architektur mit der Kraft einer symbolischen Landschaft auszustatten suchen. Wie der „Wilde" von Claude Lévi-Strauss ist sie vom Willen zum Symbol beseelt. Über Bizan Hall erzählt Hasegawa das folgende Märchen: „Die Pyramiden aus gelochtem Aluminium und Glas im Hof, die der Erleuchtung und Ventilation des Large Room dienen, gleichen Objekten, in denen die Bilder einer antiken Landschaft, des Sonnengottes und einer futuristischen Raumstation eins geworden sind. Es ist eine poetische Maschinerie, in der der Ruf der Vergangenheit und der Zukunft widerhallt (...), all diese übereinandergetürmten Dächer gleichen einem Meer aus Bäumen oder einer Bergkette und erscheinen dem Besucher als eine Gruppe von Natursymbolen."[23]

In den Untersuchungen zu Hasegawas Werken und in ihren eigenen schriftlichen Zeugnissen wird ihre Rolle als Frau, als Vertreterin des „anderen" Geschlechts, hervorgehoben. Ihre selbst erkannte „Marginalität", ihr Außenseitertum, läßt sie besonders empfänglich für den Bereich des Primitiven werden, aus dem sie die „Anderen", allerdings nicht auf direkt polemische Weise, ausschließt. Nach ihren eigenen Worten ist ihr Werk „ein wesentlich weiblicher Diskurs (...), dem Bedeutungslosigkeit und Bedeutungsvielfalt entströmen".[24] Dieser weibliche Diskurs wurde zwar erkannt, doch nicht eindeutig identifiziert. Kritiker ihrer Bauten begrüßen zwar regelmäßig ihre befreienden Methoden und Metaphern, verbinden sie jedoch nicht mit dem Bereich des „Anderen". Statt dessen bezeichnet man ihre Bauten oft als kindlich, intuitiv, instinktiv und irrational. Hajime Yatsuka meint zu ihrem Kulturzentrum in Hasegawa, es gleiche einem „Märchendorf auf dem Mond", wie man es in Kinderbüchern finde.[25] Koji Taki betont Hasegawas „instinktives Schaffen" und die „unbewußten Elemente", die ihre Architektur kennzeichnen. Hiroyuki Suzuki untersucht die Mittlerrolle der „väterlichen" Räume, die sich möglicher-

39. Itsuko Hasegawa, Bizan Hall, Shizuoka City, 1984

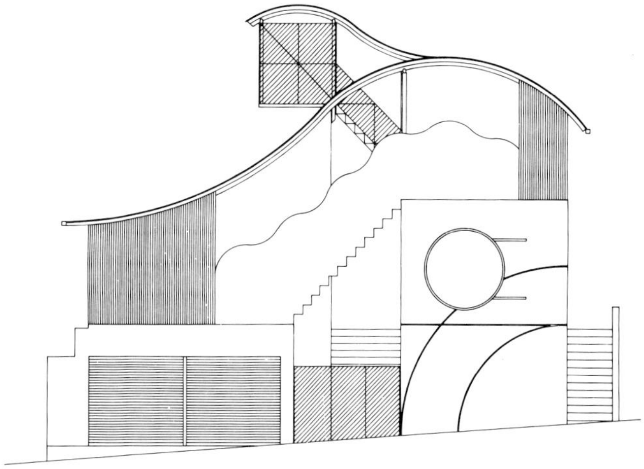

40. Itsuko Hasegawa, Haus in Nerima, Tokyo, 1986

weise auf die Bauten ihres geistigen Vaters, Shinohara, zurückführen lassen.[26] Auf mehreren Ebenen setzte die Architektin den primitiven Aspekt ihrer Architektur kritisch um. Indem sie einer Fülle ursprünglicher Landschaften eine neue Form gab, fand sie als moderne und als poststrukturalistische, primitive Architektin zu einem neuen geistigen und materiellen Ursprung (Abb. 19 und 40).

Yasumitsu Matsunaga erforscht in seinen neuesten Bauten die Hauptströmungen der poststrukturalistischen Philosophie. Im Inscription House in Tsukuba (1987) geht er nicht nur auf die Ursprünge der Architektur des Wissens und des Lebens ein, sondern er befaßt sich auch mit der Unmöglichkeit, je etwas Sicheres über diese Ursprünge zu erfahren. Dem Vorbild von Daidalos, Leonardo da Vinci und Wladimir Tatlin (der zehn Jahre mit der Entwicklung seiner Flugmaschine „Letatlin" verbrachte) folgend, setzt sich Matsunaga in seinen Entwürfen mit den Gesetzen der Schwerkraft und ihren Auswirkungen auf die Architektur auseinander. Sein 1987 verfaßter Aufsatz „In die Höhen des Himmels" beginnt mit den Worten: „Der Ursprung des Weltalls; jener des Lebens; jener des Geistes; diese drei Ursprünge hält man für ewig unlösbare Rätsel."[27] Darauf stellt Matsunaga die Bemühungen der europäischen Philosophen vor, mit diesen Rätseln zu Rande zu kommen. Der „Verlust des Zentrums" in der Architektur ist das Ergebnis der poststrukturalistischen Kritik. Auch die Grenzen und die Rationalität sind diesem vergeblichen Umherschweifen zum Opfer gefallen. Die „fraktale Landschaft" jedoch, die im „Earthwork" Inscription House gestaltet wurde, „beruht auf der festen Absicht, die Natur durch die Einführung zufälliger digitaler Systeme nachzuahmen".[28] Wie Matsunaga behauptet, kann eine solche Landschaft „nie selbst zum Chaos werden". Architektur und Garten sind enthüllte Natur. Das Inscription House gleicht einem Urvogel, einer Dronte, die sich in einer prähistorischen oder voreuklidischen Landschaft niedergelassen hat.

Matsunagas Naturauffassung hat gewisse Ähnlichkeiten mit den Landschaften von Ito, Hara und Hasegawa. Im Daita Housing Project (1989) geht es Matsunaga um den Entwurf eines kosmischen Modells (Abb. 20 und 41). „Es ist reiner Zufall", schreibt er, „daß der Entwurf an die blasenähnliche Struktur des Welltalls erinnert, die von der neuesten kosmischen Theorie bestätigt wurde."[29] Dieses „futuristische" kosmische Modell kopiert auch „primitive" Formen, wie Matsunaga bestätigt: „Man könnte die Architektur auch als eine Art Schutzdach verstehen, das die Menschen auf diesem Planet vor dem Gewicht des 15 Billionen Lichtjahre tiefen Weltalls schützt. (...) Wenn man eine islamische Stadt wie Isfahan besichtigt, stellt man fest, daß alles – Basare, Moscheen, Wohnhäuser – gleichmäßig, einem vom Wind bewegten Schleier gleich, von unzähligen Kuppeln überdeckt ist. Das ist möglicherweise auf die islamische Philosophie zurückzuführen, gemäß der sich der Raum der Wüste unendlich zwischen Himmel und Erde erstreckt. Vielleicht hat man instinktiv erkannt, daß vom Standpunkt Gottes, insbesondere vom Weltall aus, keine Unterschiede in den menschlichen Tätigkeiten zu erkennen sind, und daß alles mit einem weichen, schützenden Tuch bedeckt werden kann."[30]

Wie Matsunaga ausführt, gleicht eines seiner neuesten Wohnhäuser, das T-Haus in Higashi-Kurume in Tokyo, äußerlich einem Vogel oder Schmetterling, während das Innere höhlenartig gestaltet ist. Wie das Inscription House drückt dieses Gebäude einen „totemähnlichen" Primitivismus und universellen Topos aus. Es kann laut Matsunaga als „Imago mundi" verstanden werden, da es Sonne, Mond und Sterne enthält.[31]

Die Faszination für den ursprünglichen Topos findet sich in den Bauten von Riken Yamamoto wieder. Das Hamlet Building von 1988 spiegelt wie Yamamotos frühere Entwürfe seine dem Vorbild Haras verpflichtete Beschäftigung mit Siedlungen in Entwicklungsländern. In Werken wie dem Gazebo Building (1986) und dem Rotunda Building (1987) erheben sich auf einem Unterbau Dörfer mit zeltähnlichen Strukturen (Abb. 21 und 42). Im Hamlet Building teilen sich vier Familien einen Komplex, den Yamamoto als tiefe Schlucht unter einem riesigen lichtdurchlässigen Teflon-Zelt beschreibt: „Die Bewohner dieses neuen Gebäudes leben wie in einer tiefen Schlucht (...). Die neue Wohnstätte gleicht einem umzingelten Weiler (engl. hamlet), in dem jene, die sich für ein Zusam-

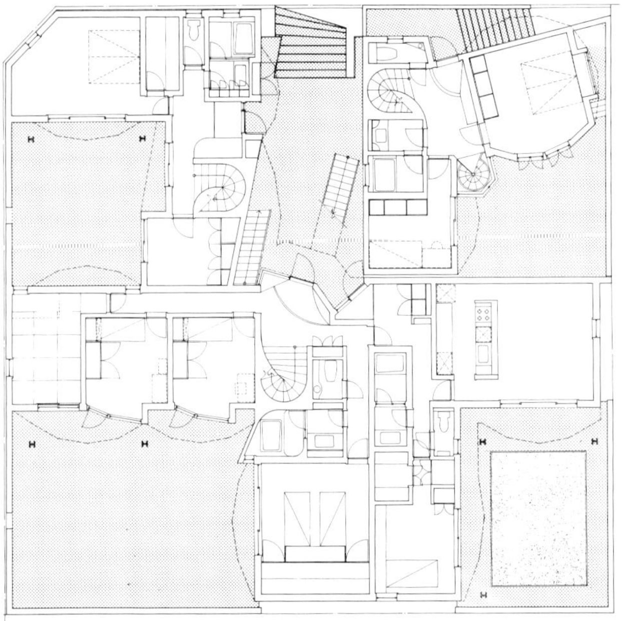

41. Yasumitsu Matsunaga, Daita Housing Project, Tokyo, 1989
(oben: Grundriß Erdgeschoß, unten: Axonometrie)

42. Riken Yamamoto, Gazebo Building, Yokohama, 1986

menleben in der Stadt entschieden haben, letzten Widerstand leisten."[32]

Kazuyo Sejima befaßt sich in ihren Platform Buildings (1988) mit der Schaffung eines „glatten" Raums, eines unbegrenzten, in Bewegung befindlichen Topos (Abb. 43). Sie versucht, laut ihren eigenen Worten, „einen grenzenlos erweiterbaren Ort zu schaffen und einen Schutz zu bieten, die völlige Handlungsfreiheit lassen. Unter ein leichtes, geschwungenes Dach, das wie ein Rapportmuster erscheint, sind zwei L-förmige Rahmen gesetzt. Während das wellenähnliche Dach Tätigkeiten schützt, die darunter stattfinden, lassen sich diese durch Kreuzung der Rahmen ausdehnen."[33] Gegen den statischen Charakter der Architektur setzt Sejima eine handlungsbezogene Bauweise. Die Handlung selbst ist eher in einzelne Episoden gegliedert denn als Folge konzipiert und entspricht damit dem traditionellen Zeitbegriff in japanischen Erzählungen und Filmen. Die Architektur soll, schreibt Sejima, „ein Ort oder Raum sein, in dem eine Reihe von Handlungen abrollen können. Könnte sie ein zeitliches Phänomen sein, das im Bewußtsein des Handelnden als eine Reihe von Bildern erscheint, während sich Tätigkeiten an einem bestimmten Ort ereignen?"[34] Zeit und Raum sind im glatten Strom der Architektur relativiert worden.

Kazuyo Sejima und Architekten wie Ryoji Suzuki übertragen die poststrukturalistischen Re-Visionen von Zeit und Topos auf den Bereich der Architektur. Suzuki schafft in seinen Bauten unerforschte Territorien (Abb. 44). Sie gleichen Ozus Filmen, die keine Handlung haben, doch vor Spannung vibrieren.[35] Solche Erforschungen scheinen zu provozierenden Gebäuden zu führen, selbst wenn die Texte immer hermetischer werden. Die anfängliche Absicht Shinoharas und seiner Schüler, etwas von der ursprünglichen Kraft der japanischen Architektur in die komplexe Gegenwart zu retten, bleibt für die Zukunft wirksam. Durch den Poststrukturalismus zerknittert, gefaltet und aufeinandergestapelt, bleiben Vergangenheit und Gegenwart als Material für die heutige Generation der japanischen Architekten weiter bestehen.

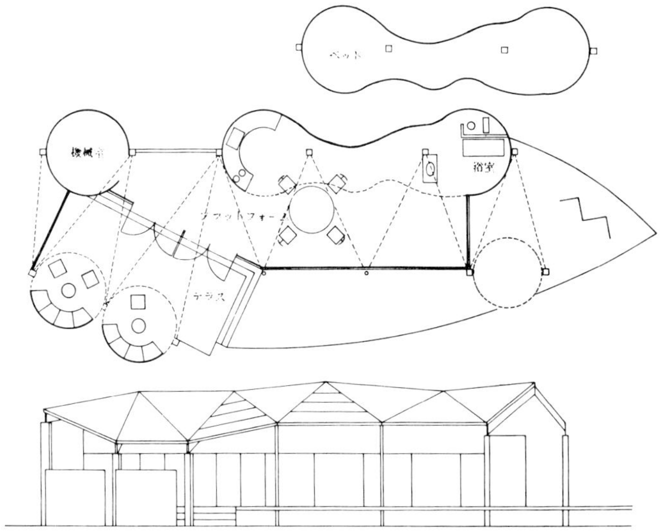

43. Kazuyo Sejima, Platform Nr. 2 (oben: Grundriß, unten: Aufriß)

44. Ryoji Suzuki, Haus in Higashi-Kurume, 1985

ANMERKUNGEN

1 Rosalind Krauss, No More Play, in: *The Originality of the Avant-Garde and Other Modernist Myths,* Cambridge, MA: MIT Press 1986, S. 52. Eine ausgezeichnete Untersuchung der Rezeption der primitiven Kunst bei Alberto Giacometti und anderen Künstlern der ersten Jahrzehnte des 20. Jahrhunderts.

2 Vgl. Kenneth Frampton, Towards a Critical Regionalism, in: Hal Foster (Hg), *The Anti-Aesthetic,* Port Townsend: Bay Press 1983, mit einer Untersuchung der sich über die Welt ausbreitenden Tendenzen der Moderne.

3 Kazuo Shinohara, in: *Shinohara, IAUS 17,* New York: Rizzoli 1982, S. 115.

4 Joseph Rykwert, *On Adam's House in Paradise: The Idea of the Primitive Hut in Architectural History,* Cambridge, MA: MIT Press, 1981.

5 Kazuo Shinohara, *11 Houses and Architectural Theory,* Bd. 2, Tokyo: Bijutsu Shuppan-sha 1976.

6 Shinohara (zit. Anm. 3), S. 115.

7 Shinohara (zit. Anm. 3), S. 15.

8 Roland Barthes, *Le degré zéro de l'écriture,* Paris: Seuil 1953, deutsche Ausgabe: *Am Nullpunkt der Literatur,* Frankfurt am Main: Suhrkamp 1959.

9 *Shinohara,* Société Française des Architectes (SADG), Paris 1980, ebenfalls zitiert in Yasumitsu Matsunaga, Architecture as Text: Kazuo Shinohara in his Third Phase, in: *Shinohara* (zit. Anm. 3), S. 8.

10 Shinohara (zit. Anm. 9).

11 Der Ausdruck „Funktion" ist hier wie immer bei Shinohara in einem sehr weiten, antimodernen Sinn gebraucht.

12 Hiroshi Hara, Modality – Central Concept of Contemporary Architecture, in: *Japan Architect,* Nov./Dez. 1986, S. 24.

13 Tadao Ando, From Self-Enclosed Modern Architecture Towards Universality, in: Kenneth Frampton (Hg.), *Tadao Ando: Buildings, Projects, Writings,* New York: Rizzoli 1984, S. 140.

14 Ando (zit. Anm. 13).

15 Kenneth Frampton, Tadao Ando's Critical Modernism, in: Frampton (zit. Anm. 13), S. 6.

16 Frampton (zit. Anm. 13), S. 129.

17 Tadao Ando, A Wedge in Circumstances, in: Frampton (zit. Anm. 13), S. 134.

18 Vgl. meine Untersuchung von Itos U-Haus und Silver Hut in: Ito and Ecriture, in: *Space Design,* Sept. 1986, S. 90. Das Haus mit Y-förmigem Hof ist ein Projekt, das Ito 1982 für eine Entwurfskonferenz in New York entwickelte.

19 Hajime Yatsuka, Between Deconstruction and Nomadism, unveröffentlichtes Manuskript. Yatsuka untersucht darin viele dieser Punkte in aller Ausführlichkeit.

20 Toyo Ito, Project for the Restaurant „Nomad" (1986), in: *Space Design,* Sept. 1986, S. 32.

21 Toyo Ito, Project for Fujisawa Municipal Cultural Complex (1986), in: *Space Design,* Sept. 1986, S. 29.

22 Itsuko Hasegawa, in: *Space Design,* April 1985, S. 12.

23 Hasegawa (zit. Anm. 22), S. 57.

24 Hasegawa (zit. Anm. 22), S. 108.

25 Hajime Yatsuka, An Architecture Floating on the Sea of Signs, in: *Architectural Design: Japanese Architecture,* Bd. 58 (1988), Nr. 5/6, S. 10.

26 Yatsuka (zit. Anm. 25), S. 22.

27 Yasumitsu Matsunaga, Into the Height of the Sky, in: *Kenchiku Bunka,* Nov. 1987, S. 108.

28 Matsunaga (zit. Anm. 22), S. 109.

29 Unveröffentlichtes Manuskript.

30 Vgl. Anm. 29.

31 Vgl. Anm. 29.

32 Riken Yamamoto, A Hamlet in the City, in: *Japan Architect,* Jan. 1989, S. 45.

33 Kazuyo Sejima, Platform Nr. 1, Katsuura, 1988, in vorliegendem Band S. 220–222.

34 Sejima (zit. Anm. 33).

35 Ryoji Suzuki, The Moment of „Eureka": Concerning „Experience in Material", in: *Japan Architect,* Aug. 1988, S. 60.

DIE
ARCHITEKTEN

ARATA ISOZAKI

Tsukuba Center Building • Tsukuba • 1983

Wollte ich behaupten, dieses Gebäude drücke die Abwesenheit einer Sache aus, würde man mich nicht ernst nehmen. Dennoch steht diese Abwesenheit im Mittelpunkt des Entwurfs. Visuell gibt es ein klar umrissenes Zentrum, in dem man ein Autoritätssymbol – des Kaisers, des Staats, eines Herrschers oder einer Regierung – erwartet. Was geschieht jedoch, wenn diese Erwartung enttäuscht wird? Dieser Bau ist das Ergebnis meiner Beschäftigung mit einer solchen müßigen Frage.

Wer den Komplex besucht, gelangt auf einen abgesenkten ovalen Platz. Anstatt sofort hinabzusteigen, schaut man sich das Hotel an der Ostseite und die Fassade des Konzertsaals an der Südseite an. Man betritt möglicherweise diese Gebäude, fühlt sich jedoch durch nichts bewegt, den ovalen Platz aufzusuchen. Direkt vor dem Besucher liegt der Mittelpunkt, auf den zwei Wasserquellen ausgerichtet sind. Die beiden Bäche vereinen sich, bevor sie im Boden verschwinden.

Obwohl der Entwurf genau der Anlage des Campidoglio in Rom mit der Mark-Aurel-Statue im Zentrum folgt, sind alle Beziehungen umgekehrt: Hier ist der Platz der tiefste Punkt des Ganzen. Wenn es eine Leitidee gibt, so liegt sie in diesem zentralen Punkt, in dem man ein Erkennungsmerkmal, einen visuellen Mittelpunkt erwartet. Gerade hier ist jedoch die Struktur des Entwurfs einem Umkehrungsprozeß ausgesetzt worden.

Im Tsukuba Center Building habe ich Entwurfselemente, die ich von meinen besten Freunden und vielen verehrten Vorläufern übernahm, auf zufällige Weise zusammengestellt und ihre Unterscheidungsmerkmale in das Ganze integriert. Das Gebäude ist sozusagen ein Gruppenporträt, das Architekten wie Claude Nicolas Ledoux, Giulio Romano, Michelangelo, Otto Wagner, Michael Graves, Charles Moore, Aldo Rossi, Hans Hollein, Peter

常陽銀行

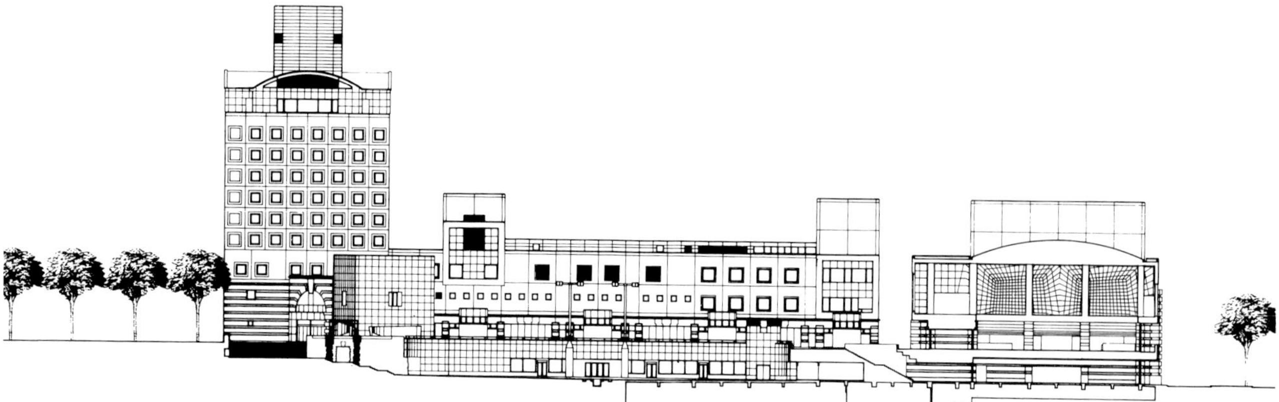

Schnitt durch den Platz

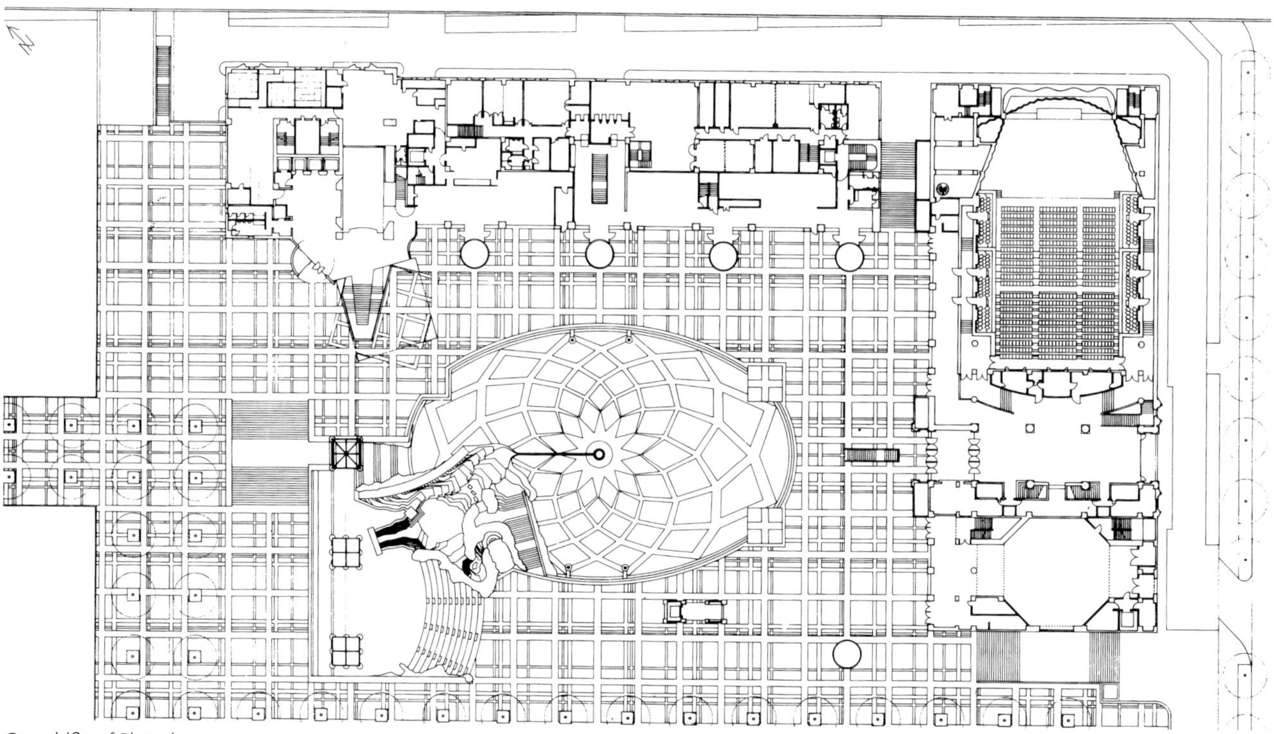

Grundriß auf Platzebene

Cook, Adalberto Libera, Philip Johnson, Leon Krier, Lawrence Halprin, Ettore Sottsass und viele andere vereint. Mit den Fragmenten, die meist historische Formen zitieren, bildete ich klirrende, harmonische Clusters. Aus ihrem ursprünglichen Kontext herausgenommen und in einen neuen gestellt, haben sich einige Elemente grundlegend gewandelt; manche sind so abstrakt geworden, daß sie sich nicht mehr identifizieren lassen.

Das Gebäude besitzt die komplexe Struktur eines langen Romans, und die vielen direkten, ziemlich konkreten Anspielungen sollen den Details oder Bruchstücken eine unabhängige, mächtige Dynamik verleihen. Ich mußte also auch jedes Detail so selbständig gestalten, daß

es für sich allein bestehen könnte. Doch die explizite Darstellung dieser konkret in Erscheinung tretenden Bruchstücke ist keineswegs kohärent; sie streben keinem gemeinsamen Zentrum zu, sondern drehen sich unablässig um die leere Mitte. Um es mit einem Bild auszudrücken: Alles – Blicklinie, Wasser, Bedeutung, Darstellung – wird von der Erde verschlungen und zu einer Form ihrer selbst.
Arata Isozaki

KISHO KUROKAWA

Hiroshima City Museum of Contemporary Art • 1988

Die Gestaltung des City Museum of Contemporary Art in Hiroshima beruht auf der Philosophie der Symbiose. Die Neubeurteilung der Moderne und der modernen Architektur bedeutet eine Neubewertung der Vorherrschaft des Westens und der Vernunft, die zum Gepäck der Moderne gehören. Die kulturellen Bezüge der postmodernen Architektur in Europa und den Vereinigten Staaten gründen ebenfalls im Westen, und in dieser Hinsicht unterscheidet sich die postmoderne Architektur nicht von der modernen. Ob man nun von „postmodern" oder „neumodern" spricht, die erste Aufgabe der Erneuerer der modernen Archi-

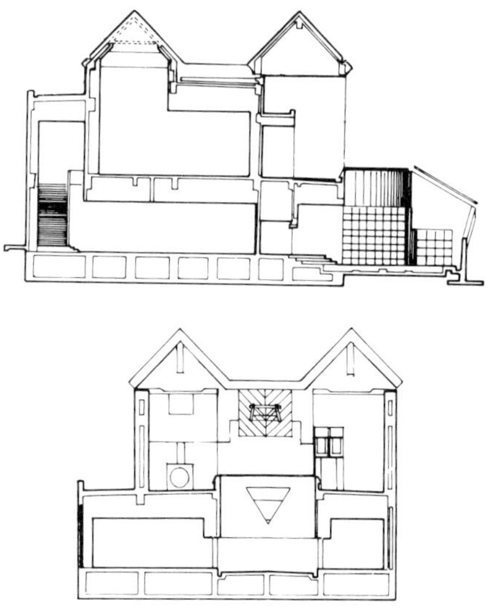

Zwei Querschnitte

tektur besteht darin, das Paradigma der westlichen Vorherrschaft zu verwandeln. In diesem Sinn ist meine Idee der Symbiose mit fremdartigen Kulturen eine Art des Umwandlung dieses Paradigmas. Um zudem kreativere und umfassendere Bedeutungen zu schaffen, hat sich die Symbiose von Vergangenheit und Zukunft, von historischen Zeichen und Symbolen einem Prozeß der Verwandlung, Aufgliederung und Prüfung zu unterziehen. Die Lehre des Rationalismus und die Vernunft der Moderne verkündeten überdies, daß die Menschen (und die Architektur) dazu ausersehen sind, die Natur, die innerhalb und außerhalb der Sinn-

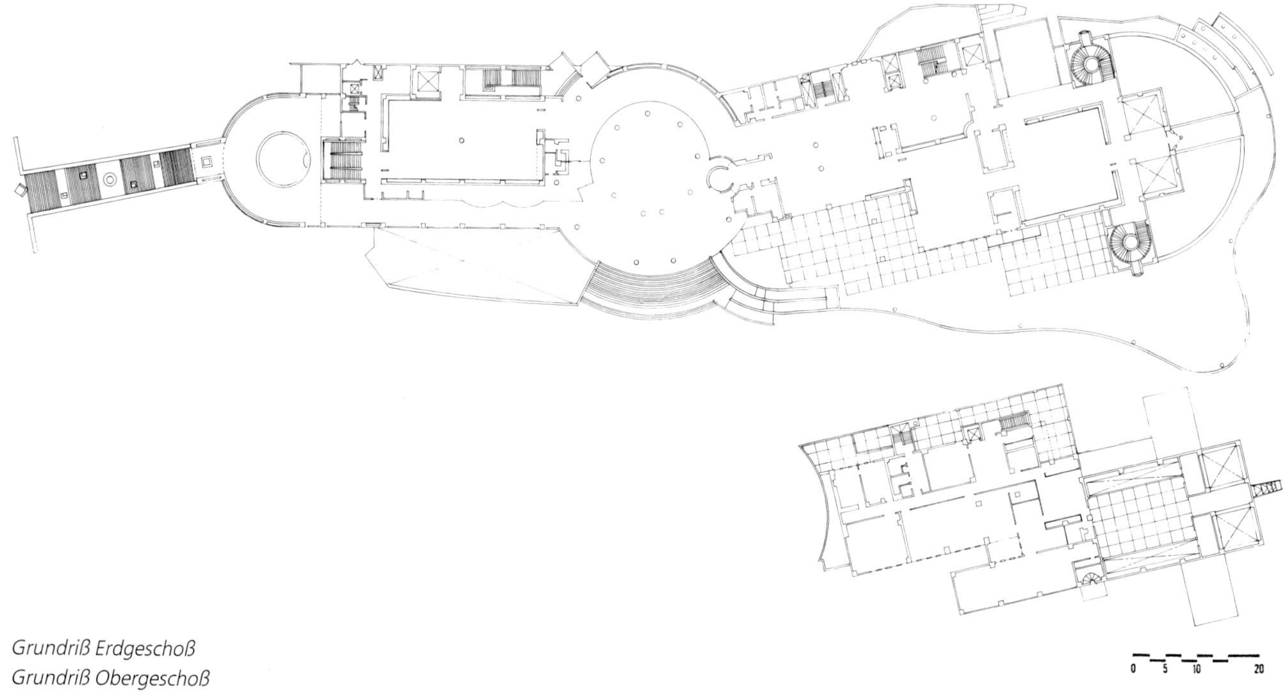

Grundriß Erdgeschoß
Grundriß Obergeschoß

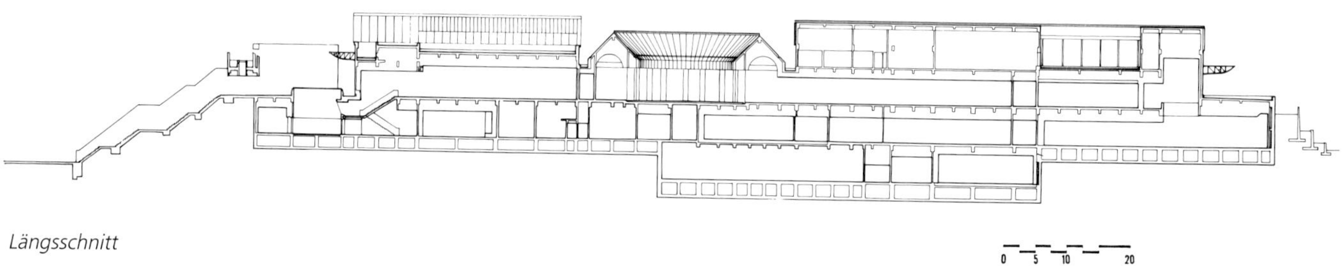

Längsschnitt

lichkeit genannten Wildnis liegt, zu kontrollieren und sich untertan zu machen. Das Konzept der Symbiose von Menschheit (Architektur) und Natur gründet in der Umwandlung des Paradigmas der Vorherrschaft der Vernunft.

Das City Museum of Contemporary Art von Hiroshima wurde auf der Kuppe des Hijiyama-Hügels angelegt, um die bewaldeten Hügelflanken möglichst unberührt zu bewahren. Damit das Gebäude nicht aus dem umliegenden Wald herausragt, wurde ein Teil der Ausstellungsräume unter die Erde verlegt, so daß 60 Prozent der gesamten Gebäudefläche unter der Bodenlinie liegen. Mehrere Zonen, die zwischen dem Bau und seiner Umgebung vermitteln – ein offener zentraler Platz mit Kolonnade, ein Innenhof, ein Gang, ein Steingarten, eine Steintreppe – bestimmen die äußere Gestaltung und erleichtern die Symbiose von Architektur und Natur, Innen und Außen. Die für die Fassaden eingesetzten Materialien entwickeln sich vom Fundament in Naturstein über grob behauene und polierte Steine bis zu Backstein und Aluminium, von der Erde zum Himmel, vom Grund zum Weltall, von der Vergangenheit zur Zukunft, vereint in einer Symbiose, um die ich mich fast ein Jahrzehnt lang bemühte.

Den oberen Abschluß des Gebäudes bilden Reihen von Giebeldächern. Da sie unterteilt sind, entsteht

der Eindruck eines Dorfes, einer Gruppierung von Häusern; man könnte in diesem Zusammenhang von der Symbiose zwischen den Teilen und dem Ganzen sprechen. Auf diese Weise hat das Museum einen Maßstab, der die umliegende Landschaft nicht beherrscht. Die Giebeldächer erinnern an Lehmbauten der Edo-Zeit, doch die Verwendung zeitgenössischer Materialien wie Aluminium verwandelt das historische Zeichen und läßt es mehrdeutig werden. Der zentrale Platz in der Hauptachse ist ein Zitat aus einer westlichen Stadt, doch steht in seiner Mitte kein Brunnen und keine Skulptur; das Zentrum bleibt leer, es ist abwesend. Das Dach über dem zentralen Säulengang ist dem Stadtzentrum gegenüber – in Erinnerung an die Atombombe – aufgeschnitten, und die Säulen stehen auf Steinen, die der Katastrophe ausgesetzt waren. Wie der *roji*-Garten am Eingang, der zu einem Teeraum führt, hat der zentrale Platz keine besondere Funktion, ist jedoch ein wirkungsvolles Mittel, die Symbiose von Geschichte und Gegenwart und jene verschiedenartiger Kulturen anzudeuten.

Kisho Kurokawa

HIROSHIMA CITY HOTEL

TOSHIBA

FUMIHIKO MAKI

Spiral Building • Tokyo • 1985

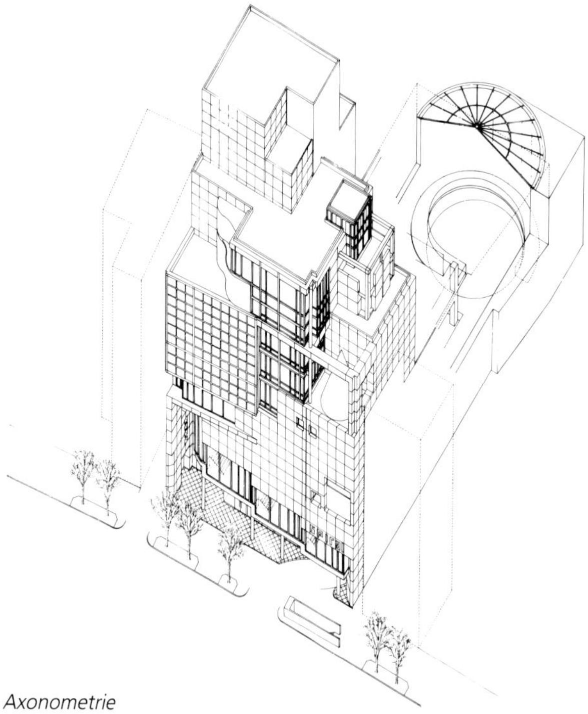

Axonometrie

Seit dem Zweiten Weltkrieg hat sich die Wacoal Corporation zu einem der größten japanischen Hersteller von Damenwäsche entwickelt. Um das Firmenimage zu verbessern, erweiterte die Gesellschaft vor einigen Jahren ihr Programm auf Mode, Kunst und Musik. Das Spiral Building, ein Bau für die von Wacoal gesponserten kulturellen Tätigkeiten, ist selbst ein Kunstwerk.

Das Erdgeschoß mit der Eingangshalle ist für Wechselausstellungen vorgesehen. Der wichtigste Ausstellungsraum ist ein halbzylindrisches, mehrgeschossiges Atrium, das durch Tageslicht beleuchtet wird, im hinteren Teil des Gebäudes.

In der Mitte dieses Raums liegt das Café, und darunter findet man eine Zwischenebene, die wir Wachtturm nennen. Eine sanft ansteigende Rampe führt der geschwungenen Atriumwand entlang zu einer Boutique für Einrichtungsgegenstände. Das erste Obergeschoß läßt sich auch über eine Esplanade erreichen, wenn man sich nach Betreten des Gebäudes nach rechts wendet und eine Treppe in Richtung Straße hinaufsteigt. Die Esplanade führt durch einen hohen Raum zum Theaterfoyer im zweiten Obergeschoß. Das dreihundertplätzige Theater steht für verschiedene Anlässe zur Verfügung. Im dritten Stock liegen Video-

spiral

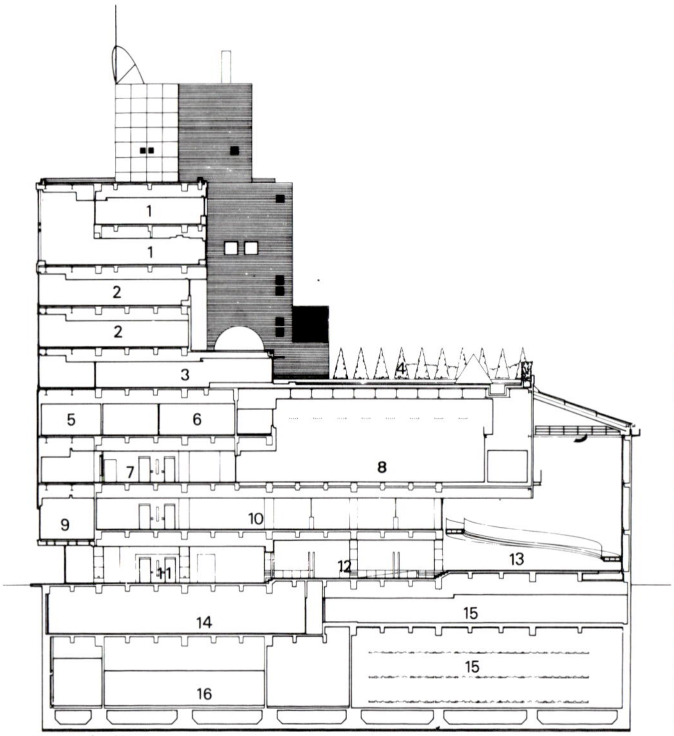

Querschnitt

1 Club	*5 Büros*	*9 Esplanade*	*13 Atrium*
2 Schönheitssalon	*6 Videostudios*	*10 Boutique*	*14 Restaurant*
3 Restaurant	*7 Foyer*	*11 Empfangshalle*	*15 Tiefgarage*
4 Hängender Garten	*8 Theater*	*12 Café*	*16 Kellerräume*

studios, im vierten ein Restaurant. Jeder dieser für Kunst und Design bestimmten Räume ist individuell gestaltet. In auffallend konischer Form ist der Ausstellungsraum für ein Kostüm-Museum gestaltet. Das siebte und achte Stockwerk enthalten Privaträume, in denen auch verschiedene Clubs untergebracht sind. Dieser zweigeschossige Gebäudeteil, den wir Akropolis nennen, ist wie eine Attikawohnung angelegt und dient für Konferenzen, Parties und kleine Ausstellungen; die dafür nötigen Nebenräume und eine Bar sind ebenfalls vorhanden.

Die Gebäude am Aoyama Boulevard bestehen fast alle aus rechteckigen Prismen. Die Fassade des Spiral Building bildet dazu einen Kontrast, nicht um einen ungewohnten Anblick zu bieten, sondern weil der Bau in Formen und Materialien gestaltet ist, die viele Leute vielleicht noch nicht gesehen haben.

Architektonisches Gestalten ist Entdecken, nicht Erfinden. Man bemüht sich nicht um etwas, das das Vorstellungsvermögen übersteigt, sondern vollbringt eine kulturelle Tat, die in Beziehung zur gewöhnlichen Einbildungskraft und Zeitmode steht. Allerdings unterscheidet nur eine feine, bewegliche Linie das Neue vom Vertrauten. Vorbei sind die Zeiten, als es einen unveränderlichen Stil und zwei Typen urbaner Architektur, den privaten und den öffentlichen Bau, gab. In einer industriellen Gesellschaft äußern sich kollektive Vorstellungen auf unbeständige, stets neue Weise.

Da die klassische urbane Ordnung zusammengebrochen ist, gewinnt jeder Bau, der gewissermaßen die Stadt verinnerlicht und nach außen wie ein Übertragungsmechanismus funktioniert, zunehmend öffentlichen Charakter, ungeachtet seiner Größe oder seinem Zweck.

Das Spiral Building symbolisiert das heutige Bild der Stadt: ein Umfeld, das sich zerstückelt darbietet, doch aus dieser Zerstückelung seine Lebenskraft schöpft. In mehrfacher Hinsicht versucht es Ziele zu verwirklichen, die auch jene der Moderne waren: dynamisches Gleichgewicht, Spiel von Massen und Volumen, ein Ganzes aus miteinander konkurrierenden Teilen, eine Kombination industrieller Materialien, die der Empfindsamkeit des Architekten entsprechen.

Fumihiko Maki

National Museum of Modern Art • Kyoto • 1986

Der Okazaki Park, im nordöstlichen Teil der alten japanischen Hauptstadt gelegen, ist einer der frühesten modernen Parks in Japan. Die wichtigsten kulturellen Institutionen der Stadt sind hier vereint, und das große rote *torii*-Tor, das zum Heian-Schrein führt, eine der Sehenswürdigkeiten von Kyoto, ist ein Symbol für den Park. Der ganze Bereich ist geschützt, und Gebäude dürfen nicht höher als 20 m sein. Das Museum wurde für eine staatliche Sammlung westlicher und japanischer Kunst des 20. Jahrhunderts errichtet.

Am Zugangsweg zum Heian-Schrein liegt auf der Ostseite der Haupteingang, durch den man die Eingangshalle betritt. Das Erdgeschoß umfaßt des weiteren ein Restaurant, eine Galerie, ein Auditorium und großzügige Büroräume. Im ersten Stock befinden sich weitere Büros und eine Bibliothek, im zweiten Räume für Wechselausstellungen und im dritten die Säle der ständigen Sammlung. Das Untergeschoß enthält Lager und Werkstätten.

Der Grundriß ist um ein symbolisches Atrium mit Oberlicht angelegt. Die meisten Besucher begeben sich über Treppen, die in drei der vier Ecken des Atriums liegen, ins zweite Obergeschoß mit den Wechselausstellungen. Durch die Anordnung der vertikalen Verbindungszonen in den Ecken konnte die Flexibilität der Ausstellungsräume im zweiten und dritten Stock erhöht werden. Die Nebenräume liegen im hinteren (westlichen) Teil des Gebäudes. Im Gegensatz zum zentralen Treppenhaus, das mit Naturstein verkleidete und bemalte Wände aufweist, wählte man für die Treppe in der südöstlichen Ecke eine Kombination von Metall und Tafelwerk. Ihre Gestaltung soll durch zahlreiche Details und die beim Hinauf- und Hinabsteigen wechselnden Aussichten an eine De Stijl-Welt erinnern. Trotz aller Unterschiede gleicht diese Methode, mit der Szenen geschaffen werden und die Details sich an bestimmten Leitmotiven orientieren, der Gestaltung des Spiral Building.

Fumihiko Maki

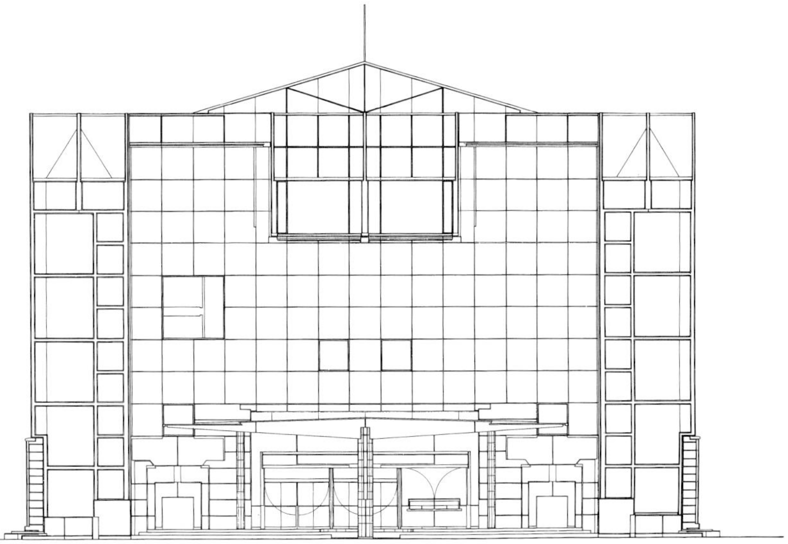

Ostfassade

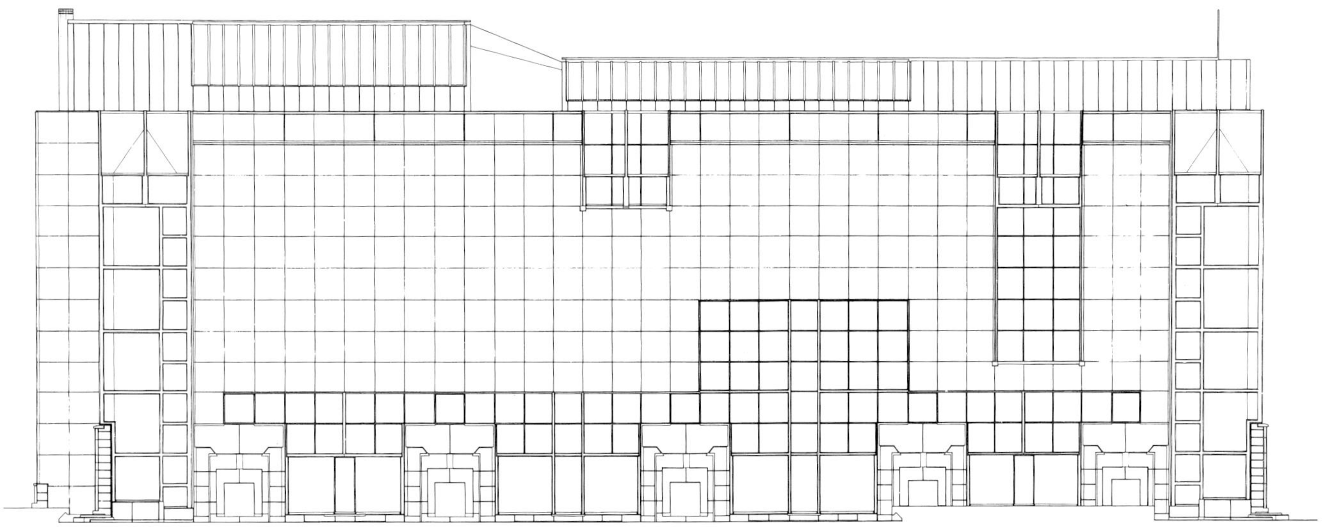

Südfassade

スウェーデンのテキスタイル・アート

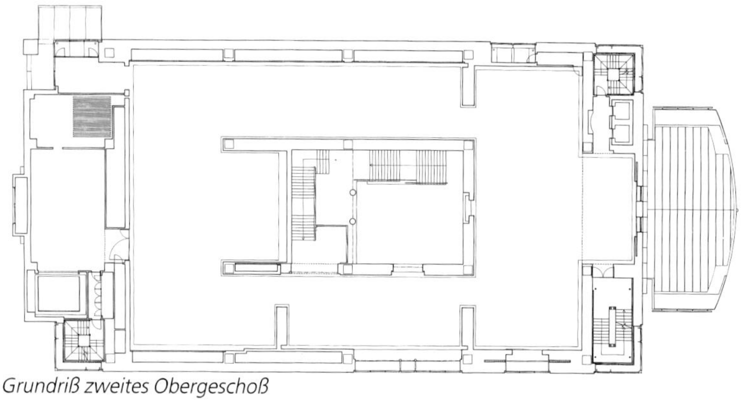

Grundriß zweites Obergeschoß

Lageplan mit Grundriß des Erdgeschosses

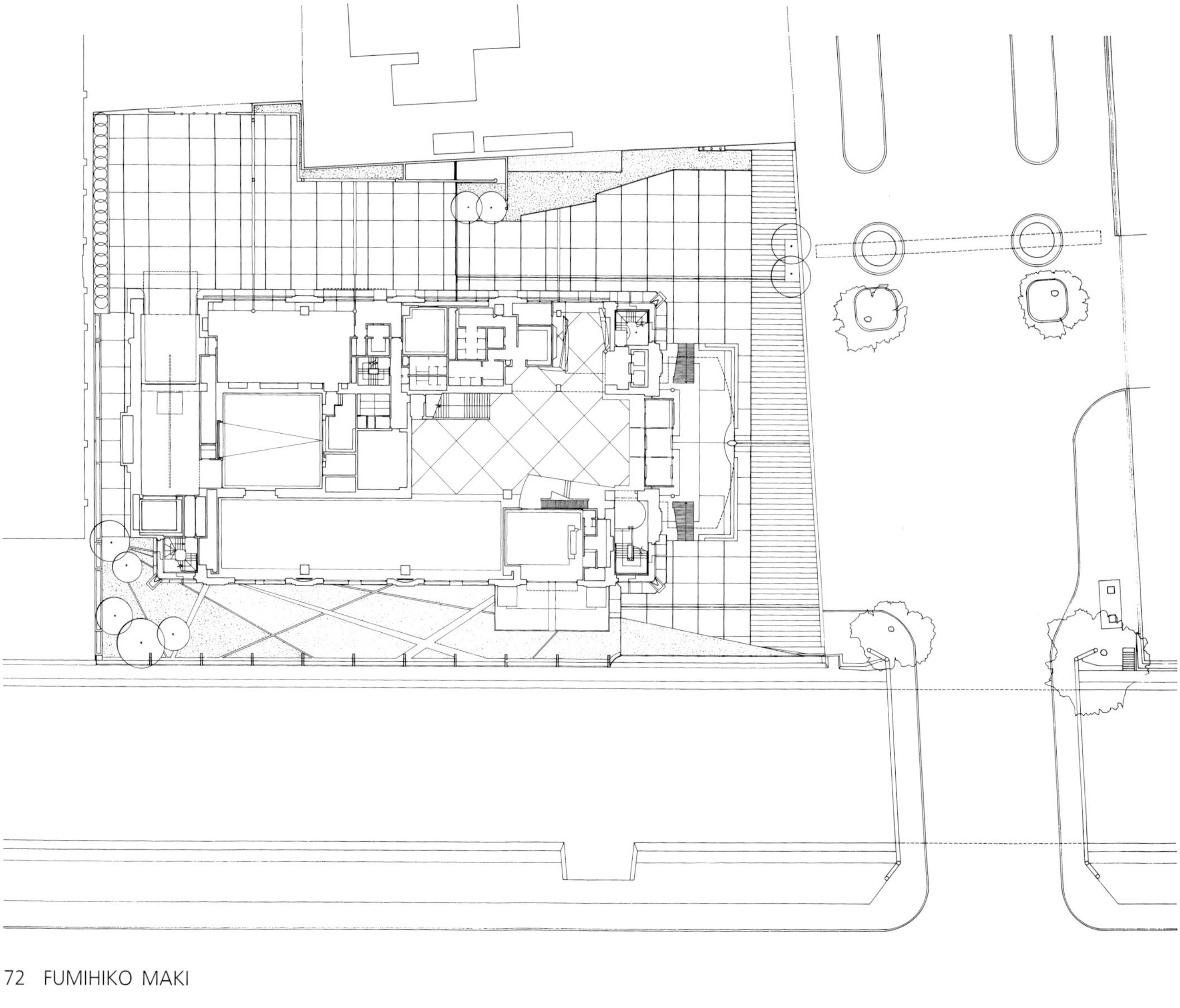

KAZUO SHINOHARA

Haus in Yokohama • 1984

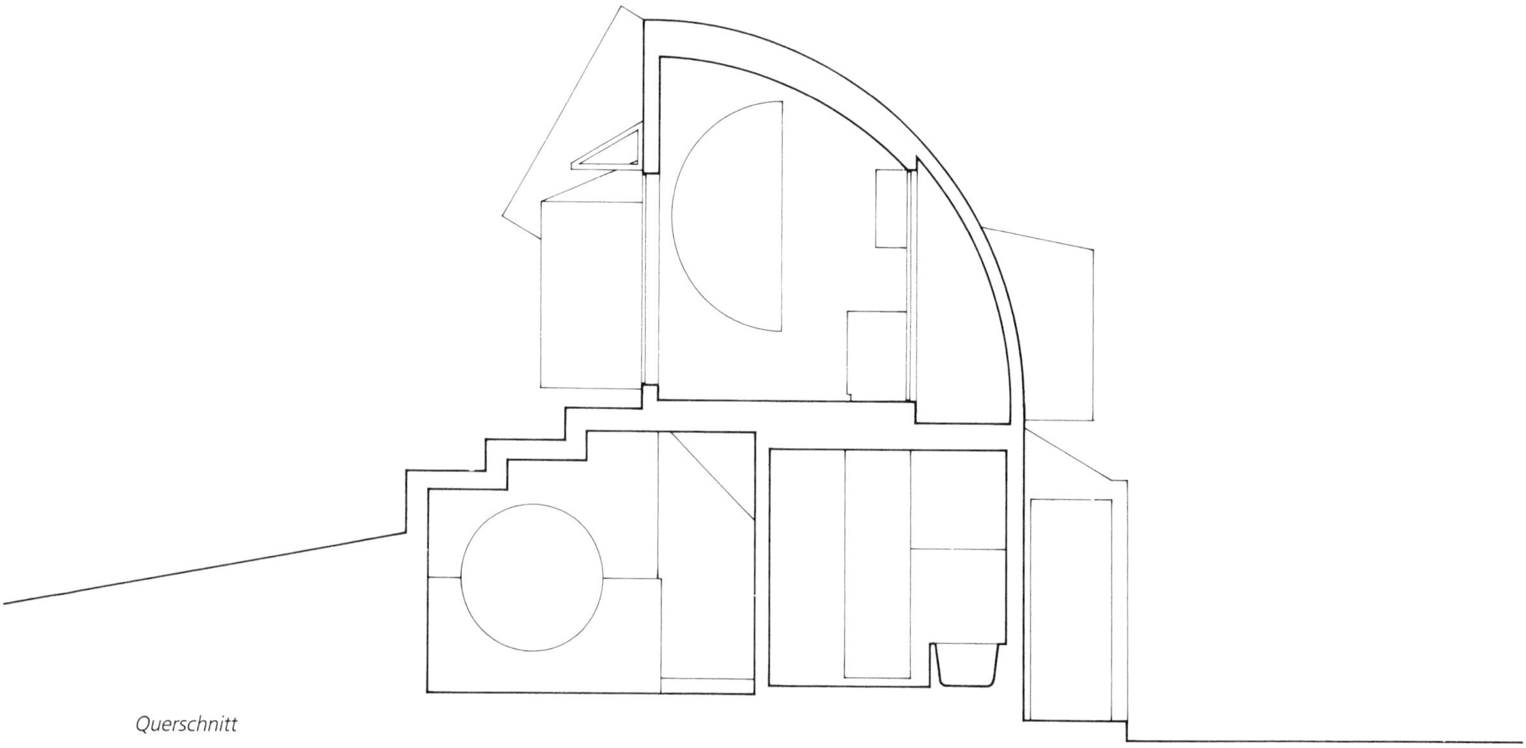

Querschnitt

In den Erklärungen zu seinen Bauten spricht Shinohara häufig von der Nullpunkt-Maschine, die jedoch von dem abweicht, was moderne Architekten in ihren Entwürfen darunter verstanden. Shinohara inspiriert sich an technischen Entwicklungen aus dem letzten Viertel des 20. Jahrhunderts, zum Beispiel am Jagdflugzeug F-14 der US-Navy oder an der Raumkapsel Apollo 11. Beide repräsentieren den neuesten technischen Stand ihrer Zeit, in Formen äußerster Komplexität, die weit entfernt sind von der stromlinienförmigen Synthese, nach der die Pioniere der modernen Architektur strebten.

Shinoharas eigenes Wohnhaus,

in hügeliger Waldgegend gelegen, ist an ein älteres, traditionelles Haus angebaut, nimmt jedoch auf die Umgebung und die bestehenden Strukturen so weit als möglich Rücksicht. Die einzelnen Formen und Volumen des neuen Hauses, die verschiedenen Funktionen entsprechen, sind jedoch unvermittelt nebeneinandergesetzt; sie scheinen als Teile einer Science-Fiction-Maschine gestaltet und zusammengebracht zu sein. Durch diese Unmittelbarkeit, die nichts mit Willkürlichkeit zu tun hat, entsteht das, was Shinohara das „Geräusch des Zufalls" nennt. Das Haus beruht auf einer Aneinanderreihung von Raumeinheiten, die je-

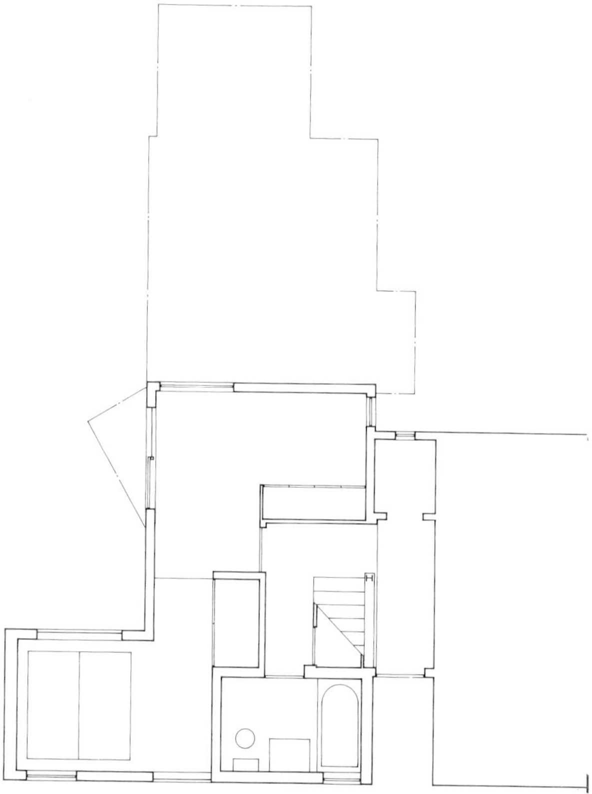

Untergeschoß

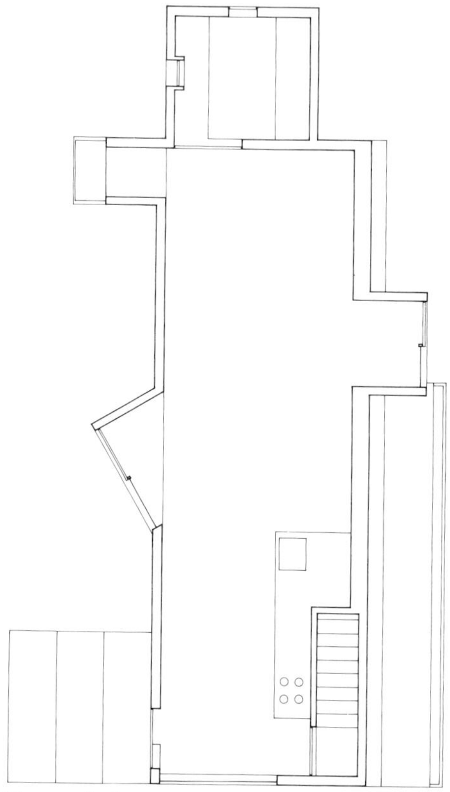

Obergeschoß

weils zu einem anderen kompositorischen Kontext gehören.

Wie die meisten Entwürfe Shinoharas ist auch dieses Haus höchst ungewöhnlich. In aggressiver, doch kontrollierter Vermischung von Beton, Stahl und gewelltem Aluminium wächst es aus der Erde hervor. Der kleine *tatami*-Raum mit abgestuftem Dach ist, wie der zylindrische Teil im hinteren Bereich des Hauses, scheinbar zusammenhanglos neben das Hauptvolumen gesetzt. Die vielfältig gestalteten und angeordneten Fenster- und Türöffnungen ermöglichen dank ihrer Uneindeutigkeit spontane Bewegungen der Bewohner und führen zu unerwarteten Lichteffekten. Das Hauptvolumen in Form eines Viertelzylinders bringt genügend Tageslicht ins Innere und schafft überraschende Beziehungen zwischen den weißen Flächen des Innenraums, dem Mobiliar und den zufällig ausgeschnittenen Ausblikken. Der ziemlich unauffällige Eingang führt zu einer Treppe, von der aus man einen ersten Blick auf die zylindrische Decke hat. Doch erst wenn man um die Ecke kommt, entfaltet der weiße Innenraum – ein Meisterwerk der Volumetrie – seine volle Wirkung, die je nach Lichteinfall ein Gefühl der Surrealität erzeugen kann. Vor allem jedoch stellen sich Gelassenheit und ein Gefühl des Einklangs mit der umgebenden Natur ein, das alles Gewohnte übersteigt.

Keith Krolak

Centennial Hall des Tokyo Institute of Technology • 1987

„In Tokyo gibt es", sagt Kazuo Shinohara, „eine vollständige Antithese zu den schönen und wohlgeordneten Stadtbildern des Westens." Indem er dieses städtische Chaos zwar nicht begrüßte, doch als solches erkannte, stellte Shinohara eine Zeitlang das Konzept der „progressiven Anarchie" in den Mittelpunkt seiner Bauentwürfe. Gleich wie die Nullpunkt-Maschine kennzeichnet diese Idee keines seiner neuesten Werke so sehr wie die Centennial Hall des Tokyo Institute of Technology.

Shinohara hat seine neueste „Baumaschine" mit solcher Unbekümmertheit an den Eingang des

岡田耳鼻科
入
中川三郎
自転車
大岡山駅東
30

Campus gestellt, daß es der außerhalb der Universitätstore gefundenen Energie und Vitalität nicht nur entspricht, sondern sie übersteigt. Offenbar leitet sich die architektonische Gestaltung in ihrer Beziehung zur gebauten Umwelt von der „furchterregenden Supertechnik in Elementen und Apparaten" und in solchen Produkten wie der F-14 oder der Raumkapsel Apollo 11 ab, den neuen Lieblingsobjekten Shinoharas.

Durch das Zusammenfügen eines horizontalen Halbzylinders und eines rechtwinkligen Parallelepipedons war die äußere Form des Gebäudes festgelegt: „ein glänzender Zylinder, der in der Luft schwebt". In einem von Erdbeben heimgesuchten Land war das allerdings nur durch die Mitwirkung von Toshihiko Kimura, Shinoharas technischem Berater seit der Mitte der sechziger Jahre, möglich. Er behandelte die Zylinderform als Balkenstruktur, die mit den Vertikalstützen des Parallelepipedons verkoppelt wurde. Während des Entwurfsprozesses wurde die Zylinderachse leicht gekrümmt, so daß sie nun nach Osten Richtung Bahnhof und nach Westen in den Campus hinein zu winken scheint.

Der mit rostfreiem Stahl verkleidete Halbzylinder, der Restaurant, Bar und Lounge enthält und von dem aus man an klaren Tagen den Fuji sehen kann, läßt sich auf verschiedene Weisen interpretieren. So könnte es sich um einen Versuch des Architekten handeln, einen Dialog zwischen Campus und Stadt, Form und Struktur oder Technik und Natur herzustellen. Ein anderes Bild ist dramatischer, ebenso erschreckend wie kinetisch: Der Rumpf eines Riesenflugzeugs bohrt sich in die Konferenzräume hinein.

Die Galerien in der zweigeschossigen Eingangshalle und im Untergeschoß sind nüchtern, doch nicht von gesuchter Einfachheit; sie sind diskret, doch nicht neutral. Trotz der geometrischen Spannung zwischen massiven Wänden und verglasten Öffnungen und trotz des stoischen plastischen Akzents der Treppe können diese Räume die in ihnen gezeigten Objekte voll zur Wirkung bringen.

Von Shinohara als Produkt seiner vierten Entwurfsphase bezeichnet, zeugt die Centennial Hall auf feierliche und dramatische Weise von der Suche des Architekten nach „den räumlichen Bedingungen, die die Architektur und die Städte der Zukunft kennzeichnen."

Keith Krolak

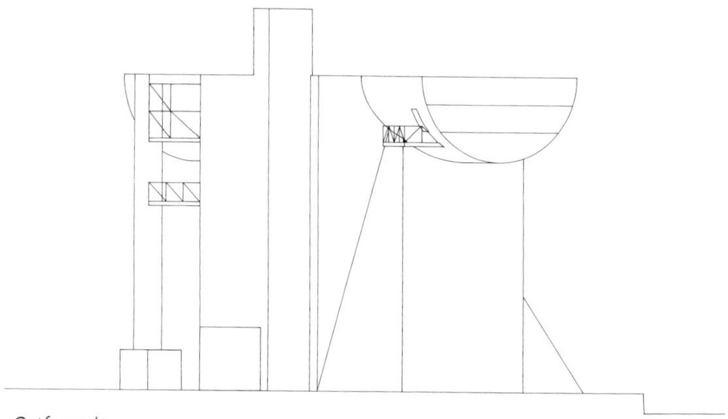

Ostfassade

Südfassade

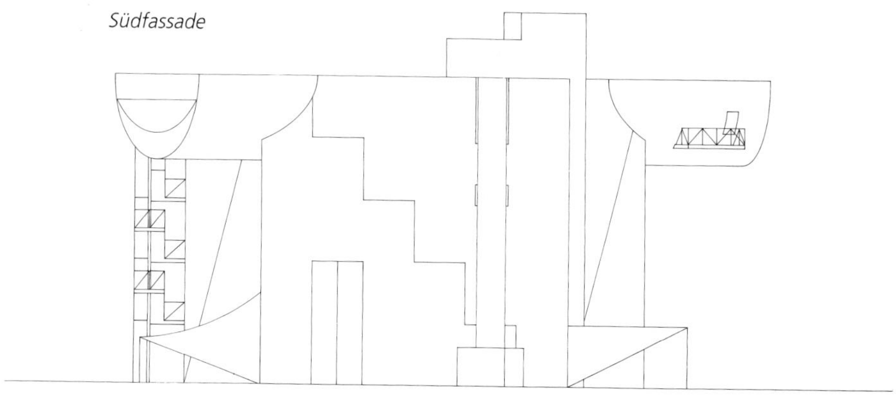

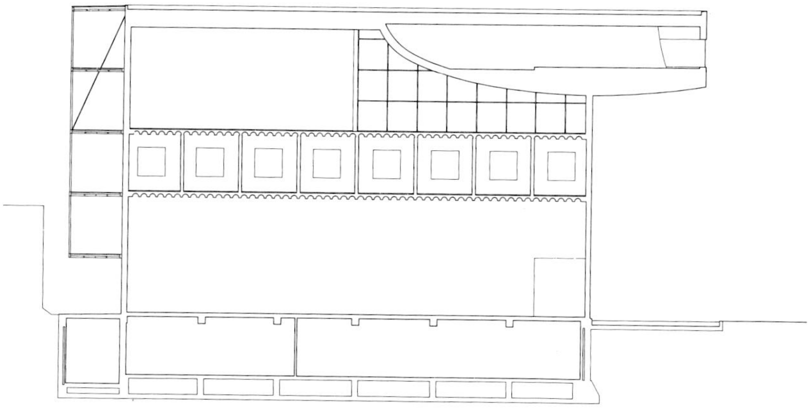

Längsschnitt

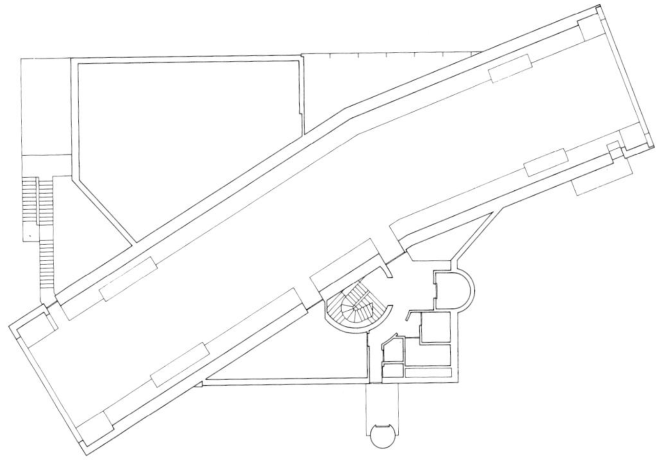

Grundriß drittes Obergeschoß

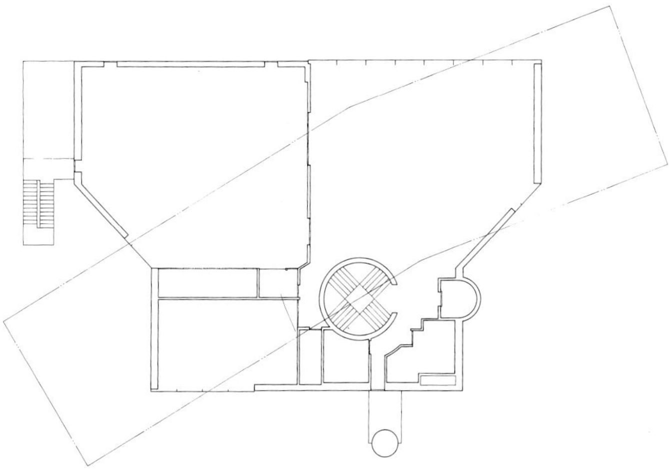

Grundriß zweites Obergeschoß

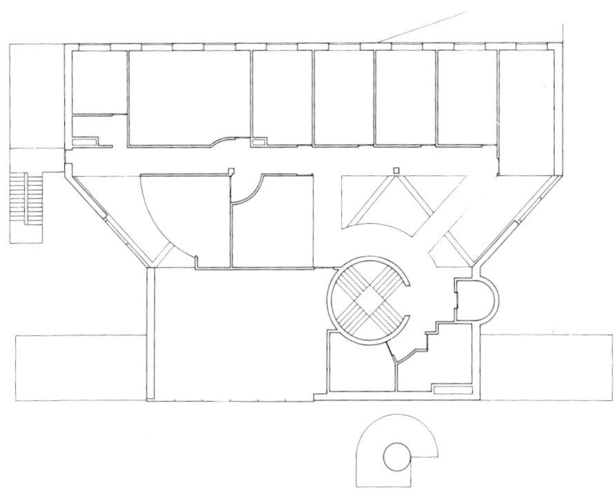

Grundriß erstes Obergeschoß

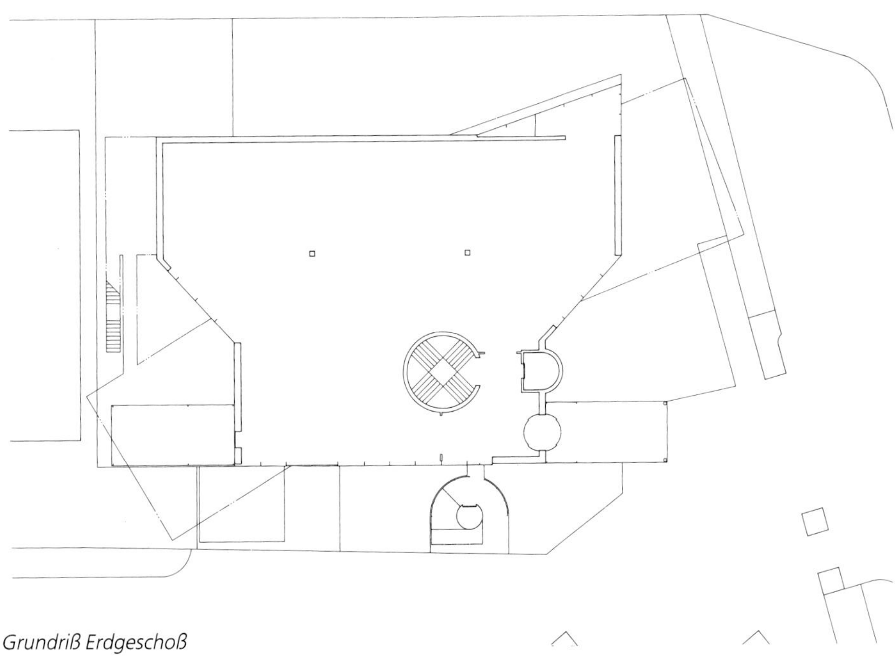

Grundriß Erdgeschoß

HIROSHI HARA

Yamato International Building • Tokyo • 1987

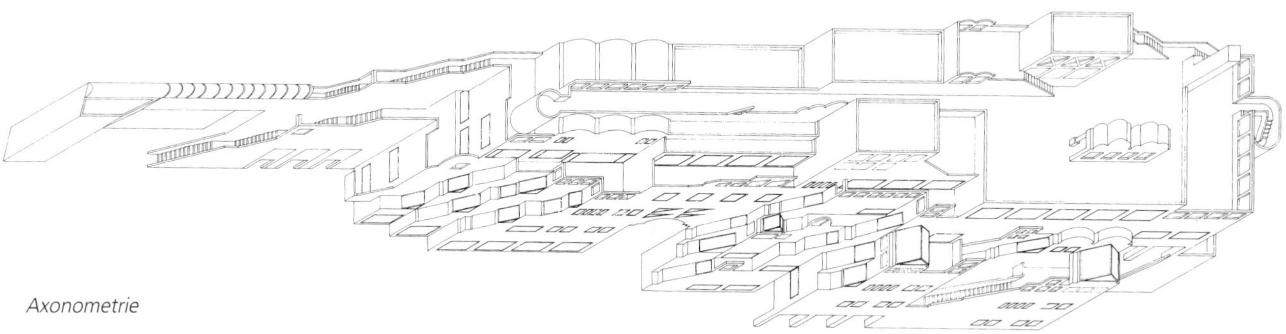

Axonometrie

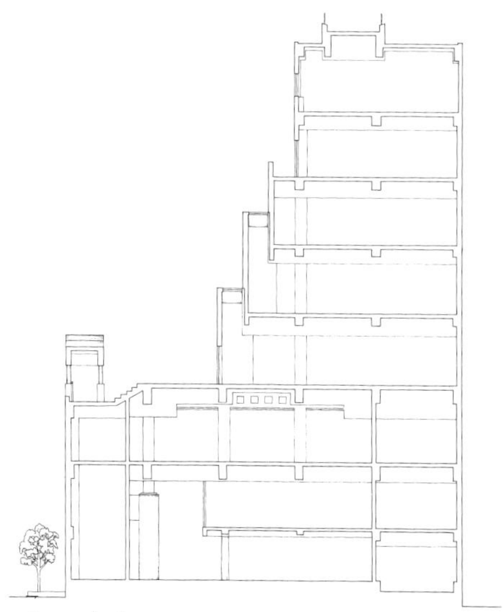

Querschnitt

In einem Lagerviertel gelegen, ist der Geschäftssitz für Yamato International, ein japanisches Unternehmen für Modestoffe, auf einem künstlich aufgeschütteten Gelände an der Bucht von Tokyo errichtet worden. Obwohl sich dieses neue Viertel rasch mit Bauten füllt, wird die Seitenfassade aufgrund des ihr gegenüber liegenden Parks unverbaut bleiben. Die drei unteren Geschosse mit Lager- und Auslieferräumen bilden das, was man eine Plattform nennen könnte, auf der sich die fünf oberen Bürogeschosse erheben.

Die folgenden Punkte waren die Leitlinien für den Entwurf des Gebäudes:

Stadt in der Architektur: Die aus zwölf senkrechten Schichten bestehende Fassade soll wie die gedrängte Darstellung des urbanen Geschehens erscheinen.

Die aluminiumverkleidete Außenhaut spiegelt die herrschenden Wetterbedingungen. Das sich allmählich wandelnde Erscheinungsbild entspricht der sich verändernden Umwelt. Anders als ein unveränderliches Bauwerk stellt das Yamato International Building den ständigen Wandel oder *mujo,* die traditionelle japanische Idee der Vergänglichkeit, dar.

Im Gegensatz zu den meisten modernen Bürogebäuden, die durch homogene, gleichförmige Räume

gekennzeichnet sind, ist dieser Bau so gestaltet, daß sich jeder Innenraum von den anderen unterscheidet. Das geht so weit, daß es keine Fensterscheiben mit demselben geätzten Muster gibt.

Abbildung, Spiegelung und Überlagerung, die von Steinwänden und Glasfenstern erzeugt werden, verwandeln ständig die Atmosphäre der Innenräume und Terrassen. Aufgrund der verschwimmenden Grenzen wird jeder Innenraum undefinierbar.

Zahlreiche Wege sind über die Brücke und die Terrassen im Innern und außerhalb des Gebäudes angelegt; sie zweigen vom Hauptweg ab, der durch den Innenhof über Haupttreppe, Brücke, Dachgeschoß und weitere Treppen zur Terrasse des dritten Stockwerkes und von dort wieder in den Innenhof hinabführt.

Hiroshi Hara

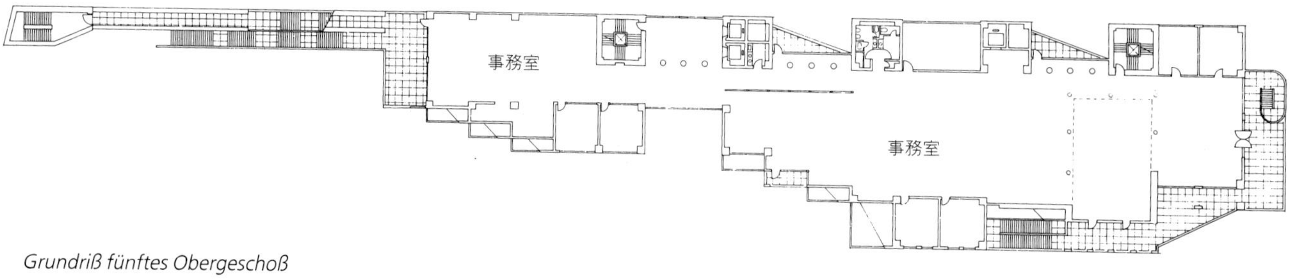

Grundriß fünftes Obergeschoß

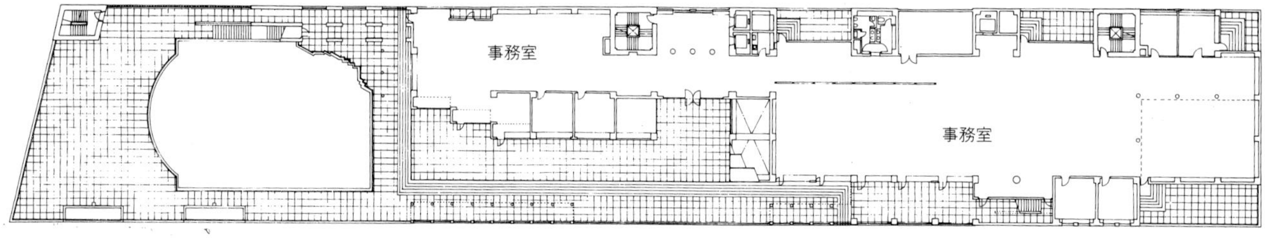

Grundriß drittes Obergeschoß

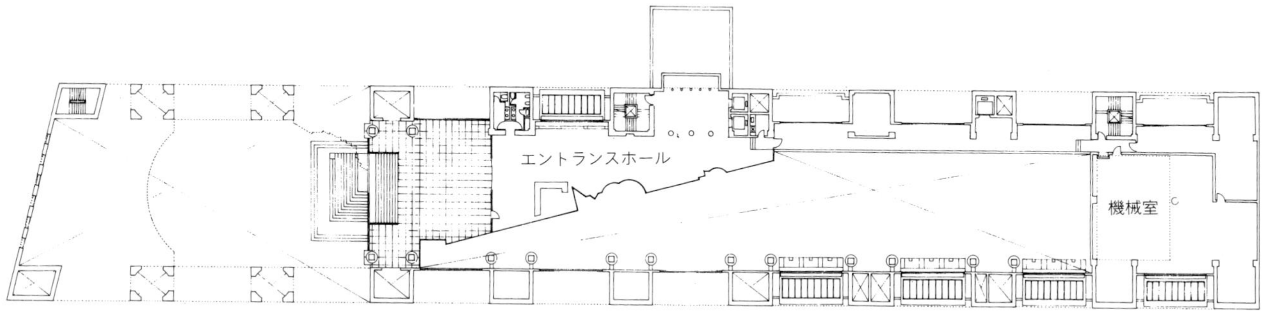

Grundriß erstes Obergeschoß

Axonometrie, Detail

Iida City Museum • 1988

Das Gebäude, ein städtisches Kulturzentrum, enthält ein Kunstmuseum, ein naturgeschichtliches Regionalmuseum, eine Mehrzweckgalerie, ein Auditorium und ein Planetarium. Das Kunstmuseum zeigt hauptsächlich die Gemäldesammlung von Shunso Nichida, der aus Iida stammt und einer der ausgestellten japanischen Künstler ist.

Kunio Yanagida, der Begründer der japanischen Volkskunde, wurde ebenfalls in Iida geboren. Sein altes Haus und das eines lokalen Dichters wurden an den Standort des Museums versetzt. Zusammen mit den restaurierten Ruinen der Burg (Graben, Zisterne, Wasserleitungen) wurden der ganze Bereich und der benachbarte alte Schrein als Museumspark gestaltet.

Die Dachterrasse des Gebäudes, die als Teil des Parks geplant wurde, läßt sich von außen betreten. Von dort sieht man die im Osten gelegenen Akaishi-Berge oder Südalpen.

Iida liegt in einem Tal zwischen dieser Bergkette und den ebenfalls 3000 m hohen Zentralalpen. Die Bewohner wachsen mit dem Anblick der Südalpen auf. Ihren Umriß spiegelt das Dach über der 80 m langen Haupthalle. Dieses von baumähnlichen Betonsäulen und Stahlträgern gestützte Dach soll an einen Wald erinnern, wie jene Wälder, die im Bezirk des Schreins, in den nahen Bergen oder in unserer Erinnerung liegen.

In die Ausstellungsräume durfte aufgrund der wertvollen alten Gemälde kein Tageslicht fallen. Die Geschlossenheit und Gleichförmigkeit dieser Räume steht im Gegensatz zu Dachterrasse und Haupthalle, die als Orte des Durchgangs mit den Jahreszeiten, dem Wetter und der Tageszeit ständigem Wandel ausgesetzt sind.

Hiroshi Hara

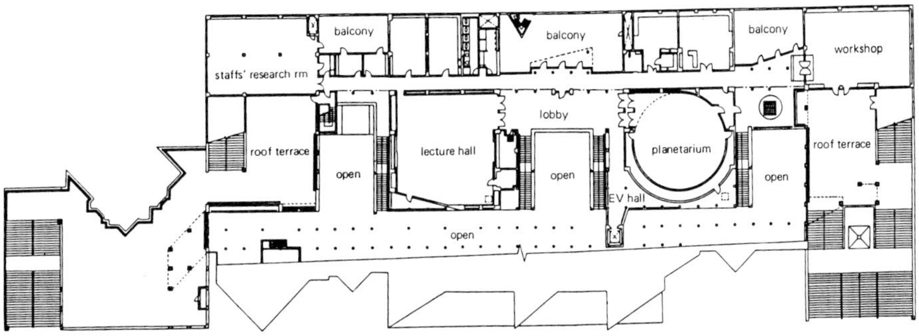

Grundriß erstes Obergeschoß

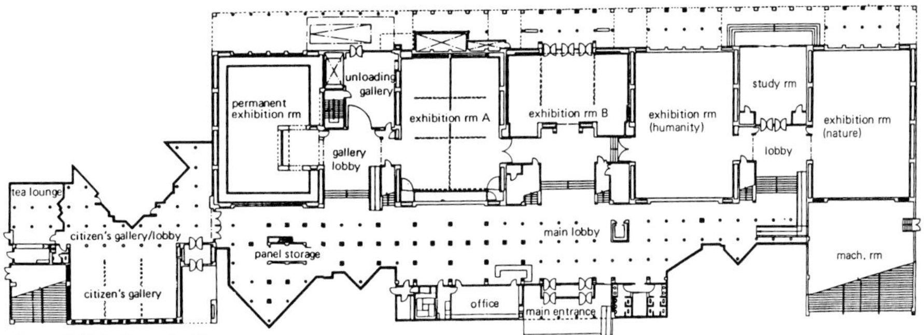

Grundriß Erdgeschoß

HIROMI FUJII

Ushimado International Arts Festival Center • Präfektur Okayama • 1985

Am Anfang des Projekts stand ein altes Lagerhaus aus der Edo-Zeit, das sich am Ort befand. Angesichts einer solchen Vorgabe versuchen Architekten gewöhnlich, ihren Entwurf in irgendeiner Weise zu den bestehenden Bauten in Beziehung zu setzen. Ich setzte mich über solche Konventionen hinweg und begann, das alte Lagerhaus einer Metamorphose zu unterziehen. Dieses von mir Metamorphologie genannte und bereits mehrfach angewendete Verfahren geht von dem Faktum aus, daß die wiederholte Verwandlung formaler und räumlicher Codes zu Formen und Räumen führt, die ihre Codierung verlieren und zu Spuren der Originale werden. Die Bedeutungen, die diese Formen und Räume vor ihrer Umwandlung hatten, werden weder vollständig bewahrt noch ganz beseitigt. Als Spuren existieren sie in einem Zwischenbereich des Weder-Noch.

Wichtiger ist jedoch die Frage, was wir angesichts dieses Gebäudes empfinden, welchen Eindruck die Spuren in uns erzeugen. Die durch die Spuren verursachte bruchstückhafte Erkenntnis führt vielleicht zur Frage: Was? Historische Ruinen?, vielleicht auch zu anderen Mutmaßungen.

Für die Metamorphose des Lagerhauses mußten seine Merkmale identifiziert und neugeordnet werden. Öffnungen und Sichtbetonwände bilden einen Gegensatz zu Wänden mit geometrischen Mustern, zu zusammenhanglosen, bruchstückhaften Flächen und zu Wänden, die Innen- und Außenräume definieren. Die Elemente des Empfangsgebäudes sind Umkehrungen der Elemente des Bürogebäudes, Öffnungen des einen Gebäudes werden zu Wänden des anderen und umgekehrt. Wiederholte Metamorphosen lassen einen Balken entstehen. Am Ende jedoch weiß man nicht mehr genau, was ein bestimmter Raum ist. Wenn sich unsere Welt durch das Anhäufen täglicher Erfahrung aufbaut und auf diese Weise Bedeutung gewinnt, so ist dieses Zentrum ein dekonstruierter Raum, der sich den Begrenzungen unserer Welt entzieht.

Hiromi Fujii

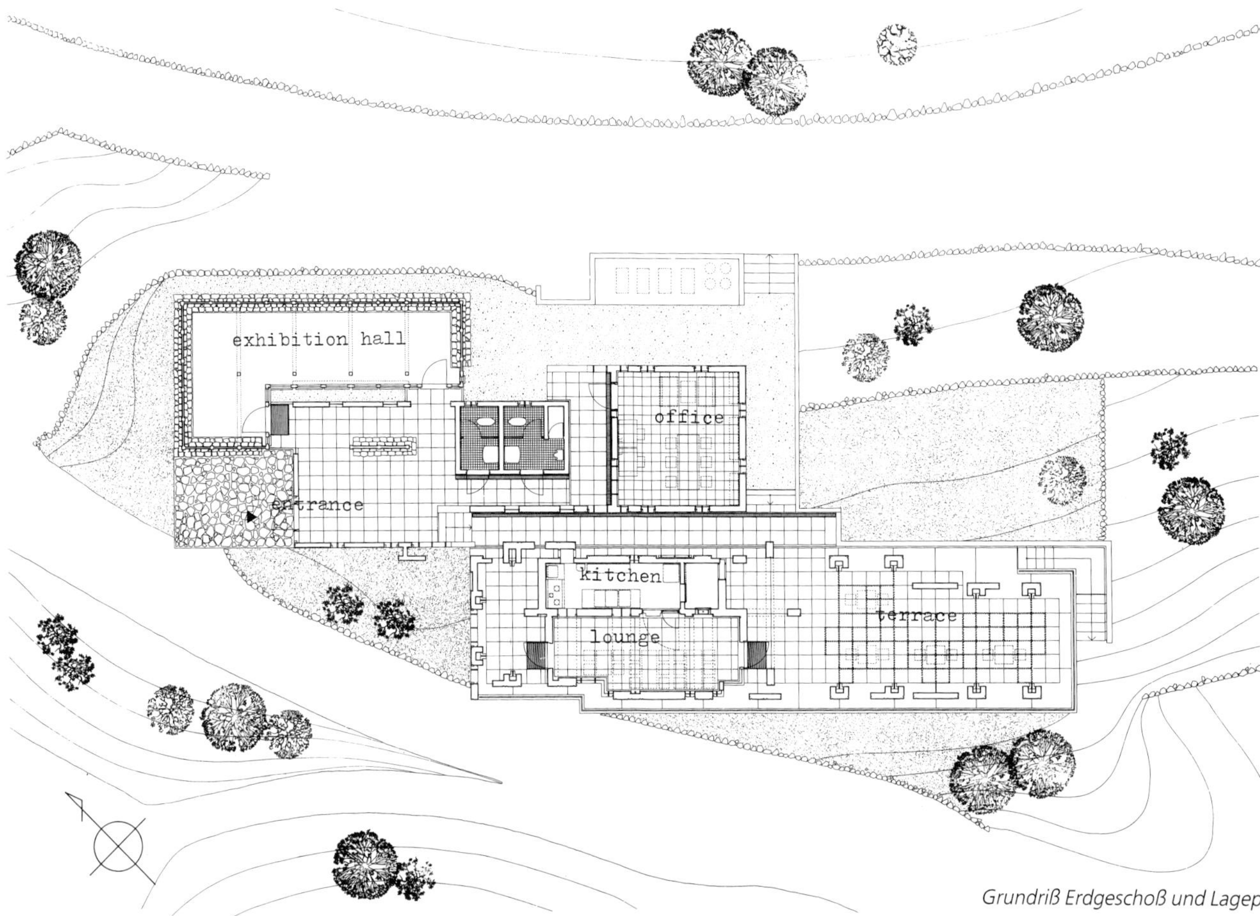

Grundriß Erdgeschoß und Lageplan

Projekt Mizoe Nr. 1 • Iizuka • 1988

Vor nunmehr einigen Jahren – als ich das International Arts Festival Center von Ushimado, das zweite Gymnasium des Institute of Technology in Shibaura und das Projekt Mizoe Nr. 1 entwarf – versuchte ich, meine Gedanken über die Vielschichtigkeit des Raums und die „Inschrift" dieser Eigenschaft ins reine zu bringen. Die Idee der Vielschichtigkeit des Raums entwickelte ich ursprünglich, um den Kompositionsprinzipien der klassischen Architektur, wie Ausgewogenheit, Harmonie, Beständigkeit oder Geschlossenheit, zu entgehen.

Wenn ich die Welt der Klassik und die Realität in all ihrer Vielfalt und Komplexität betrachte, muß ich mich gezwungenermaßen mit den unzähligen Ansichten beschäftigen, die die letztere bietet. In der Auseinandersetzung mit der komplexen Realität müssen wir zuerst begreifen, daß wir ein Teil dieser Wirklichkeit sind. Dasselbe gilt für unsere Alltagssprache. Der Betrachter kann nicht mehr als Spiegel gelten, der unveränderliche Bilder zurückwirft, sondern er besitzt Verzerrungen wie die Sprache und ist ebenfalls Teil der heutigen Welt. Es gibt demzufolge kein beständiges, geschlossenes Konstrukt, das als Modell der Vielfalt dienen könnte.

In einem Modell, das diesem Zweck dient, ist unsere Anschauung ein vielfältiges, komplexes Mosaik, das durch die ständige Verwandlung in einer Welt, die der Schachtel in der Schachtel gleicht, die Spuren dieser Welt wahrnimmt und sie bis zu einem gewissen Grad zu kristallisieren und systematisieren vermag. Das ist das, was ich zuvor „Inschrift" nannte, und als vielschichtig bezeichne ich einen Raum, dessen Struktur eine solche Wahrnehmung erzeugt.

Der Raum im Projekt Mizoe Nr. 1, einem Modellhaus mit flexiblem Grundriß, wird durch vier L-förmige Wände gebildet, die sich der Zerlegung eines Würfels verdanken. Diese Wände sind mit 1,8 mal 1,8 m großen Platten verkleidet; halb so große Platten kennzeichnen die Rückwände. Die übrigen Wände werden von einem 0,6 mal 0,6 m großen Raster bestimmt, um ihre unterschiedliche Funktion anzudeuten. Wenn man den Weg durch diese Wände ins Innere des Hauses gefunden hat, ergeben die Raster ein vielschichtiges Bild, das sich ständig verändert. Auch das durch die Öffnungen einfallende Licht wechselt dauernd und läßt das Gebäude stets anders erscheinen.

Hiromi Fujii

Axonometrie der Schichtungen

Grundriß Erdgeschoß

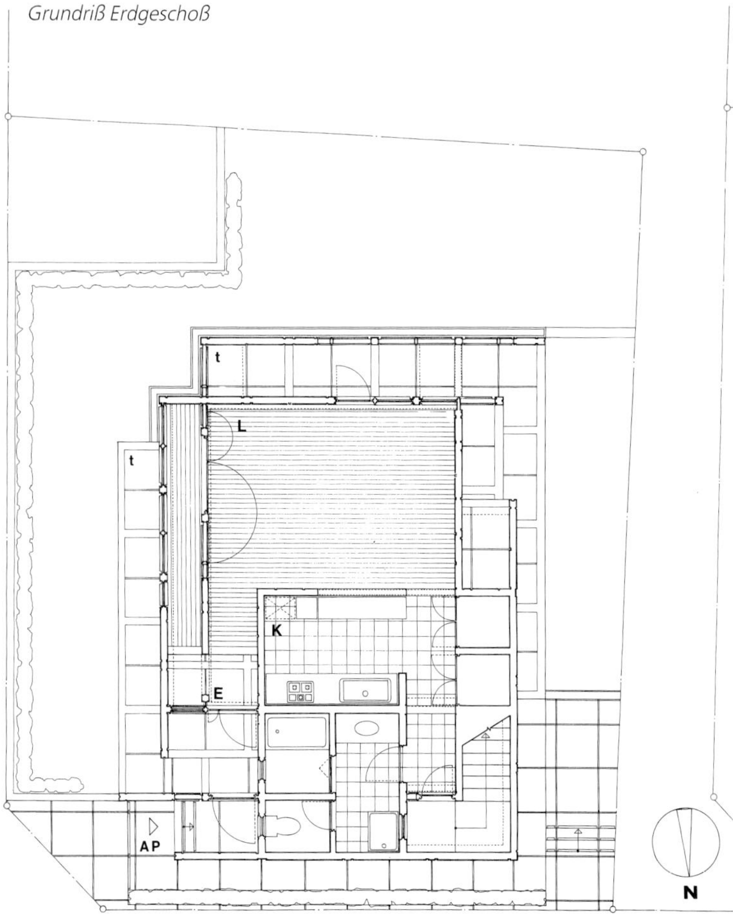

Grundriß Obergeschoß

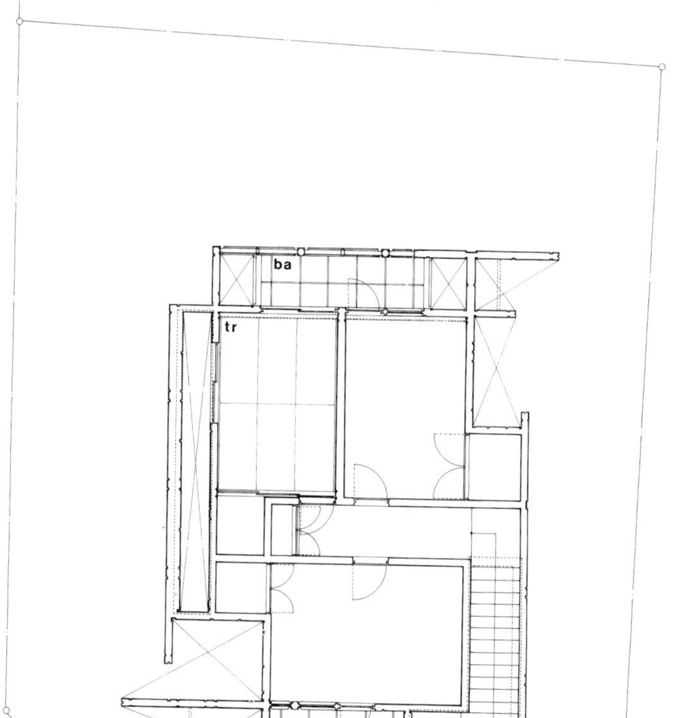

MINORU TAKEYAMA

Tokyo International Port Terminal Building • 1991

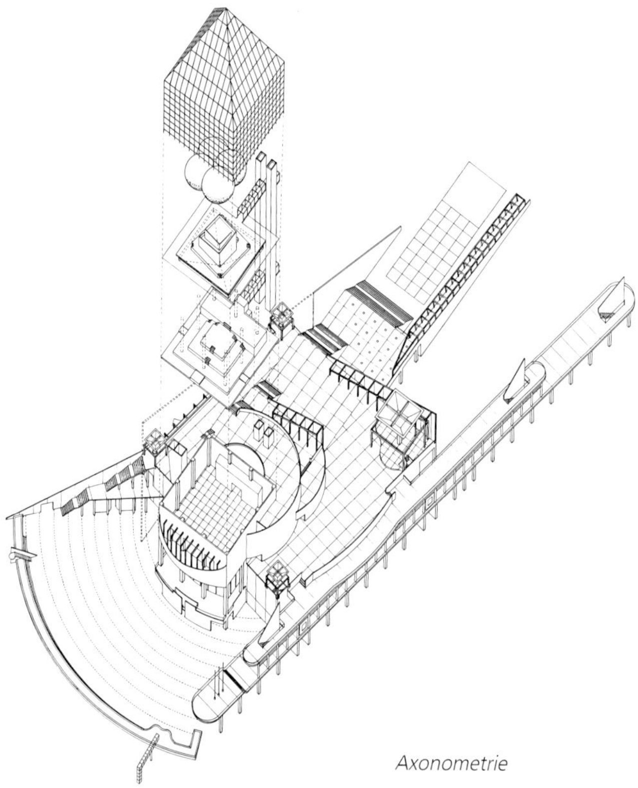

Axonometrie

Das Gebäude liegt am Rand des aufgeschütteten Hafengeländes direkt an der Bucht von Tokyo und bildet ein symbolisches Tor zwischen Meer und Stadt. Da die Fortsetzung der Landgewinnungsarbeiten noch ungewiß ist, soll der Terminal als Wahrzeichen für die gesamte Umgebung dienen.

Das Haus will in einfacher Sprache eine Vielfalt von Botschaften vermitteln. So erinnert es an das rettende Land, das Reisende nach einer langen Fahrt zum erstenmal erblikken, und kennzeichnet für die Einheimischen den Punkt, an dem Land und Meer zusammentreffen. In der Gesamtanlage spielen zwei sich

kreuzende Achsen wichtige Rollen: Die eine verläuft parallel zur Küste, die andere ist visuell auf die fernen Ansichten der hochindustrialisierten Küstenlandschaft und die neue Hängebrücke ausgerichtet, die 1993 fertiggestellt wird und ein Tor für die gesamte Bucht bildet.

Die wichtigsten Einrichtungen – Grenzbehörden, Zoll, Büros, Warteraum – liegen unter einer Plattform, die sich vom Vorplatz auf Straßenebene bis zum Dachgarten erhebt, um wieder zum nördlich gelegenen Park hinabzuführen. Der offene Raum am westlichen Ende mit dem Wasservorhang dient als Übergang zwischen dem Meer und der von

Menschenhand geschaffenen Umwelt.

Der obere Bereich mit Halle, Restaurant, Hafengalerie und offener Besucherterrasse ist ein leichter, luftiger Bau, dessen Charakter als Haus die Stahlkonstruktion des pyramidenförmigen Daches andeutet. Es setzt ein unmißverständliches, kräftiges Zeichen für die Reisenden und die Stadtbewohner, das sich gegen die zerklüftete Stadtlandschaft und die Industriebauten des Hafenviertels behauptet.

Die vier Kuppeln über der Besucherterrasse in der Pyramide werden bei Nacht von innen beleuchtet, ohne daß sie eine besondere Botschaft zu verkünden hätten. Anläßlich des 50. Jahrestags der Eröffnung des internationalen Hafens von Tokyo wird das Gebäude 1991 eröffnet.

Minoru Takeyama

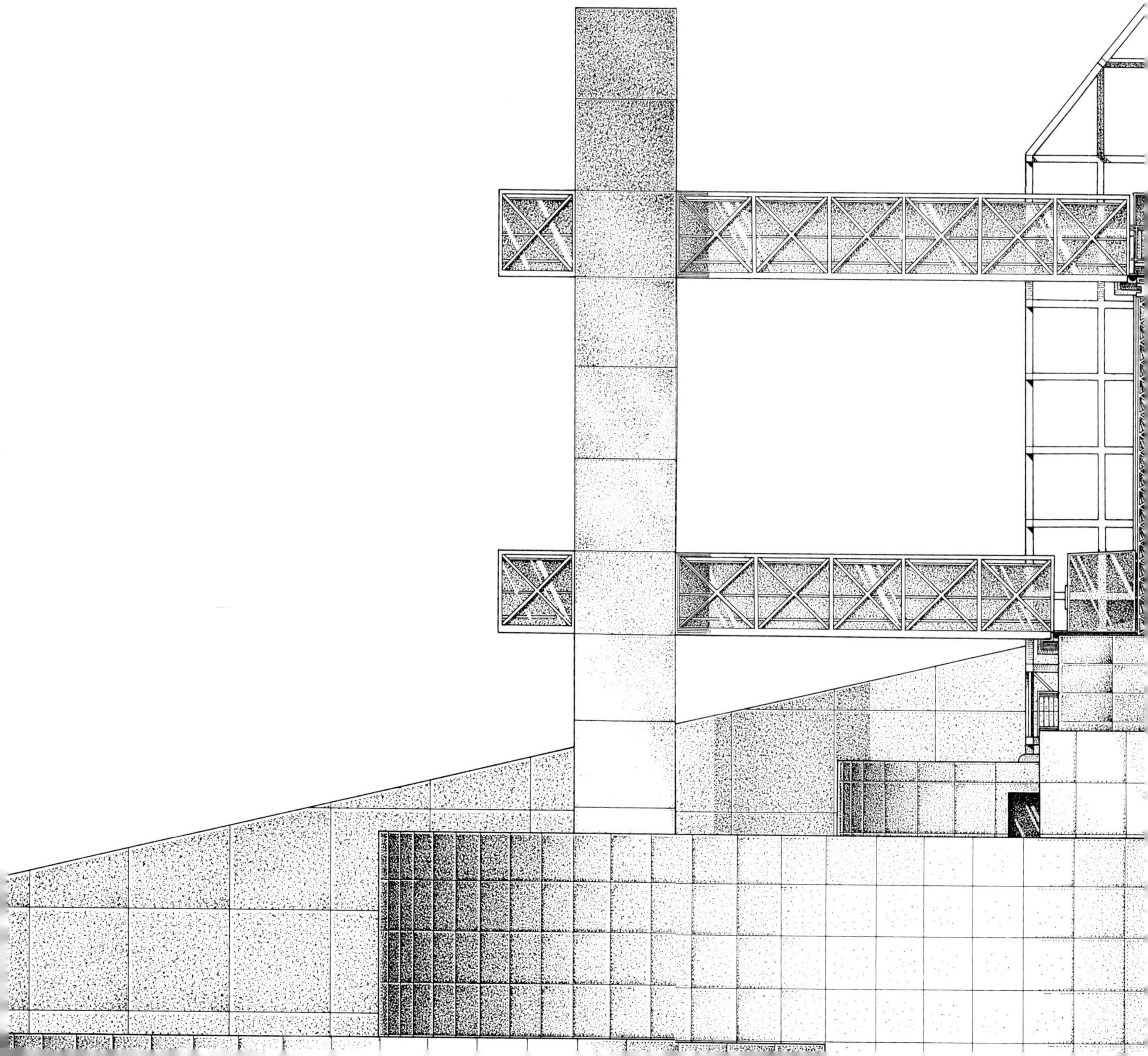

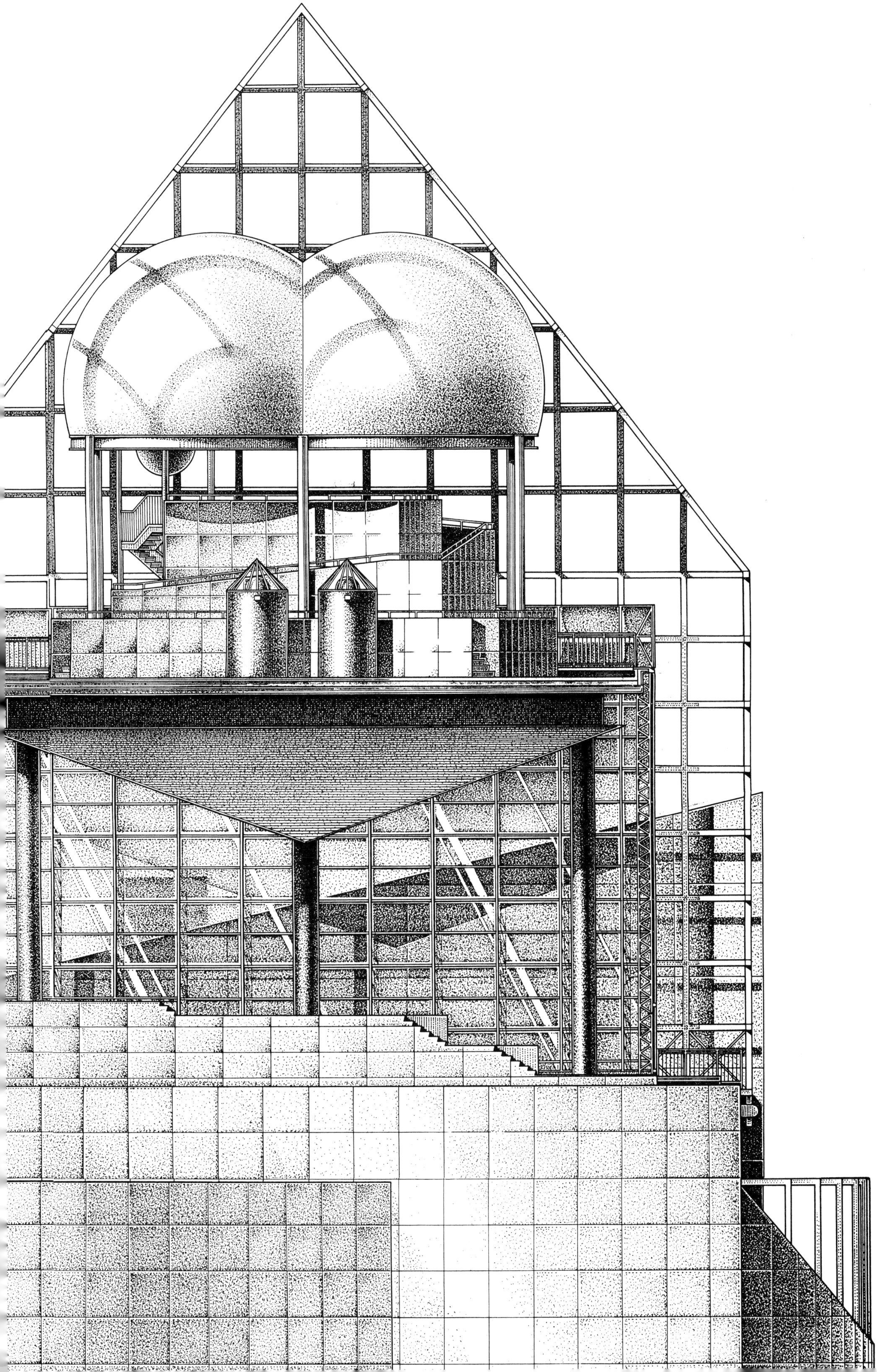

TAKEFUMI AIDA

Haus Kazama • Kawaguchi • 1987

Der Standort ist von alten Wohnhäusern, Wohnsiedlungen und landwirtschaftlich genutzten Flächen umgeben. Die Besitzungen der Vergangenheit sind zum größten Teil aufgehoben, doch hat das Grundstück noch etwas von ihrer Atmosphäre bewahrt. Es ist fast 1000 m^2 groß und wird von mehreren, mehr als fünfzigjährigen Laubbäumen überragt, während ein großer Kirschbaum an der Straße steht. Der Grundriß des Hauses wird mehrheitlich durch diese Bäume und die Straße im Süden des Grundstücks bestimmt.

Um den Blick auf die vor allem im östlichen Grundstückbereich stehenden Bäume nicht zu beeinträchtigen, sind die Räume öst-westlich (parallel zur X-Achse) ausgerichtet. Diese von je zwei Wänden gerahmten Räume betonen in einer übertriebenen Perspektive die Transparenz in Richtung Gartenbäume. Im Süden sind die Fenster auf ein Minimum beschränkt. Damit wird das Innere vor Straßenlärm geschützt und entlang der nord-südlichen Achse (Y-Achse) eine Hierarchie der Zurückgezogenheit geschaffen. Der Straße am nächsten ist eine Raumfolge mit Gäste- und Eßzimmer. Ein Gang trennt sie von der nächsten Folge mit Küche, Innenhof und Schlafzimmer. Jenseits eines weiteren Gangs findet man Badezimmer und Toilette. Zwischen diese Folgen stellte ich mit gelochten Aluminiumplatten verkleidete *shoji*-Wände, um Innen- und Außenräume ineinander übergehen zu lassen.

Zudem setzte ich 50 mm vor die Außenwand eine weitere Wand in Hausform, um eine vielschichtige Konstruktion zu schaffen. Die *shoji*-Wände schieben sich nicht in, sondern hinter die Wände der *tatami*-Räume. Sie haben keine Beziehungen zu den Fensteröffnungen. Die beiden Systeme sind unabhängig, berühren sich jedoch. Die Außenwände in der X-Achse sind hellgrau, jene der Y-Achse weiß gehalten.

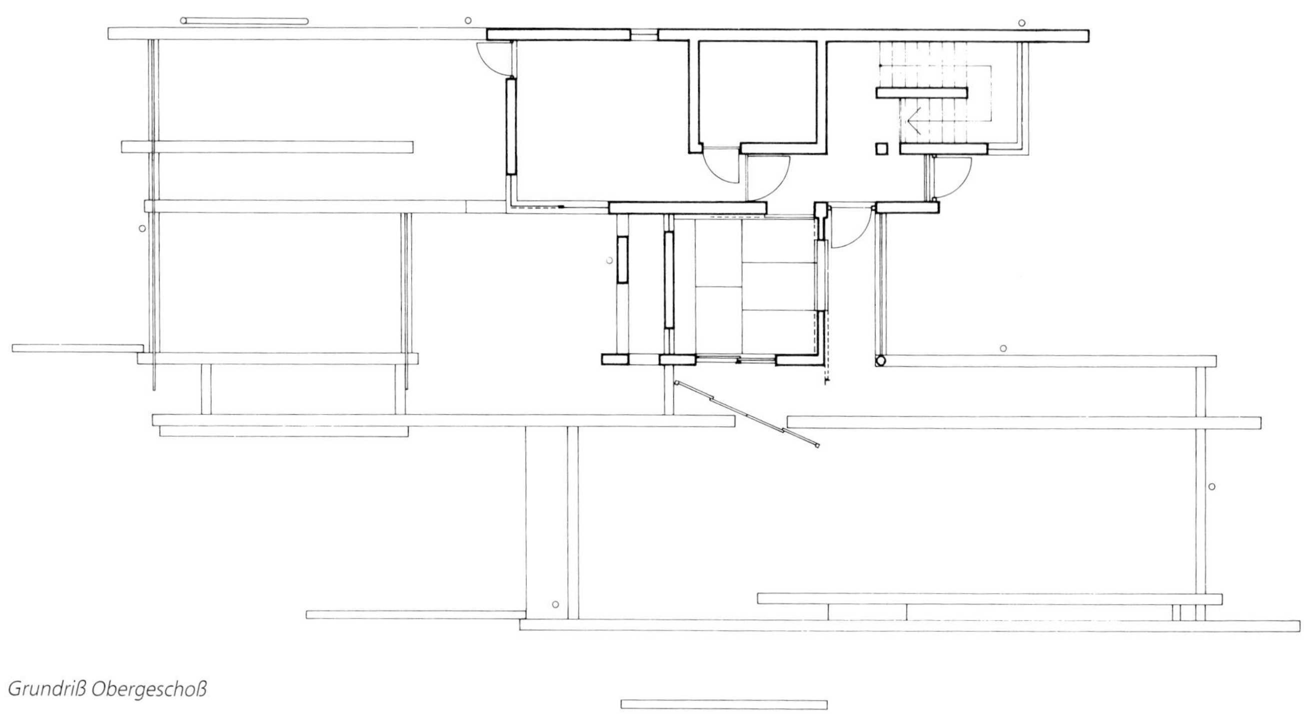

Grundriß Obergeschoß

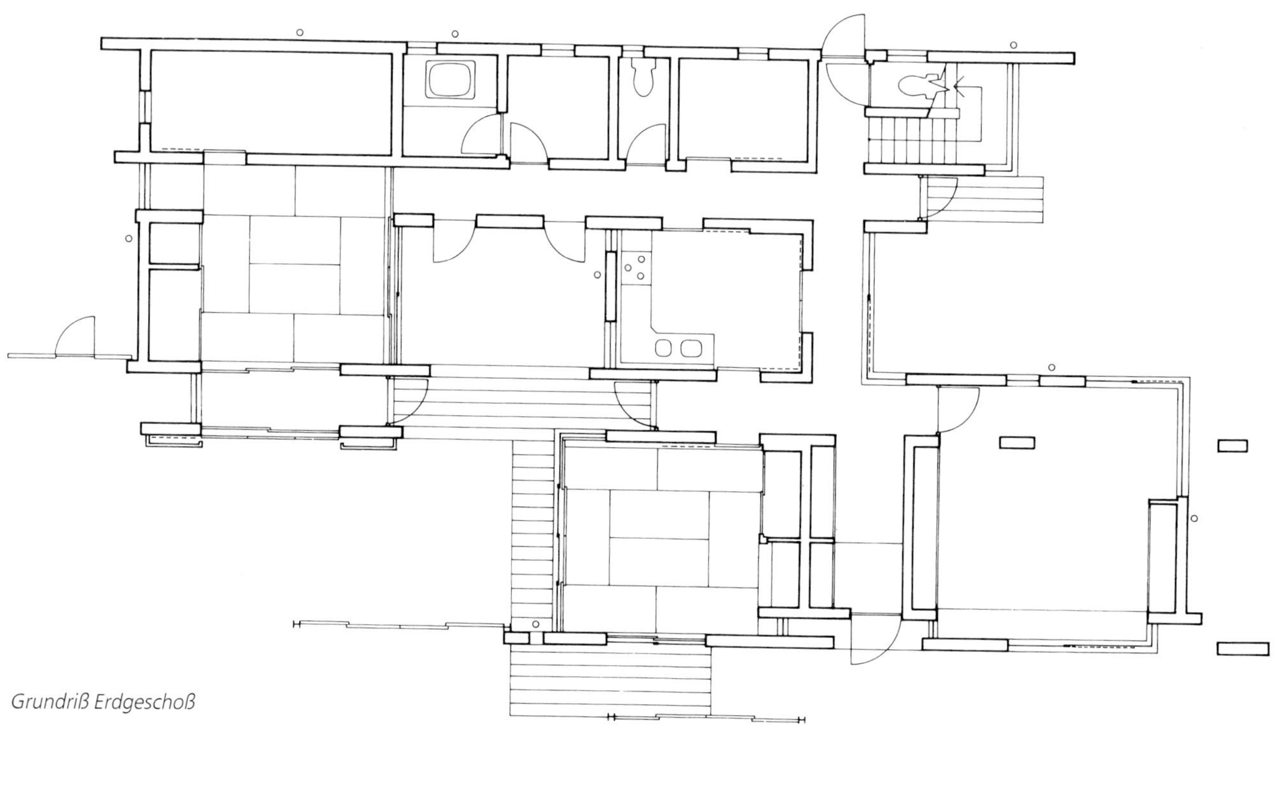

Grundriß Erdgeschoß

Weil die Wertigkeiten sich nur wenig unterscheiden und viele Öffnungen geschaffen wurden, sind die Bäume und der Himmel in das Innere einbezogen, was dem Haus Uneindeutigkeit verleiht. Auf diese Weise habe ich das Konzept der Fluktuation zu verstärken gesucht.
Takefumi Aida

TADAO ANDO

Time's I & II Buildings • Kyoto • 1985 • 1991

Der Standort befindet sich am Fuß der Brücke Sanjo Kobashi, die den Takase in Kyoto überspannt. Da die dortige Gebäudehöhe auf drei Geschosse beschränkt ist, wurden die Volumen der ersten wie der zweiten Phase so angeordnet, daß sie inmitten der Stadt nicht störend ins Auge fallen. Die Übereinstimmung mit der Umgebung wird auch durch die Verwendung preiswerter Materialien erreicht: Betonblöcke, roh behauener schwarzer Granit und Stahl. Der Beton wurde sorgfältig bearbeitet und nicht als Rohmaterial eingesetzt. Time's I, die erste Etappe, ist durch ein Tonnendach überdeckt, das dem Flußlauf folgt

und am Ende seinen Querschnitt klar erkennen läßt.

Eine äußere Mauer, die der westlichen Grundstücksgrenze folgt, hält die zahlreichen benachbarten Bauten auf Distanz. Auf der anderen Seite jedoch führt die Straße direkt in das Gebäude hinein, während der Bau in vielfältiger Weise auf den Fluß Bezug nimmt. Das Erdgeschoß mit einem kleinen Platz in Form eines Kreissechstels liegt fast auf Flußebene. Die auf diesen Platz hinabführende Treppe gibt dem Besucher einen ersten Eindruck von den Beziehungen zwischen Gebäude und Wasser. Die Zugänge zu den Geschäften sind nicht auf die Straße

中国料理

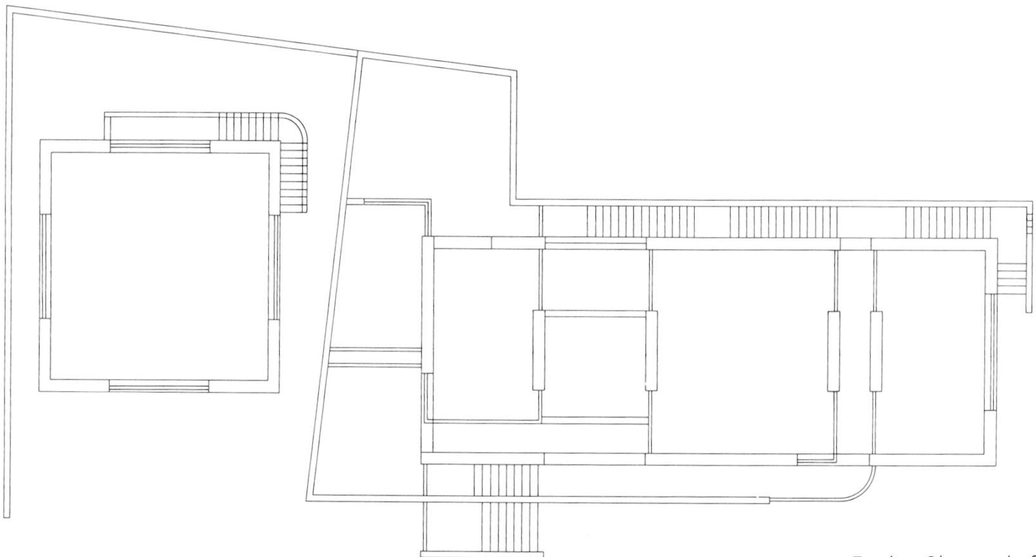

Zweites Obergeschoß

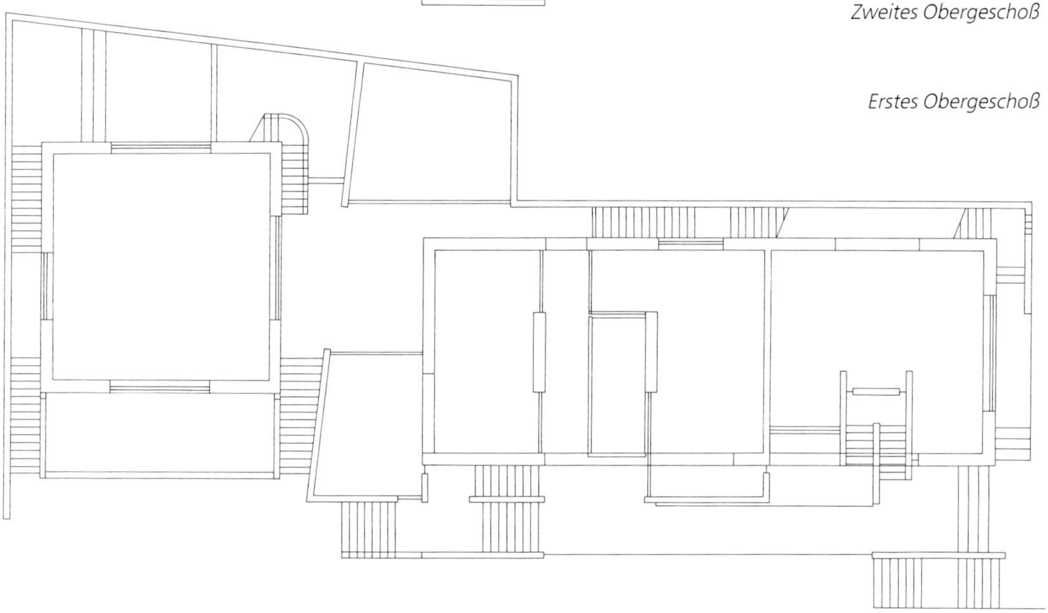

Erstes Obergeschoß

ausgerichtet, sondern auf den Fluß, auf den sie die verschiedensten Ausblicke freigeben.

Im ersten Obergeschoß, das auf Straßenniveau liegt, führt ein Gang rund um das Gebäude und über einen Vorplatz in dieses hinein. Diese Anordnung verwandelt die einfache Geometrie des Baus in labyrinthische Komplexität. Indem man zwischen den räumlich unterschiedenen Geschäften durchläuft, erblickt man plötzlich den Himmel oder den Fluß. Plätze, die sich auf den Himmel oder den Fluß öffnen, sind über das ganze Gebäude verteilt und lassen eine überraschend reiche Anlage entstehen.

War in der ersten Etappe die Beziehung der Menschen zum Fluß das Hauptthema, so sollte Time's II die

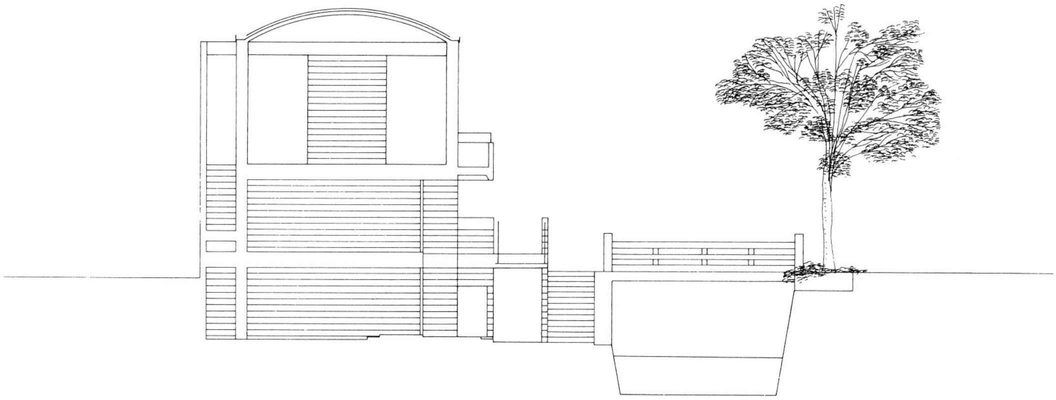

Aufriß mit Querschnitt durch den Fluß

Aufriß mit Längsschnitt durch die Straße

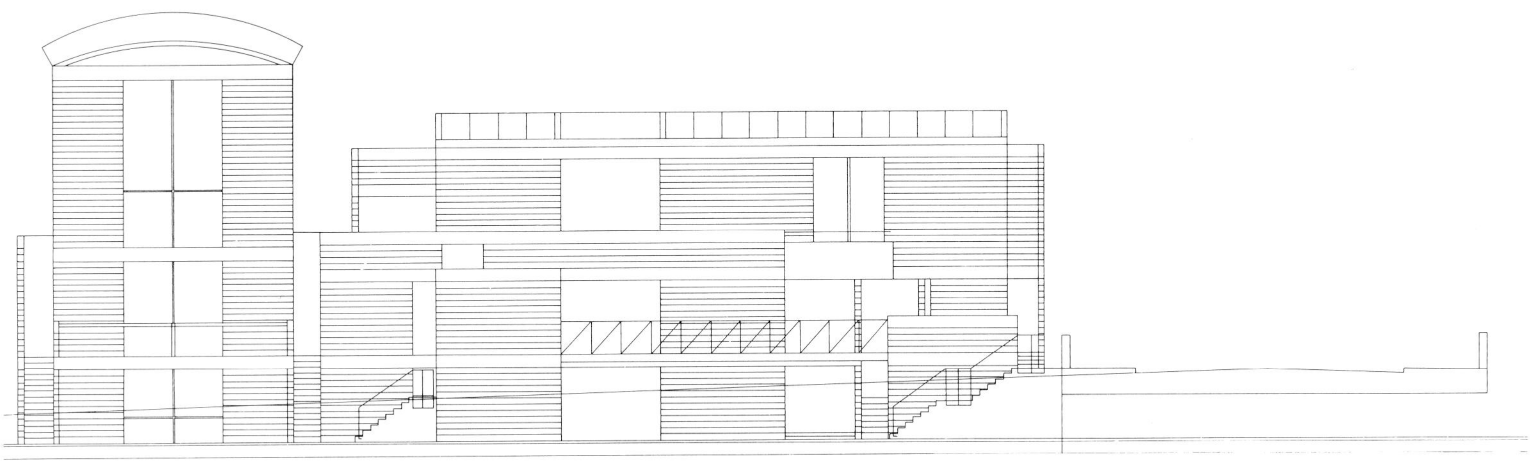

Erweiterung des Platzes dem Fluß entlang bringen. Das dreigeschossige Volumen dieses Baus ist auf einem quadratischen Grundriß von 8 m Seitenlänge errichtet, und die Mauer, die es umzieht, zeigt die Grundstücksgrenze an. Das Dach ist im Gegensatz zur Tonne der ersten Etappe als Kuppel gestaltet. Während die Tonne die Achse des Flußlaufs hervorhebt, betont die Kuppel die Zentralität des Baus. Von der Straße aus umzieht ein Gang den Würfel und endet abrupt, während der Platz auf einem anderen Niveau weiterläuft.

Nach Abschluß der zweiten Etappe hat die Erschließung sämtlicher Räume an Vielfalt und Komplexität gewonnen.

Tadao Ando

Galleria Akka • Osaka • 1988

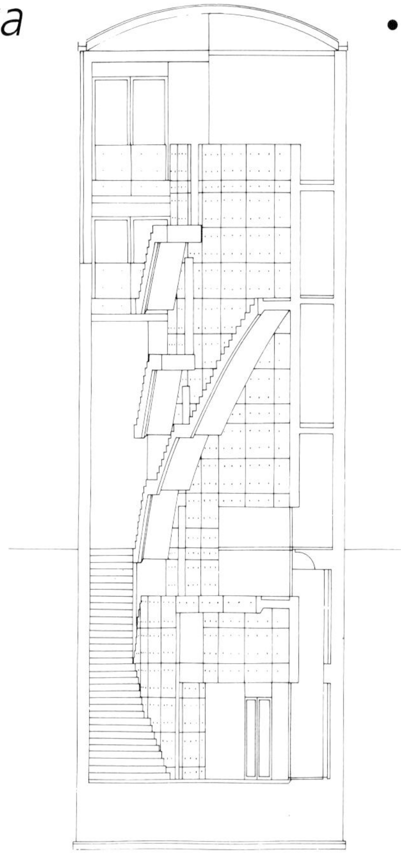

Querschnitt

Die Galleria Akka ist ein weiterer Geschäftsbau Tadao Andos, in dem der Architekt, Italo Calvinos Erbauern imaginärer Städte gleich, damit fortfährt, das japanische urbane Chaos zu überwinden und mit selbstgeschaffenen Stadtlandschaften zu durchsetzen. Das vertraute Aussehen des Baus beruht auf der repetitiven Orthodoxie der Entwurfsmethode, die ein Gebäude als vorhersagbare Variation bestimmter räumlicher Ideen auffaßt. Allerdings ist gerade diese Vorhersagbarkeit ein fesselnder Aspekt von Andos Architektur, da seine Entwürfe über sich selbst hinausweisen und sein ständiges Bemühen erkennen lassen, die Grundlage einer neuen, anderen Stadt zu schaffen. So erscheinen Andos Bauten in der japanischen Stadtlandschaft als Bruchstücke einer Parallelstadt, die in die Substanz der bestehenden hinein- oder aus ihr herausgehauen wird.

In formaler Hinsicht ist die Galleria ein Produkt von Andos besonderer Entwurfsmethode, in der das Umschließen des Standorts mit einer massiven Hülle der erste Arbeitsschritt ist. Auf diese Weise wird der konkrete städtische Kontext zurückgedrängt und eine abstrakte Leere – der Standort – als klar umrissener Platz mit vorhersagbarem Kontext für das Gebäude geschaffen, der nun mit Bedeutung gefüllt werden kann. Das läßt eine beinahe ritualistische Haltung gegenüber der Idee des Städtebaus erkennen. Durch die Schaffung eines Territoriums für die eigene Stadt wird Andos Entwurfsprozeß zu einer beinahe autonomen Handlung, die sich auf die Erzeugung eines spezifischen städtischen Umfelds innerhalb des Gebäudes selbst konzentriert. Dieses Umfeld – die Textur von Andos imaginärer Stadt – wird durch den dialektischen Gegensatz zwischen gefüllten und leeren Volumen geschaffen, deren Ausgewogenheit Teilwände innerhalb der Umfriedung gewährleisten. Diese Wände dienen also der Artikulation der baulichen Form und der Gestaltung des städtischen Raums zugleich.

Die geschwungene Wand der Galleria ist ebenso Textur wie Matrix: Sie ist greifbare Substanz der Stadt und Gefäß von deren Mythen, indem sie sich dem Benutzer als Weg aus der ursprünglichen Finsternis der Stadtgründung in das ätherische Licht der Himmelssphären zur Verfügung stellt. Die faßbare Präsenz der Wand steht im Gegensatz zur Flüchtigkeit der äußeren Stadt, die durch die Konkretheit einer Erscheinungswelt ersetzt wird. Zugleich ist die Wand das Segment eines Kreises, der der imaginären Linie seines Umfangs entlang über sich selbst hinausweist und den Begriff eines größeren Ganzen ins Spiel bringt; dieses durchbricht die Umgrenzung der materiellen Hülle und läßt die Matrix einer anderen Stadt aufscheinen, auf deren Spuren der Besucher ständig in den bruchstückhaften Elementen des Gebäudes stößt. So erinnert die zuoberst aufgehängte Brücke, die in den leeren Raum hinausragt, an die Existenz eines unbekannten Stadtgebiets, zu dem ihre fehlenden Enden gehören. Die Unvollständigkeit der Brücke versinnbildlicht die Unhaltbarkeit dieses Raumes, der nur in Andos Vorstellungswelt existiert. Der fragmentarische Charakter der formalen Elemente schafft nicht nur dramatische Zwischenräume und dynamische Bewegungen, sondern durchbricht auch durch die Aufhebung der räumlichen Zentralität das geschlossene System der architektonischen Bedeutung. So erscheint die Gebäudehülle weniger als eigenständiges Werk denn als ein ausgegrabener Teil von Andos imaginärer Stadt, der dank der unmittelbaren Beziehungen zwischen den räumlichen und formalen Elementen und aufgrund des bruchstückhaften Charakters ihrer Form die Existenz einer größeren urbanen Struktur andeutet, von der er nur ein Teil ist.

Vladimir Krstic

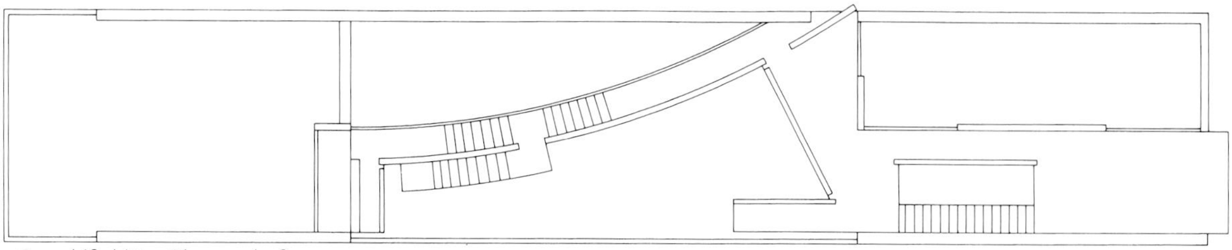

Grundriß drittes Obergeschoß

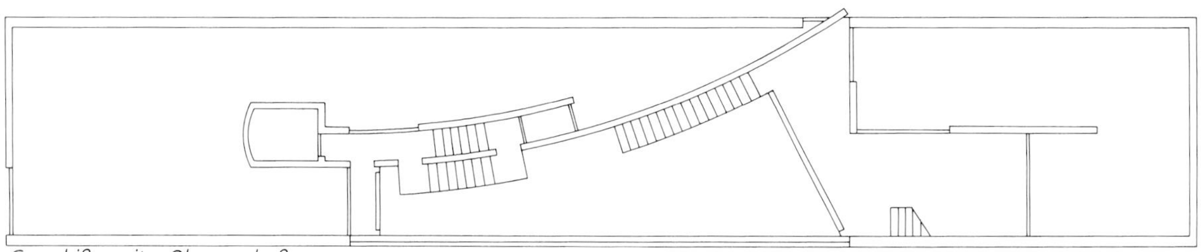

Grundriß zweites Obergeschoß

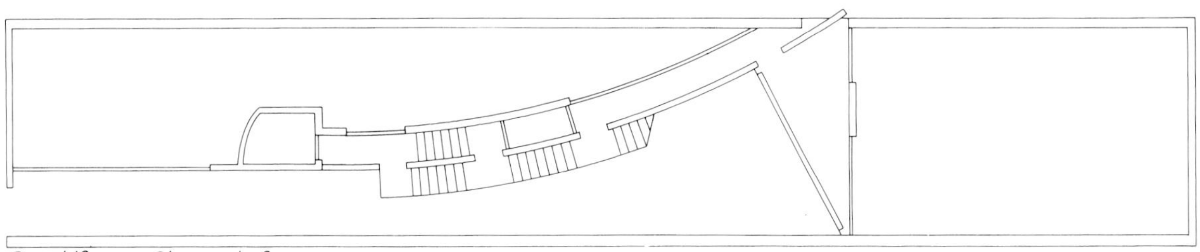

Grundriß erstes Obergeschoß

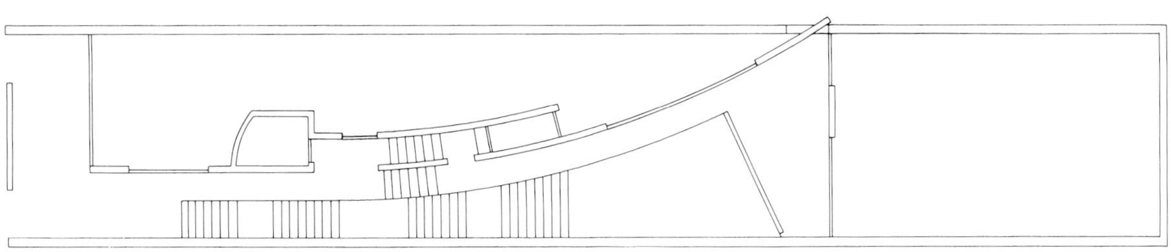

Grundriß Erdgeschoß

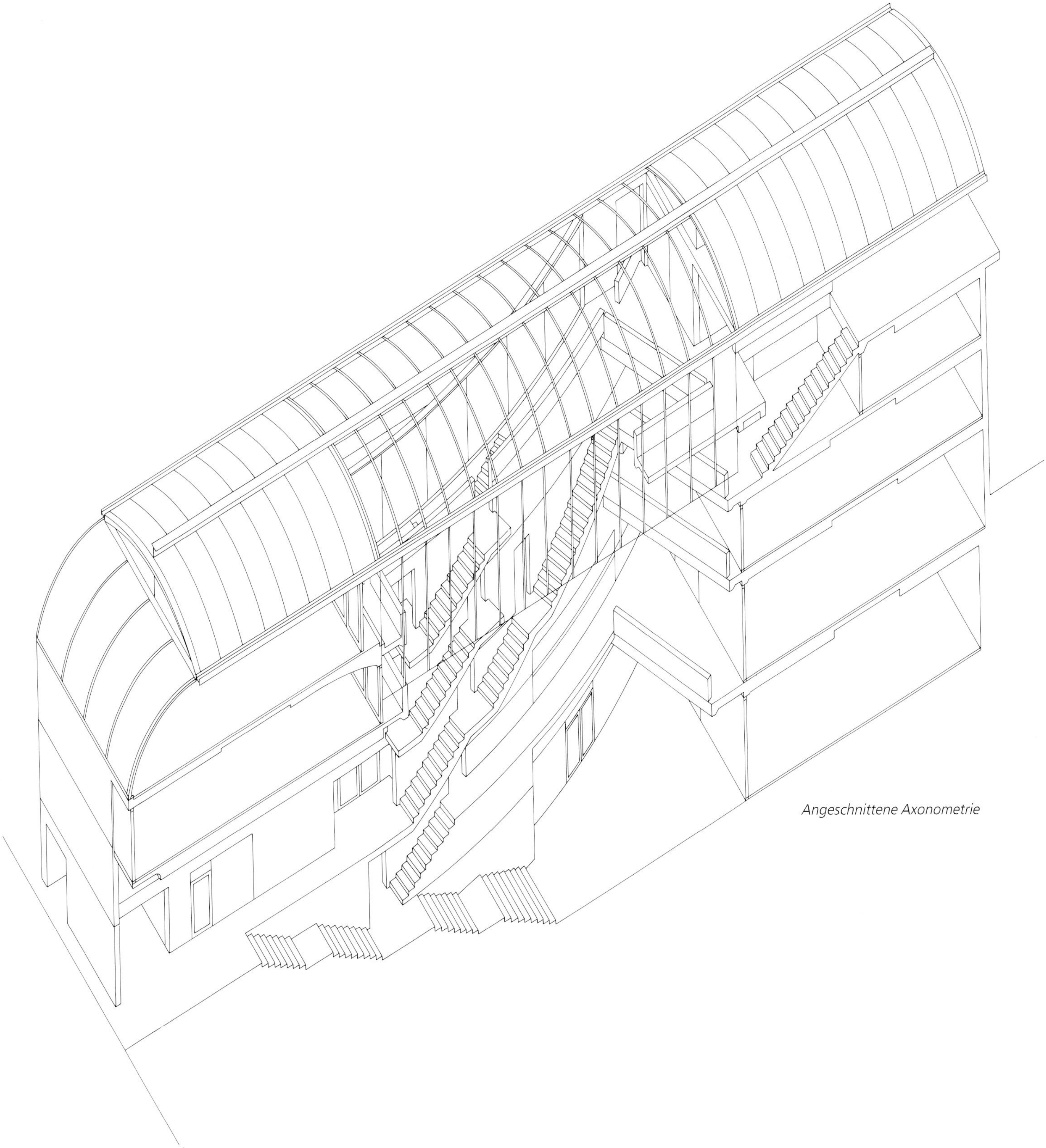

Angeschnittene Axonometrie

Kirche mit Lichtkreuz • Ibaraki • Präfektur Osaka • 1989

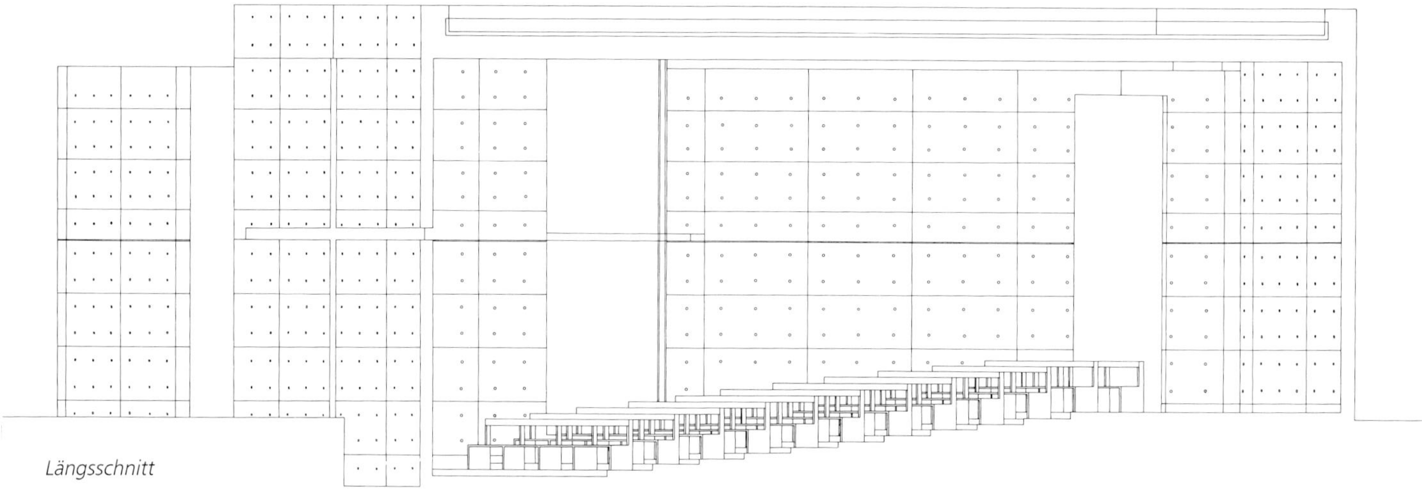

Längsschnitt

Die zeitgenössische Architektur steht unter dem Einfluß wirtschaftlicher Rationalität. Jedes Ding wird durch seinen Preis bestimmt, und es gibt keinen Raum für humane Erwägungen. Kann Architektur heute nur als kommerzielles Produkt existieren? Dinge werden als Massenware behandelt: Sie werden hergestellt und wieder vernichtet, als ob das Schaffen oder Benutzen eines Dings etwas Verächtliches oder Beschämendes wäre. Die Kirche in Ibaraki stellt die gegenwärtige Situation in Frage. In diesem Bau fand ich meine Vorstellung bestätigt, daß die wirtschaftliche Rationalität nicht das einzige Kriterium für das Schaffen von Dingen sein darf.

Die Kirche, in einem ruhigen Wohnbezirk von Ibaraki in der Präfektur Osaka gelegen, war als Ergänzung zu einer Kapelle und dem Pfarrhaus, zwei Holzbauten, geplant. Ihre Lage wurde durch die bestehenden Gebäude und die Ausrichtung auf die Sonne bestimmt. Es handelt sich um einen Würfel, in dem man drei Kugeln, jede mit einem Durchmesser von 5,9 m, einschreiben könnte. In den Innenraum dringt in einem Winkel von 15 Grad eine Wand ein, die 18 cm tiefer ist als das eigentliche Gebäude und den Bau in einen Eingangsbereich und den eigentlichen Andachtsraum unterteilt. Das Innere senkt sich in Stufen zum Altar ab. Durch einen horizontalen und vertikalen Schlitz in der Altarwand, die ein Kreuz bilden, dringt das morgendliche Sonnenlicht ins Innere.

Grundriß

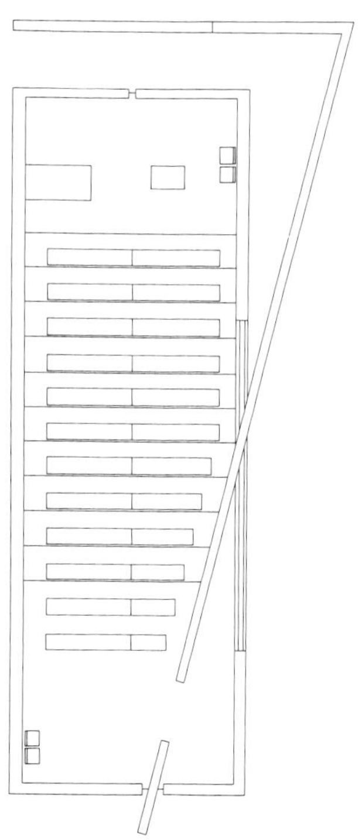

Neuere Bauwerke scheinen keinen Bezug zum Taktilen mehr zu haben. Hier jedoch bestehen Boden und Bänke aus rohen Holzbrettern; dadurch ließen sich die Kosten senken, und es wurde eine besondere Materialnähe geschaffen. Für die Gebäudeteile, mit denen die Benutzer direkt in Kontakt kommen, wählte ich stets natürliche Materialien, weil ich überzeugt bin, daß Holz und Beton für die Architektur unschätzbare Substanzen sind, und daß man sich der wahren Qualität der Architektur anhand des Baukörpers bewußt wird.

Das Gebäude hat nur sehr wenig Öffnungen, weil das Licht einen dunklen Hintergrund braucht, um richtig zur Wirkung zu kommen. Das einzige Naturelement ist hier das Sonnenlicht, und es gelangt auf äußerst abstrakte Weise in den Raum. Die sich dem Licht anpassende Architektur wird gereinigt. Das Licht bildet ein Muster auf dem Boden. In diesem wandernden Lichtkreuz könnte man ein Sinnbild für die Beziehung der Menschen zur Natur erkennen.

Tadao Ando

20

KUNIHIKO HAYAKAWA

Drei Häuser in Seijo • Tokyo • 1982 • 1983 • 1988

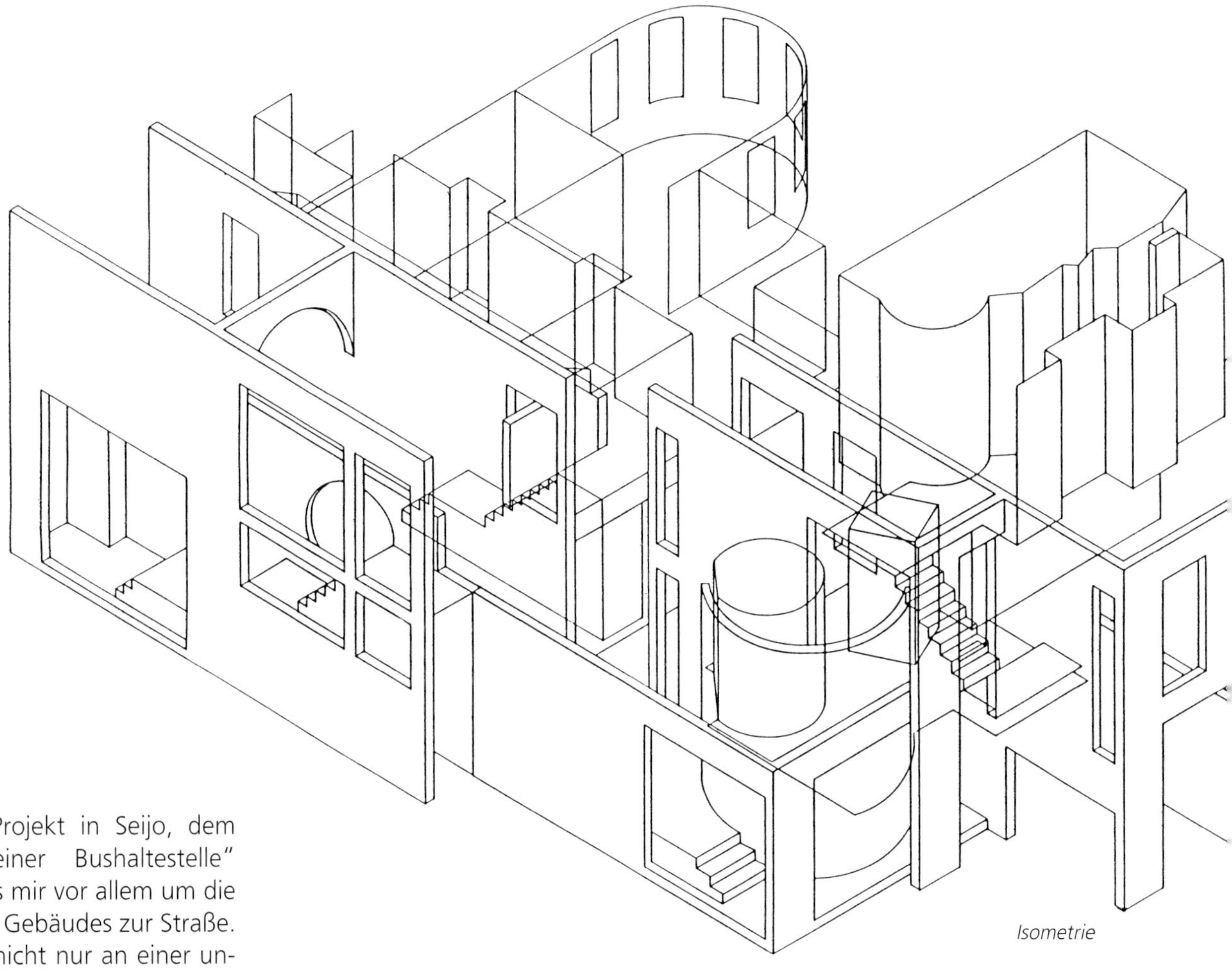

Isometrie

Beim ersten Projekt in Seijo, dem „Haus an einer Bushaltestelle" (1982), ging es mir vor allem um die Beziehung des Gebäudes zur Straße. Das Haus lag nicht nur an einer unverhältnismäßig breiten Straße, sondern zudem an einem Busstopp. So versah ich es in Richtung Straße mit mehreren Wandschichten und Öffnungen, die mit Zwischenbereichen eine klare räumliche Abstufung schaffen und das Innere vor störenden Außeneinflüssen abschirmen; umgekehrt lassen die sorgfältig angeordneten Öffnungen einige ausgewählte Lebenszeichen von innen auf die Straße dringen.

Das zweite Projekt, das „Haus an einer Kreuzung" (1983), enthält Wohnung und Arbeitszimmer eines Pianisten, die durch einen Eingangsbereich verbunden und in L-Form um einen mehr als 20 m hohen, fünfzigjährigen Tulpenbaum angelegt sind. Wie das „Haus an einer Bushaltestelle" hat auch dieser Bau eine innere „Landschaft" als Mittelpunkt, in diesem Fall einen Galerie genannten Bereich. Um den Straßenlärm abzuhalten, wurden die Öffnungen auf ein Minimum beschränkt. Indem das Wohnzimmer unter das Straßenniveau abgesenkt wurde, verschwand die direkt im Süden gelegene Tankstelle aus dem Blickfeld. Obwohl das Grundstück verhältnismäßig groß ist, besteht keine deutliche Beziehung zwischen

Gebäude und Kontext; die Verbindungen mit der Umgebung wurden bewußt abgeschnitten, ein Merkmal, das viele Wohnhäuser in japanischen Städten kennzeichnet. Die Häuser wenden sich von der Straße ab und kapseln sich nach innen ein. So wird die Straße durch die Rückfassaden der Häuser bestimmt. Aufgrund ihrer mit mehreren Öffnungen versehenen, geschichteten Wände reagieren die beiden hier vorgestellten Häuser abweisend und einladend zugleich auf die unfreundliche Umgebung.

Beim dritten Projekt, dem „Zwischenhaus" (1988), ging es wie bei den beiden anderen darum, nicht nur die Bedürfnisse der Bewohner, sondern auch die Perspektive der Fußgänger auf der Straße im Entwurf zu berücksichtigen. Alle drei Häuser präsentieren sich nun als eine mehr als 30 m lange Folge geschichteter Wände, die zwischen privatem und öffentlichem Bereich eine mehrdeutige Beziehung des halb Geschlossenen, halb Geöffneten schaffen.

Kunihiko Hayakawa

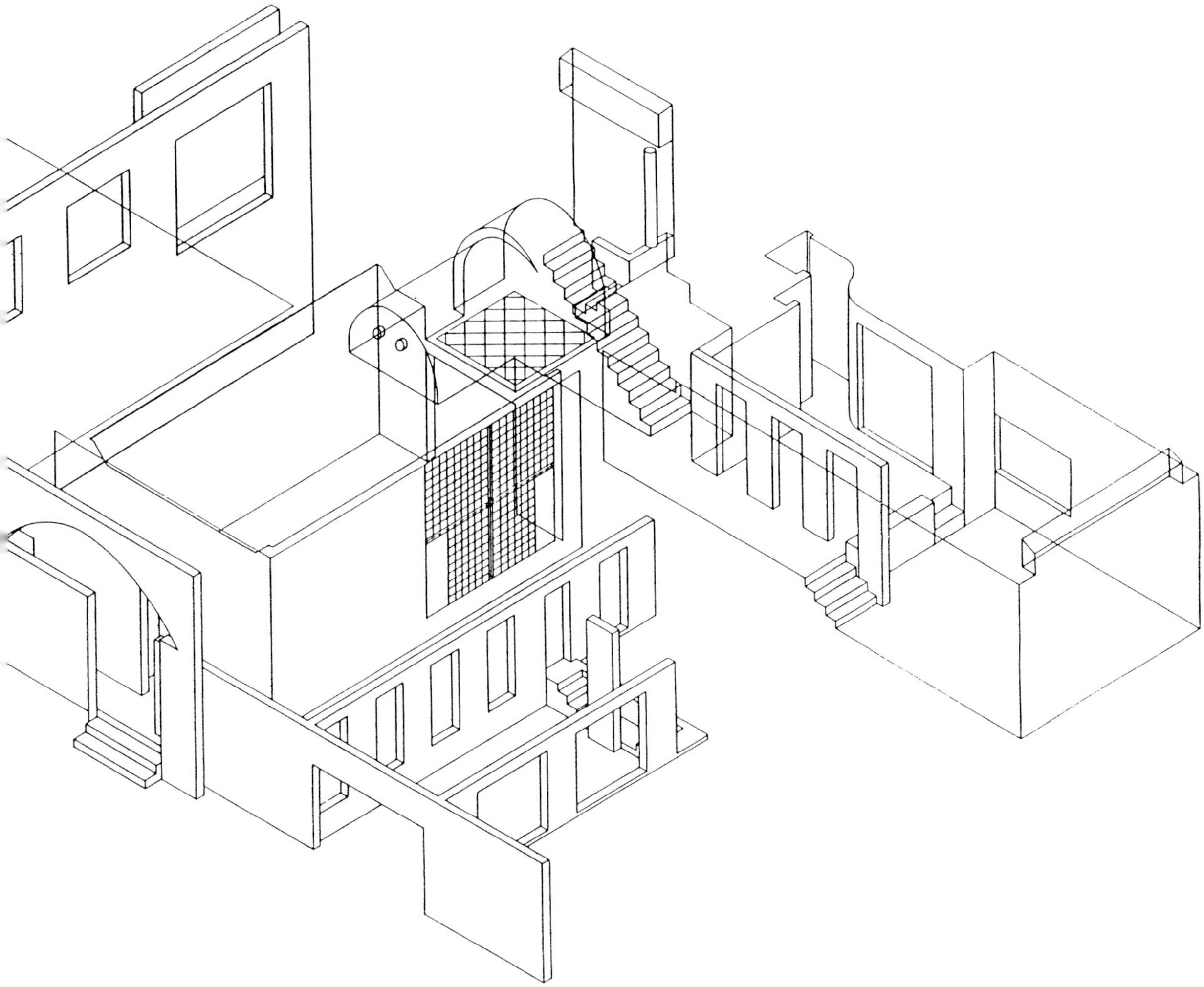

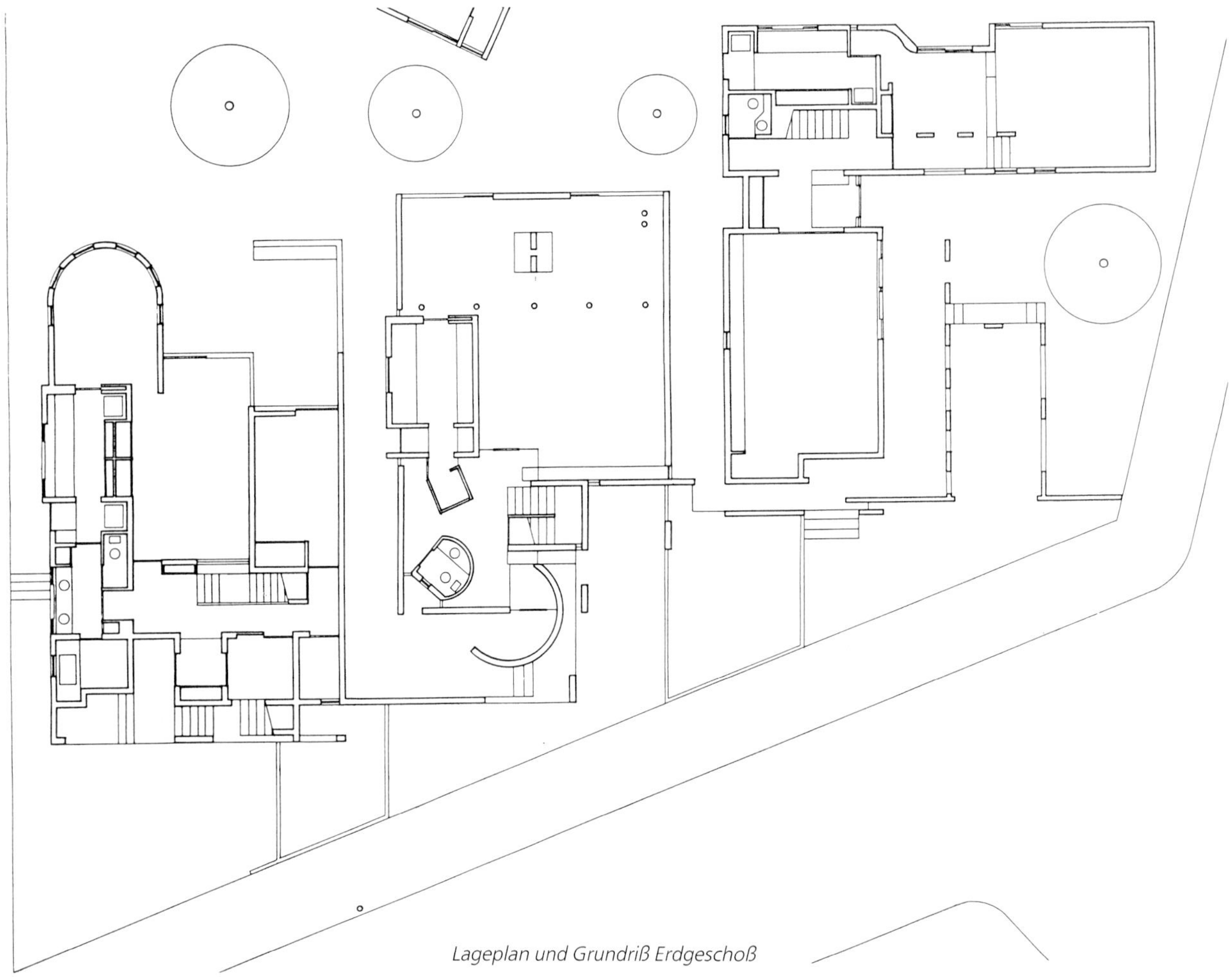

Lageplan und Grundriß Erdgeschoß

11-9
Seijo 2 Chome

TOYO ITO

Silver Hut • Tokyo • 1984

Mein eigenes Wohnhaus wird von Betonstützen mit Abständen von 3,6 m getragen und von sieben sanft geschwungenen Dächern überdeckt. Das größte der Dächer, das doppelt so breit ist wie die übrigen, spannt sich über den Innenhof und kann mit einer manuell bedienbaren Zeltplane abgedeckt werden. Die anderen sechs schützen Wohnzimmer, Eßzimmer, Küche, Schlafzimmer und den japanischen Raum. Das gesamte Dach hat das Aussehen einer Anhäufung kleiner urtümlicher Hütten.

Das Gebäude ist eingeschossig angelegt, ausgenommen der Schlaftrakt, der sich auf zwei Stockwerke

verteilt, wobei das Erdgeschoß leicht abgesenkt ist. Fast der ganze Boden, auch der Innenhof, ist mit traditionellen japanischen Dachziegeln belegt, die an den gestampften Erdboden in den *minka,* den japanischen Bauernhäusern, erinnern.

Neben den klassischen Dachziegeln wurden als Kontrast zahlreiche zeitgenössische Materialien verwendet. Dächer und Wände sind innen und außen mit Platten aus Aluminium, Zink oder anderen Metallen verkleidet. Auch die meisten Möbel sind aus Metall und frei in der Höhe verstellbar. Die 23 Oberlichter und Bullaugenfenster sind mit selbstbeweglichen Teilen ausgestattet und

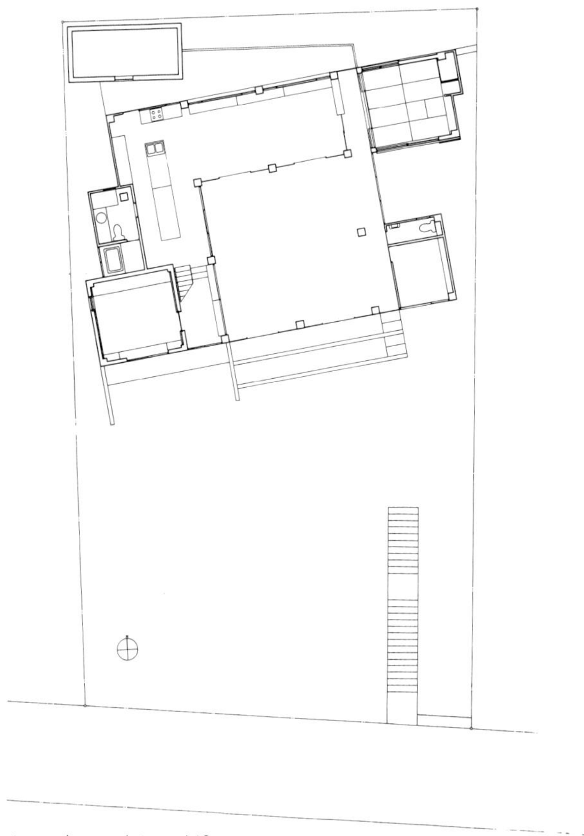

Lageplan und Grundriß

Aufriß

verleihen dem ganzen Bau das Aussehen eines landenden Raumschiffs.

Diese beiden unterschiedlichen Bildwelten – einerseits eine „urtümliche Hütte" im Sinn eines traditionellen *minka,* andererseits ein High-Tech-Raumschiff – scheinen sich auf den ersten Blick zu widersprechen. Doch genau dieses Nebeneinander ist im heutigen Tokyo auf Schritt und Tritt zu finden. Eine „urtümliche Wohnhütte" im modernen städtischen Umfeld, die den Holzhäusern der Vergangenheit gleicht, würde von silberner Farbe sein wie dieses Haus und aus preiswerten Metallen gebaut werden.

Da die tragende Struktur aus Betonstützen und Metallrahmen besteht, sind alle Wände frei beweglich. Gleich wie im traditionellen japanischen Holzhaus gibt es Räume mit verschiebbaren Wänden. Dieser offene Charakter, der Helligkeit, Anpassungsfähigkeit und Transparenz bringt, wird durch die Verwendung von gelochten Aluminiumplatten und Schiebewänden aus weißem Papier und Zeltstoffen noch betont, so daß man denken könnte, der ganze Raum wäre in eine weiche, dünne Haut gehüllt.

Toyo Ito

Pastina Restaurant • Tokyo • 1989

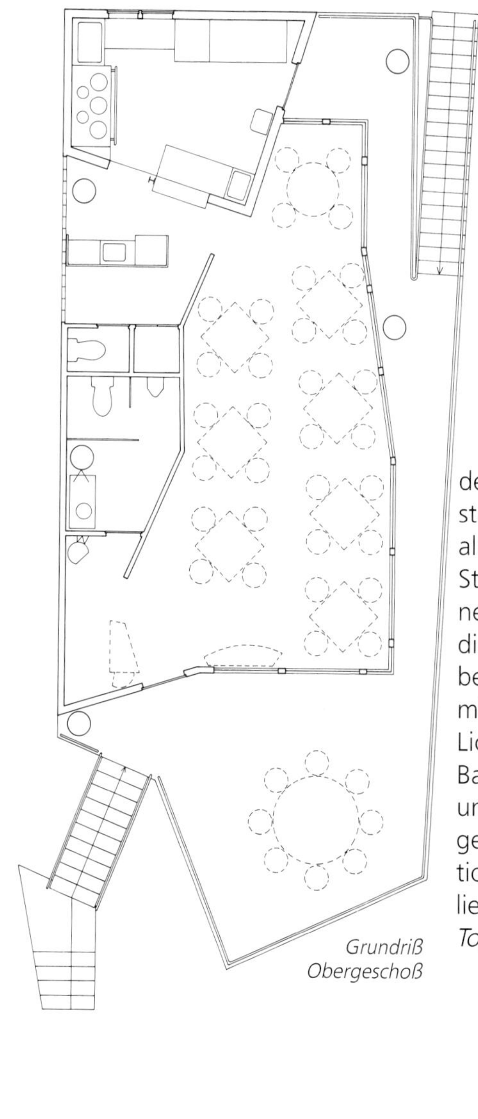

Grundriß Obergeschoß

Das Gebäude ist ein kleines Geschäftszentrum mit Restaurant an einer lärmigen Vorortstraße von Tokyo. Unter einem luftigen Dach, das an ein aufgeklapptes Zelt erinnert, wurde ein dreistöckiger Bau mit Unter-, Erd- und Obergeschoß geschaffen. Das Dach besteht aus einer Stahlrahmenkonstruktion mit dreieckigen Platten von 5 m Seitenlänge, die die Firstlinie bilden. Die beiden unteren Geschosse haben eine verstärkte Betonrahmenstruktur, und das von sechs einzelnen Stützen getragene Dachgeschoß ist zudem an Stahlstützen aufgehängt, die auf den Betonpfeilern stehen. Das Restaurant unter dem Dach wird von aluminiumgerahmten Fenstern und Stoffbahnen abgeschlossen und öffnet sich auf eine kleine Holzterrasse, die an ein Schiffsdeck erinnert. Die beiden unteren Geschosse, die vermietet sind, werden durch einen Lichtschacht auf der Westseite des Baus zusätzlich erhellt. Die Wände um die einzelnen Geschäfte des Erdgeschosses bestehen je nach Funktion aus verschiedenartigen Materialien.

Toyo Ito

NDA
CLIO

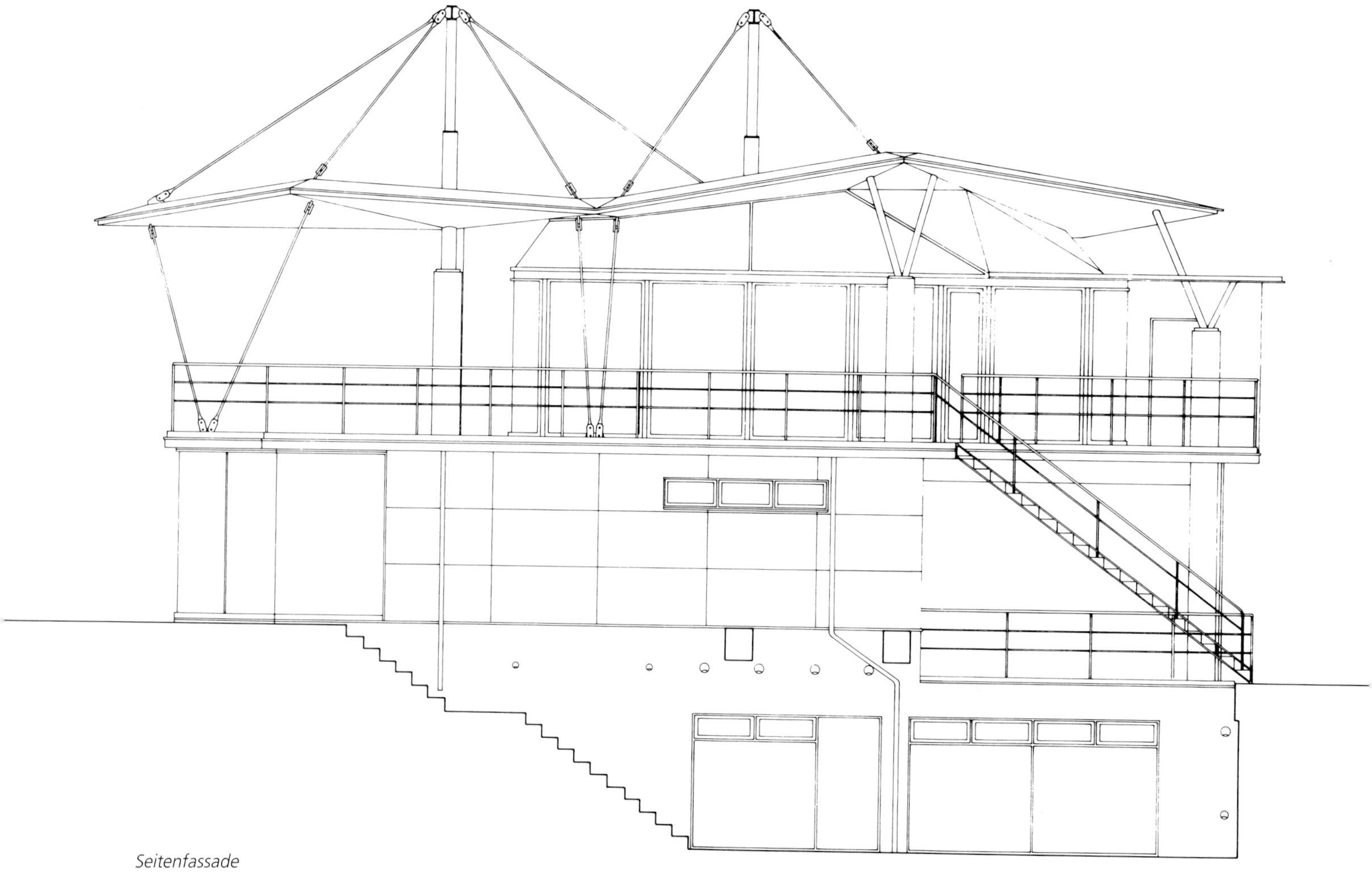

Seitenfassade

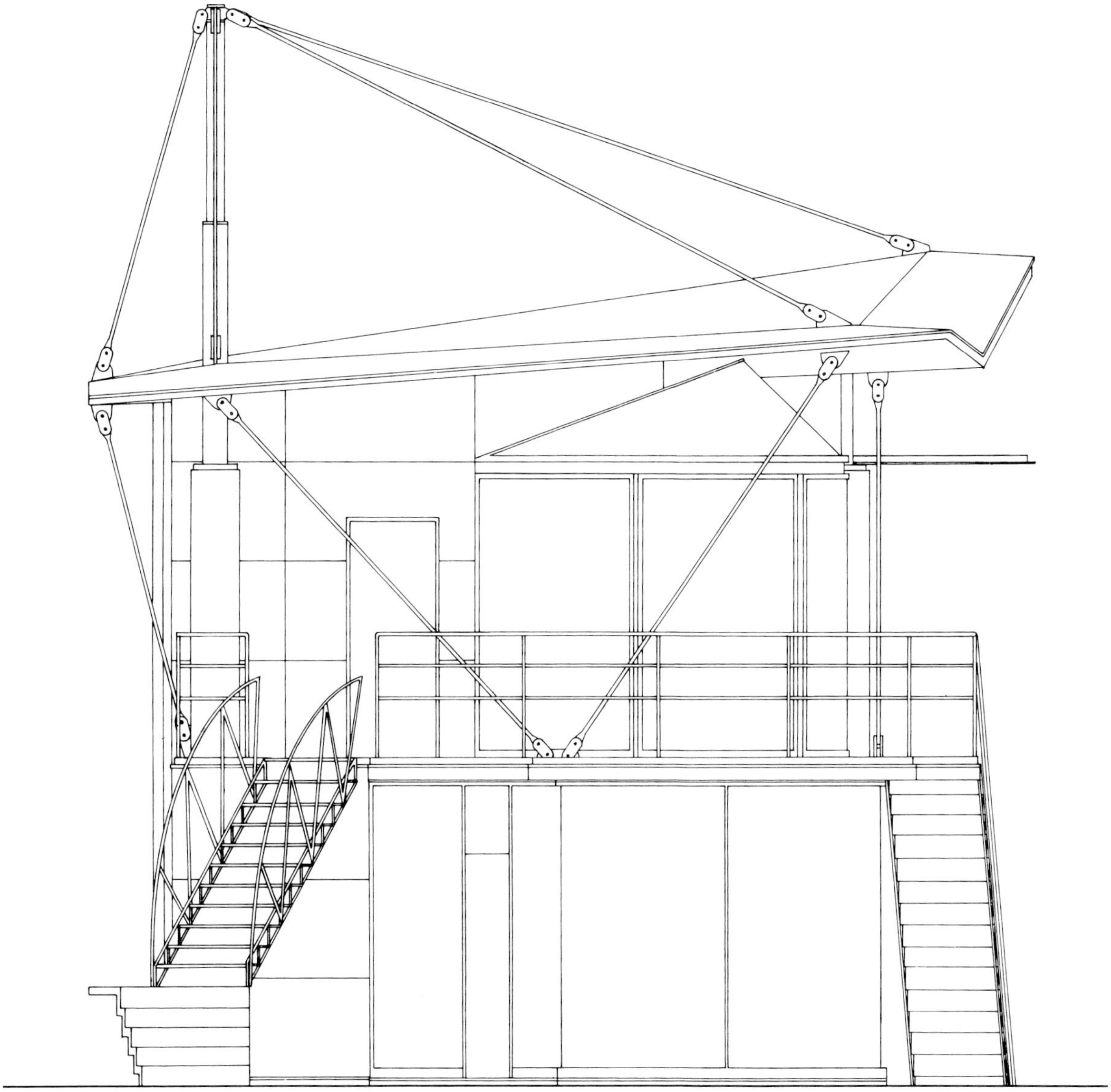

Straßenfassade

ITSUKO HASEGAWA

Haus in Oyamadai • Tokyo • 1988

Jeder Hausentwurf ist nicht nur eine Aussage über architektonische Formen oder Materialien, sondern auch über das Leben. Ideen zu ungezählten Handlungen und Gegenständen werden ausgedrückt. Wenn ich über die von mir entworfenen Häuser nachdenke, stelle ich fest, daß ich ständig versuche, „unabgeschlossene" Bauten zu schaffen, die mit der Wirklichkeit in Kontakt stehen und zeitbezogen sind.

Kurz vor dem Gebäude in Oyamadai entwarf ich ein Haus in Higashi-Tamagawa in Tokyo. Dabei war es meine Absicht, den Bewohnern ein bequemes Stadtleben zu ermöglichen und zudem den Kontakt zur Natur zu wahren. Den Mittelpunkt dieses Hauses bildeten ein kreisförmiger Hof und im Obergeschoß eine Terrasse.

Das Haus in Oyamadai entwikkelt diesen Entwurf weiter. Im Gegensatz zu dem Innenhof in Higashi-Tamagawa, der nur nach oben offen ist, ist der Hof jetzt etwas kleiner (4,5 m Durchmesser), auf die Straße geöffnet und damit in die Stadt integriert. Er verschafft Licht, ähnlich wie ein kleiner Garten in anderen Stadthäusern. Die Abgrenzung zwischen innen und außen ist nicht mehr eindeutig. Der vom Hof zu sehende Ausschnitt ist von zahlreichen linearen Elementen bestimmt und steht in Übereinstimmung mit der Tokyoter Stadtlandschaft.

Man betritt das Haus über eine leichte Stahltreppe, die auf einen Vorplatz vor dem Eingang führt. Der Blick nach draußen ist von halbtransparenten Platten und schlanken Rahmenelementen eingeschränkt. Das Obergeschoß ist ein einziger kreisförmig angelegter Raum, der Eingang, Eßecke, Küche und Wohnbereich umfaßt. Der Südseite zieht sich eine Fensterreihe entlang, die außen aus gelochten Metallplatten und innen aus Schiebefenstern besteht; dazwischen sind *shoji*-ähnliche durchsichtige Acrylplatten befestigt. Zusammen bilden diese Elemente

売出し現場
(株)シティホーム
学芸大店
03 794-2711
0-1811

Grundriß Erdgeschoß

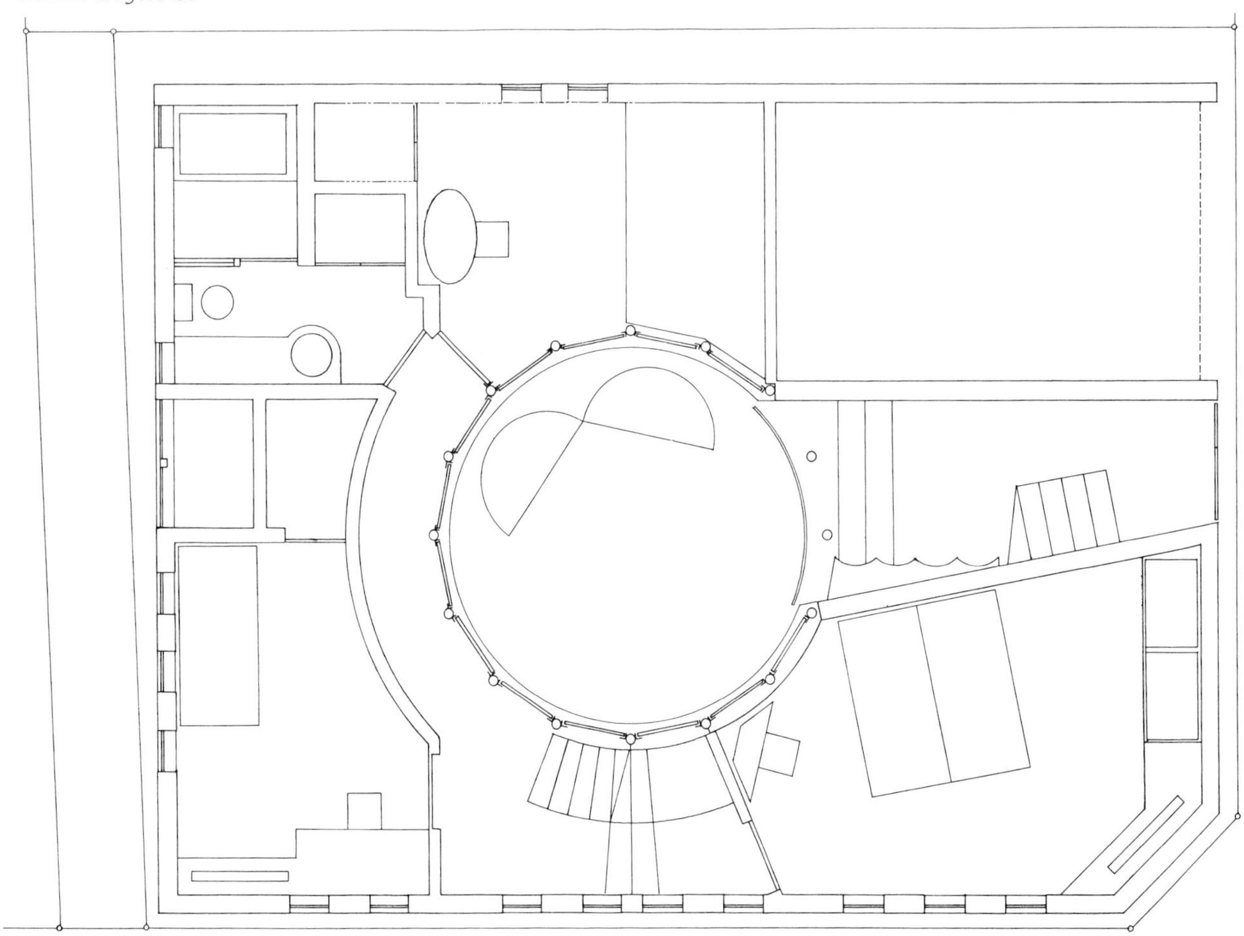

Grundriß Obergeschoß

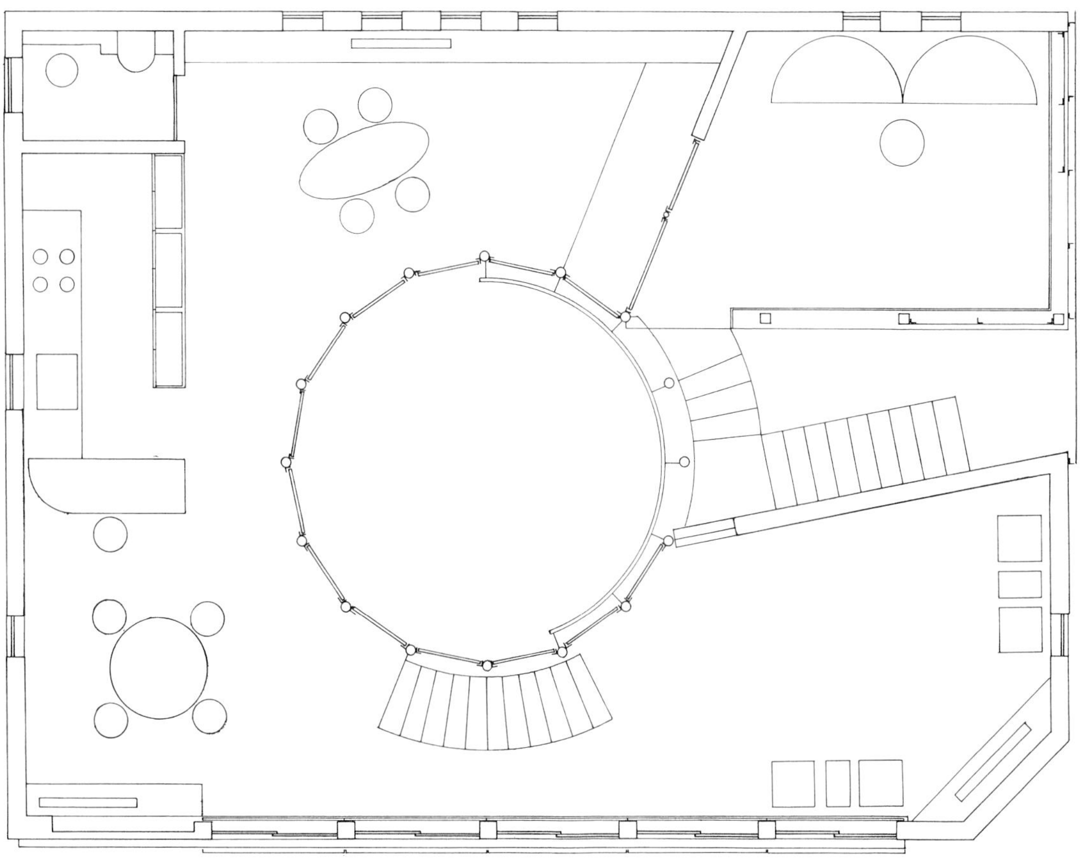

eine helle Wand. Dank dieser Fensterwand und des Innenhofs ist das ganze Obergeschoß gut erleuchtet und gelüftet. Die Schlafzimmer liegen abgeschirmt im Erdgeschoß, während sich in dem durch eine Rampe zugänglichen Keller ein Spielzimmer und die Garage befinden.

In städtischen Agglomerationen rund um die Welt und in Tokyo im besonderen ist die Architektur kalt und abweisend geworden und hat mehr und mehr ihren Sinn verloren. Die Leute werden sich dessen immer deutlicher bewußt und verlangen nach einer empfindsameren, offeneren Gestaltung, die der zunehmenden Verdichtung und der sich wandelnden Lebensweise Rechnung trägt. Die Architektur kann sich nur öffnen, wenn sie das menschliche Verhalten in den Entwurf miteinbezieht.

Itsuko Hasegawa

Shonandai Cultural Center • Fujisawa • 1989 (erste Etappe)

Südfassade

Das Shonandai Cultural Center beruht auf einem Projekt, das in einem öffentlichen Wettbewerb der Stadt Fujisawa den ersten Preis gewann. Es ging darum, einen Pavillon für Kinder, ein Gemeinschaftszentrum und ein Theater miteinander zu verbinden. Im Kommentar zu meinem Projekt schrieb ich, das Gebäude müsse „ein Ort sein, der sich vielen verschiedenen Bevölkerungsklassen anpassen kann: Kindern und Erwachsenen, Frauen und Männern, Behinderten und Nichtbehinderten. Es darf sich dabei nicht um ein einziges Gebäude handeln, sondern um einen Komplex, mit dem ein besonderer Ort geschaffen wird. Dieser muß viele Gesichter haben und ständig in Bewegung sein; er muß (...) nicht nur die Welt, sondern das Universum enthalten."

Kurz darauf erhielt ich den offiziellen Auftrag, das Zentrum zu entwerfen. Zu meiner großen Überraschung hatte ich plötzlich Gelegenheit, mit den Bürgern von Fujisawa in direkten Kontakt zu kommen. Viele Einwohner waren gegen den Bau einer unterirdischen Anlage. Einem ersten Gedankenaustausch folgten Dutzende von Sitzungen.

湘南台
家具センター
内科

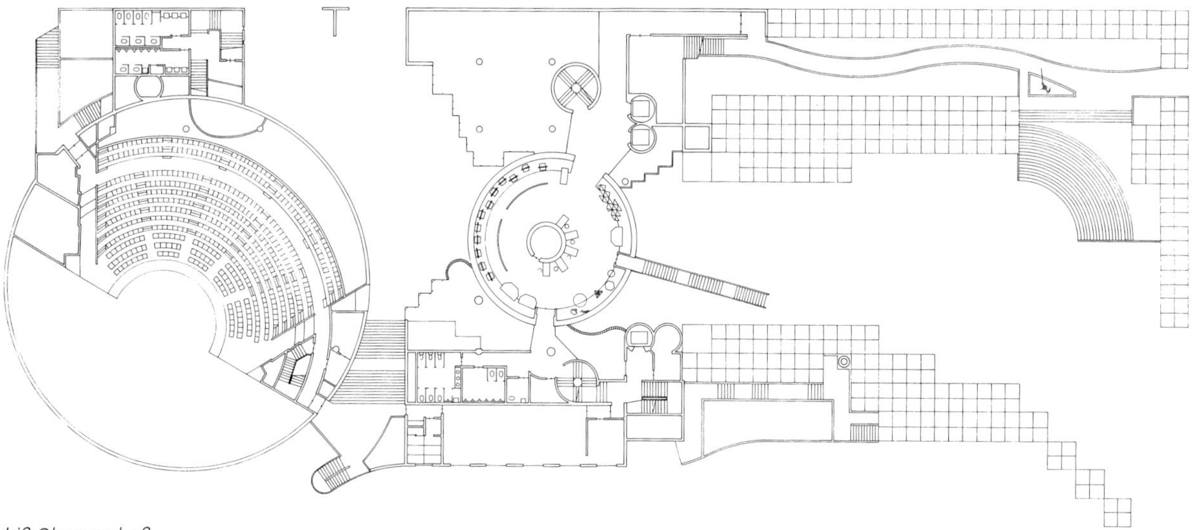

Grundriß Obergeschoß

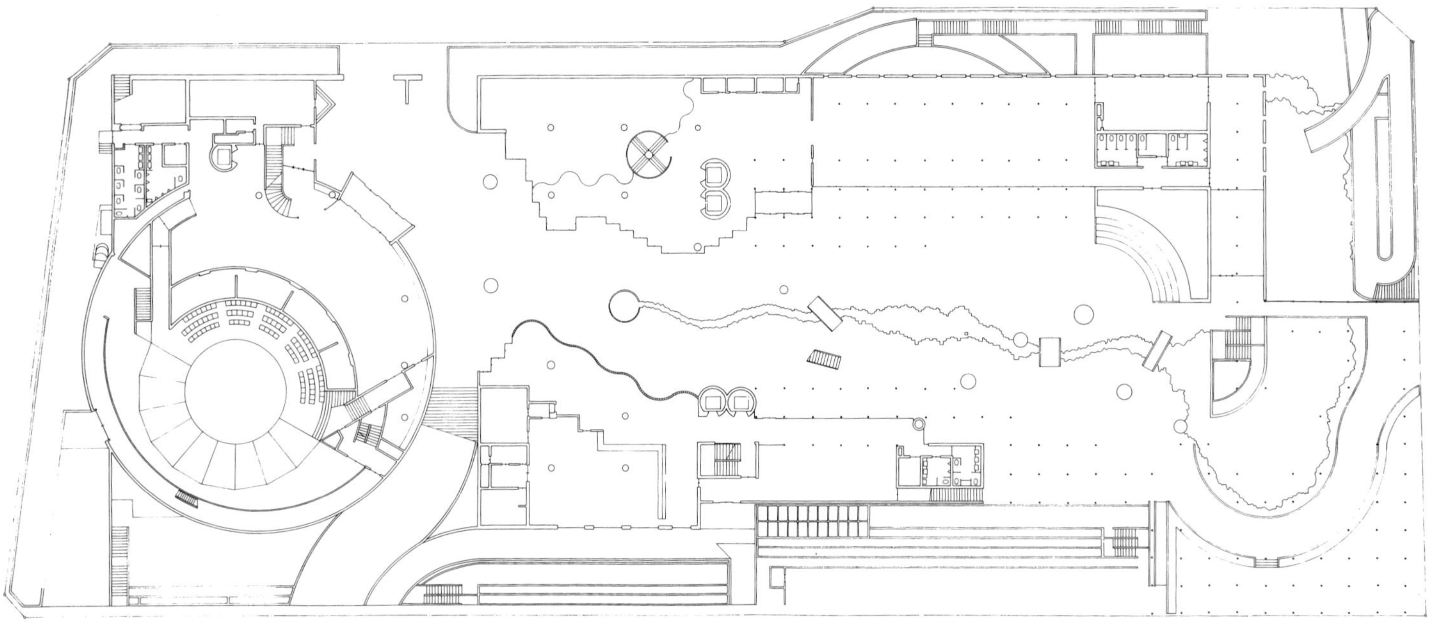

Grundriß Erdgeschoß

Das Wettbewerbsziel, das auf einem starren Konzept beruhte, wurde weniger eng gefaßt; es ging nun um die architektonische Umsetzung einer Gemeinschaftsidee.

Das Gesamtvolumen des Baus ist im Verhältnis zum Grundstück sehr groß. Rund zwei Drittel steckte ich in eine moderne schachtelähnliche Struktur, die viel Planungsspielraum ließ, und verbannte sie zum Teil unter die Erde. In Übereinstimmung mit dem allgemeinen Thema – das Verständnis der eigenen Herkunft wie der Welt und des Universums zu vertiefen – wurden Sphären (eine Erdkugel, eine geodätische Kuppel, eine Mondkugel, ein Modell des Weltalls), die ein futuristisches, kosmisches Umfeld schaffen, und Reihen gestaffelter Dachstrukturen, die an Wälder oder Bauerndörfer erinnern, auf dem Grundstück errichtet. Der verbleibende Raum ist als Garten mit Bach, Teich, Gewächshaus und verschiedenen Unterständen angelegt. Überdies kann man auf einem Weg einen Dachgarten begehen. Man kommt an Dachgruppierungen vorbei, die an Berge,

Längsschnitt

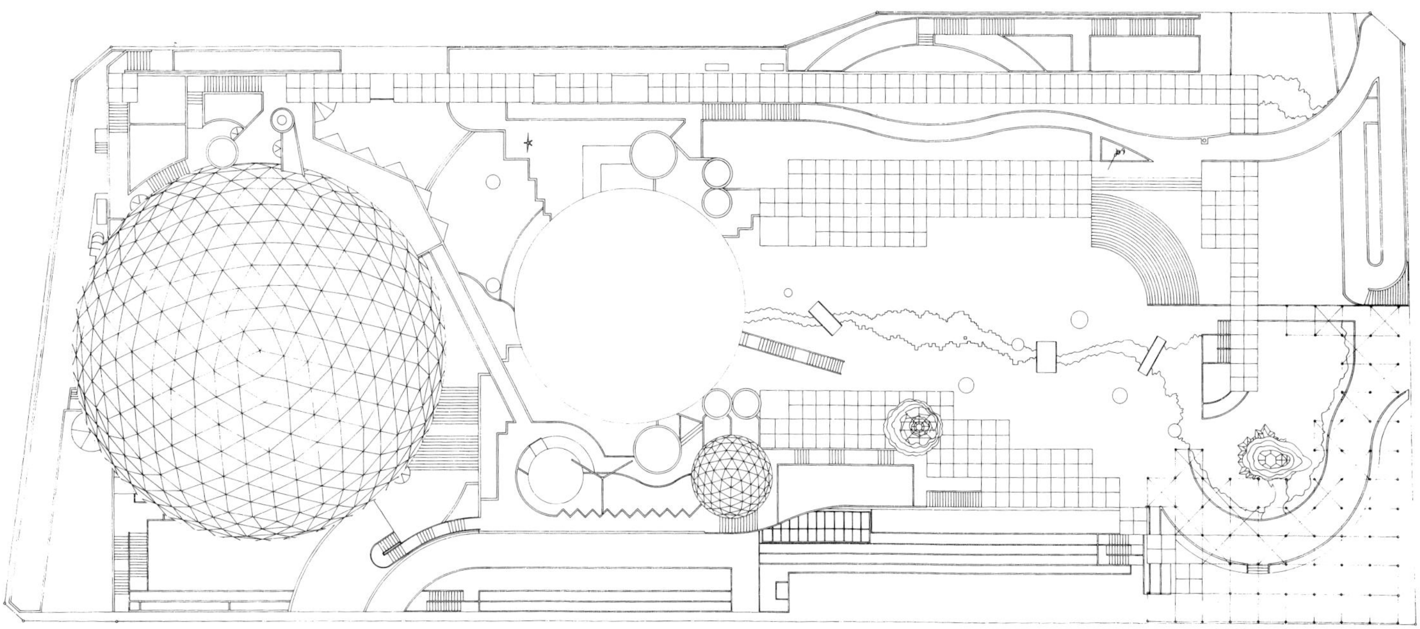

Grundriß Dachgarten

an die Erde oder an Sterne erinnern. Durch Licht, Wind oder Ton aktivierte Einrichtungen, ein Turm der Winde und des Lichts sowie ein „Baum" mit eingebauter Uhr wurden dem Weg entlang aufgestellt. Die Räume und Gänge des Untergeschosses liegen an einem versunkenen Garten, in dem man sich von der Natur umfangen fühlt.

Seit längerem verstehe ich die Architektur als eine andere Form von Natur. Anstatt sie als etwas zu betrachten, das nach verstandesmäßigen Kriterien in einer bestimmten Form errichtet wird, sollte sie meines Erachtens in Begriffen der Natur formuliert werden. Ein Hauptthema dieses Projekts war es, jene Dinge zu bejahen, die vom Geist der Rationalität abgelehnt werden – die Welt der Gefühle und der weiche, von der Natur geschaffene Raum –, und eine von neuen Naturformen erfüllte Landschaft einzurichten, in der man den Klängen des Universums zuhören kann.

Itsuko Hasegawa

KAZUNARI SAKAMOTO

Haus F • Tokyo • 1988

Im Kontext einer städtischen Agglomeration, in der Schnellstraßen Wohnviertel durchschneiden, östliche und westliche Ideologien unvermittelt aufeinanderprallen, Nostalgie gegen Zukunftsglaube steht und eigenständiger Ausdruck in einem Strom nationaler Anonymität unterzugehen droht, sucht Kazunari Sakamoto nach einem Haus, das dem modernen Tokyo entspricht. Er will ein Umfeld schaffen, das Leben ermöglicht, nicht ein Objekt mit altvertrauten Fassaden, die veraltete Ideen spiegeln.

Im Haus F verwirklichte Sakamoto die asiatische Idee einer Unterkunft unter einem geschwungenen

Dach, das von Stützen getragen wird. Elemente wie das Dach, die Stützen oder die Wände werden nicht als eine über die Natur gelegte Defensivordnung verstanden, sondern als Methode, die Aufmerksamkeit auf bestimmte Orte innerhalb eines natürlichen Chaos zu lenken. Die konkaven Dachpartien beispielsweise gleichen parabelförmigen Kurven in ihrer Rückführung bestimmter Strahlen auf einen Punkt. An solchen Orten können sich menschliche Arbeit und Zusammenarbeit orientieren.

Hinter tragenden Wänden westlicher Art schafft Sakamoto jedoch auch Refugien für einzelne Fa-

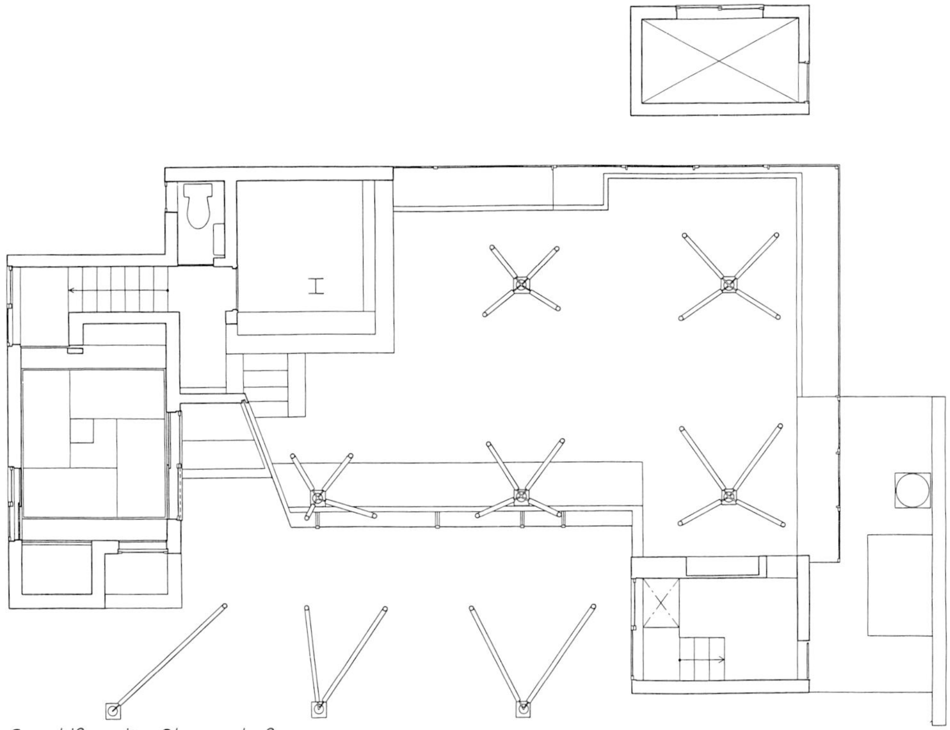

Grundriß zweites Obergeschoß

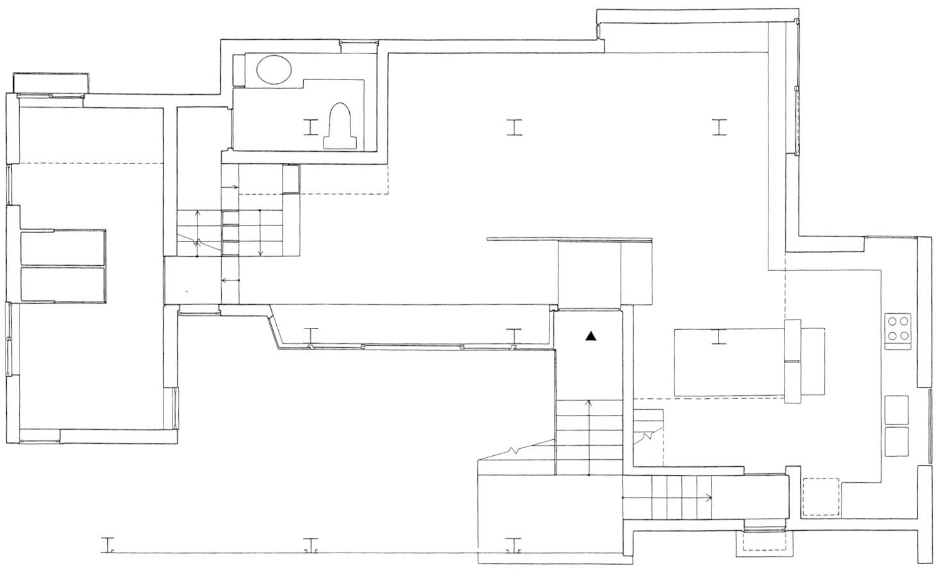

Grundriß erstes Obergeschoß

Grundriß Erdgeschoß

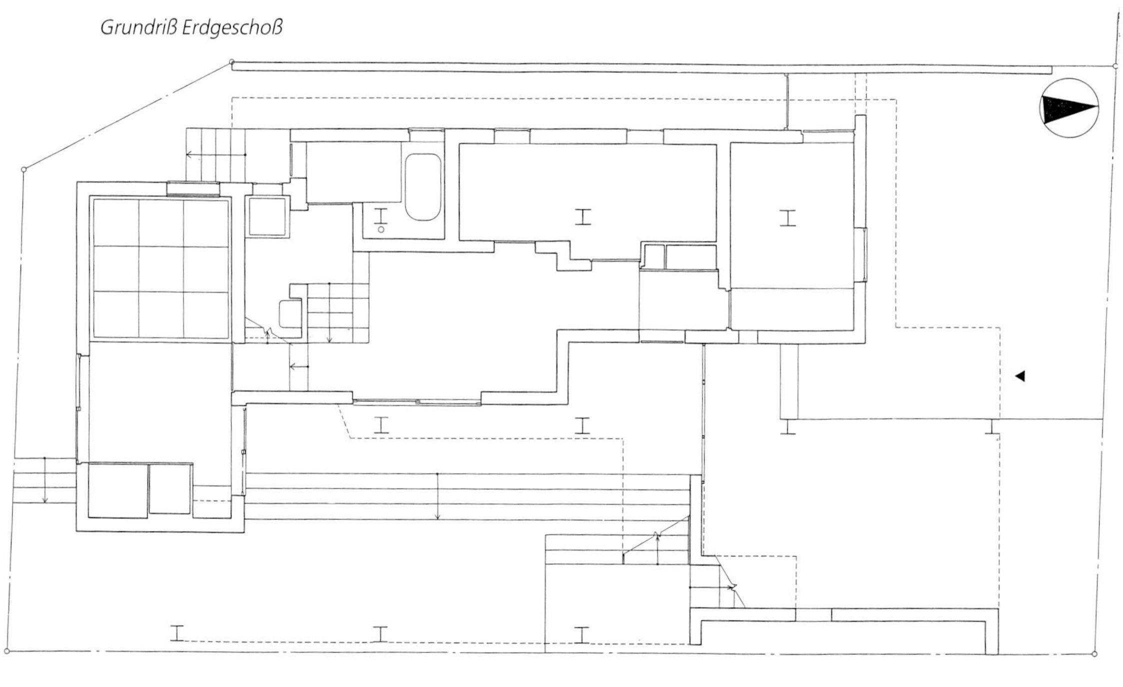

milienmitglieder. Gleich wie die Familie nicht länger die kleinste, gegen die Gesellschaft gesetzte Einheit ist, schottet sich das Haus nicht mehr gegen die gebaute Umwelt ab. Es ist aufgebrochen, um einen Lebensstil zu schützen und zu fördern, der sich den Einflüssen der Kommunikationsgesellschaft offen stellt.

Insofern Sakamoto im Haus F ein modernes Vokabular verwendet, um menschliche Werte durchzusetzen, äußert er sich optimistisch über die Funktion der Architektur: Gestaltung vermag das Verhalten zu ändern, ist also mehr als dessen Nebenprodukt.

Glynis M. Berry

YASUMITSU MATSUNAGA

Inscription House • Tsukuba • 1987

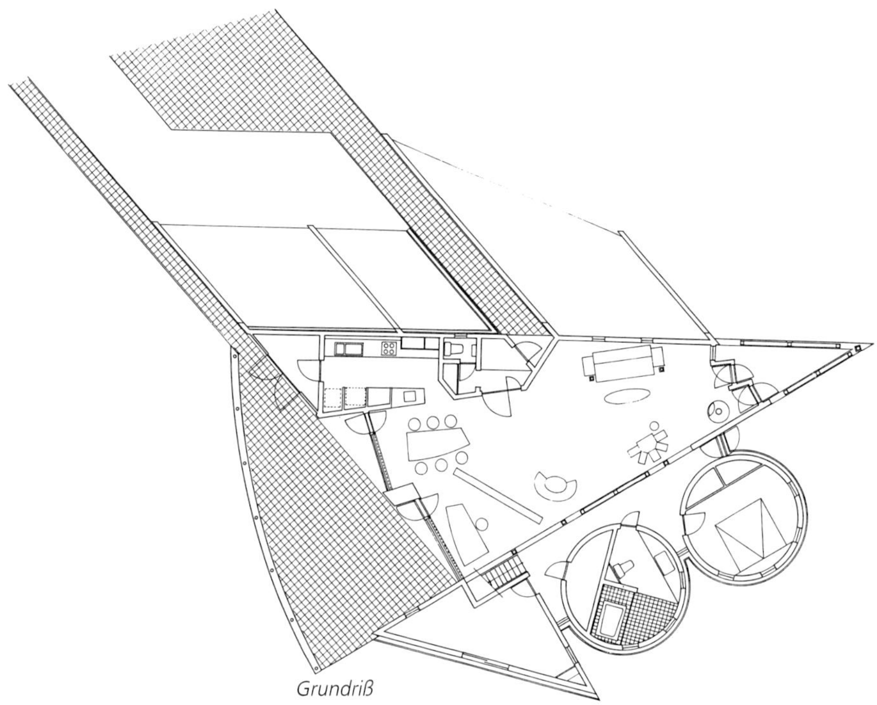

Grundriß

Lageplan

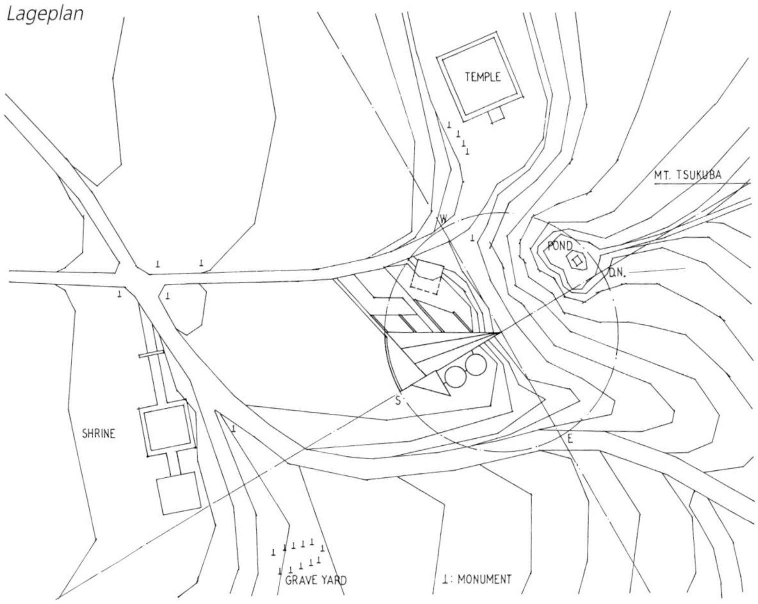

Vor einigen Jahren, als die postmoderne Architektur noch die Welt zu beherrschen schien, hatte die gesamte moderne Zivilisation meiner Ansicht nach den tiefsten Punkt des Nihilismus erreicht. Wahllose Anwendung historischer Motive, Übergenauigkeit des High-Tech, gewollt abstruse Dekonstruktion oder scheinbar überzeugender Kontextualismus – all das hatte für mich seinen Glanz verloren, während ich überall nach den letzten reinen Bildern Ausschau hielt, wie sie, um den deutschen Filmregisseur Werner Herzog zu zitieren, ein Besucher aus dem Weltraum entdecken könnte, wenn er die Wälder oder Weizenfel-

der der Erde erblickte. Ich wünschte mir unschuldige Augen, um die Welt so zu sehen, wie sie ist, ich wünschte mir eine Architektur ohne Vorurteil, wie sie ein Engel entwerfen würde, der zum erstenmal auf die Erde kommt. Die „urtümliche Hütte" des Abbé Laugier war nur ein Beispiel. Es brauchte eine Unzahl von Bildern, wie es eine Vielzahl von Vogelnestern gibt.

Das für einen Computerkünstler entworfene Haus liegt auf einem Hügel im Nordosten der Stadt Tsukuba, mit Blick auf den gleichnamigen Berg, unweit eines Tempels, der auf eine beinahe tausendjährige Geschichte zurückblicken kann und zu dem auch ein ausgetrockneter Teich gehört. Im Süden stößt man auf einen alten Friedhof. Auf dem Grundstück selbst wuchs ein dichter Bambushain voller Geister. Wie ließ sich Computerkunst mit einem solchen Genius loci vereinen?

Das Grundstück ließ mir genügend Freiheit, eine Art „Earthwork" zu entwerfen, das ständig Botschaften ausstrahlt, deren Sender und Autor unbekannt bleiben, ähnlich wie die Zeichnungen von Nazca. So nannte ich den Bau nach einem Ausdruck von Richard Serra „Inscription House".

In einer stillen Mondnacht fliegt ein riesiger Vogel Richtung Norden, auf den Gipfel des Berges Tsukuba, zu. Bei einer Rast legt er zwei Eier. Niemand weiß, warum all das so ist, obwohl ich zahlreiche praktische Antworten bereit hätte. Weil es am billigsten ist, sind die Wände mit Metallplatten verkleidet, und aus klimatischen Gründen ist der Boden mit schwarzen Fliesen belegt, während sich ein Ventilator an der Decke dreht. Die Aufschüttung im Nordwesten ist ein Schutz gegen die eisigen Winterstürme, die vom Berg Tsukuba herabfegen. Doch diese Erklärungen besagen nicht viel. Ich hatte mir nur den Flug eines Riesenvogels, eine fliegende Architektur, gewünscht.

Yasumitsu Matsunaga

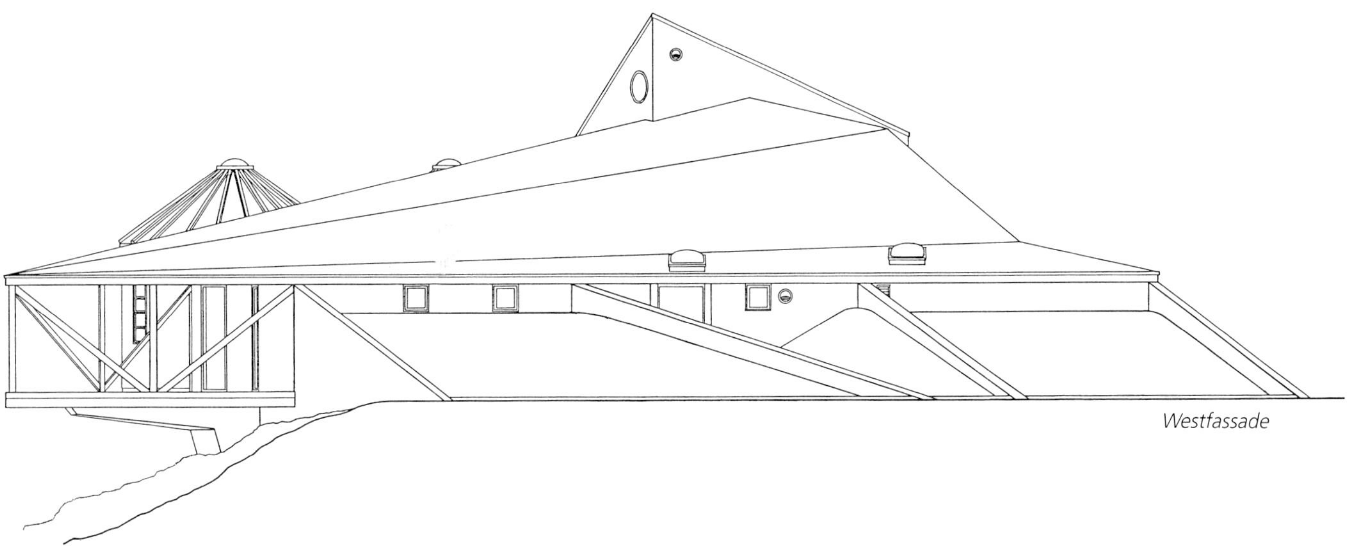

Westfassade

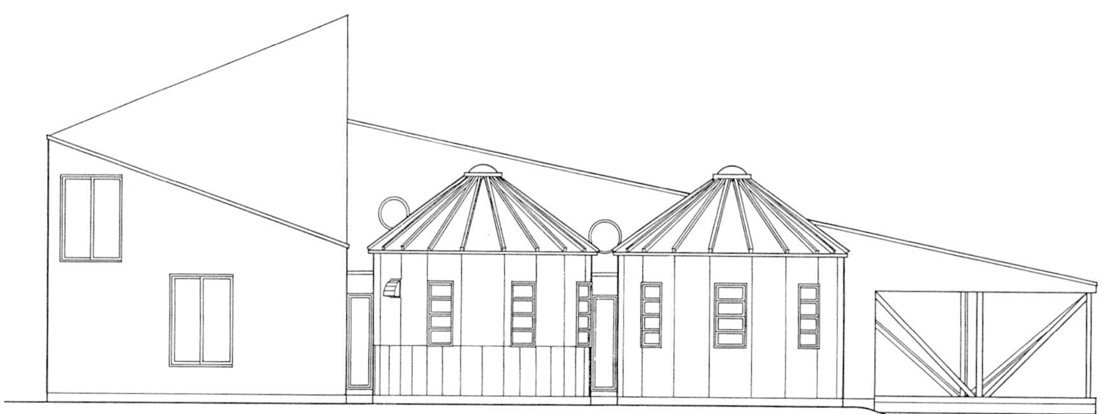

Ostfassade

T-Haus • Higashi-Kurume • Tokyo • 1988

Dieses Haus, das im Garten des Hauses meiner Mutter liegt, baute ich für meine Schwester. Es sollte einen Raum für private Konzerte umfassen, sehr sonnig sein und das Haus unserer Mutter möglichst wenig stören. Dieses Programm führte zu einem Grundriß in Form eines Dreiecks, das von einem Halbkreis durchdrungen wird; dieser schafft im Obergeschoß Raum für eine Halle mit Lichtgaden. Im Erdgeschoß liegen Eingang, Schlafzimmer, Arbeitszimmer, *tatami*-Raum, Badezimmer und Abstellraum. Aus Preisgründen ist die Tragstruktur aus Holz, und die verwendeten Materialien sind ebenso preiswert wie handelsüblich.

Kurz bevor ich mit dem Entwurf des Hauses begann, stieß ich in einer Untersuchung des britischen Kritikers Peter Fuller auf den Ausdruck

„Biophilie", der von dem umstrittenen amerikanischen Soziologen E. O. Wilson geprägt worden war, um die menschliche Neigung zu bezeichnen, eigene Schöpfungen mit Gestalt und Struktur von Lebewesen zu vergleichen.

Aufgrund der gewaltigen Fortschritte der Wissenschaft wurden die Grundsätze der Erkenntnislehre erschüttert. Vor allem die Entdeckungen im Bereich der Elementarphysik und Biogenese wirken sich auf die Metaphysik aus. Die Wissenschaft, so scheint mir, nähert sich immer mehr dem transzendentalen Denken, während man die rationale Logik dem Computer überläßt. So geht es heute nicht mehr um logische Konstruktion und Wahrheitssuche, sondern um tiefere Einsichten. Die Verschmelzung von Physik und Metaphysik kann uns vermutlich ein besseres Verständnis der Biophilie ermöglichen.

Für Mircea Eliade, den Erforscher der Mythen und Religionen, ist die Architektur der Versuch, ein Modell der Welt, Imago mundi, zu entwerfen. Da sich jedoch das Weltbild der Wissenschaft radikal verändert hat, muß sich auch die Architektur, insofern sie die Welt spiegelt, einem

Grundriß Obergeschoß

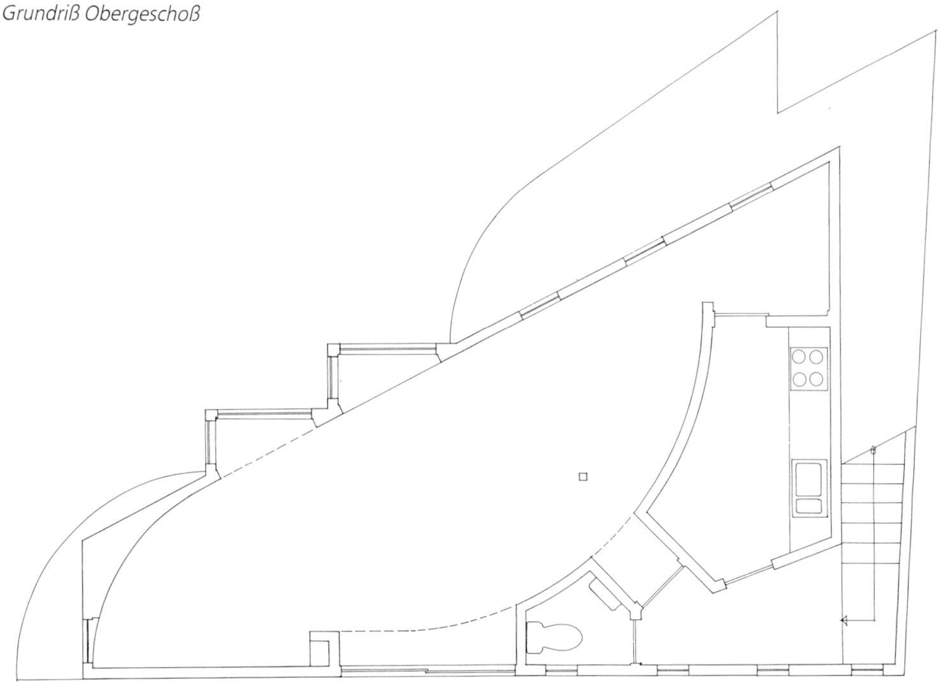

Grundriß Erdgeschoß

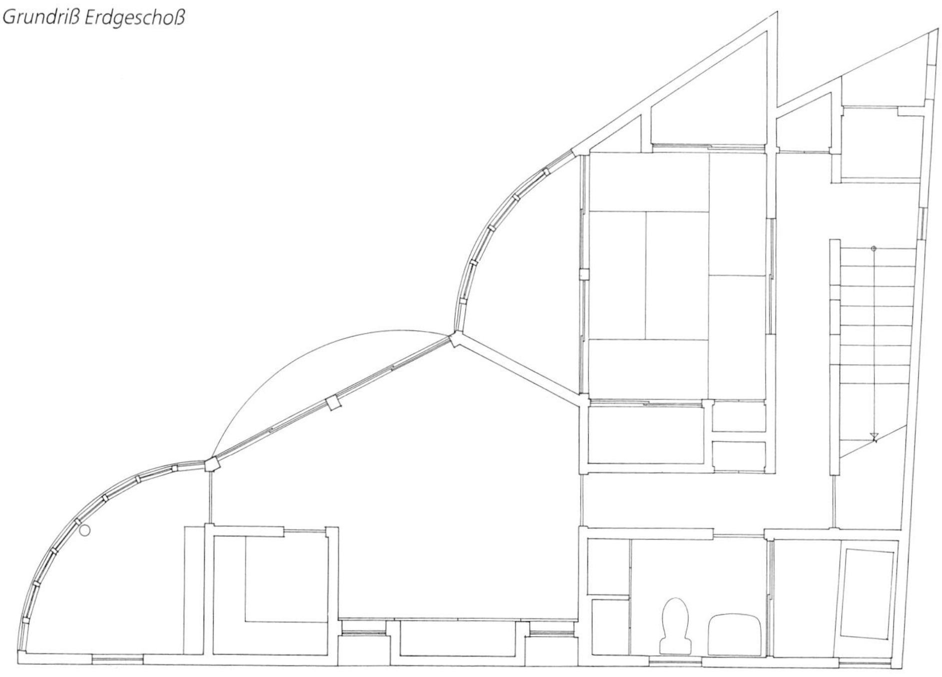

grundlegenden Wandel unterziehen. Mit diesen Gedanken im Hinterkopf begann ich das Haus zu entwerfen. Obwohl die Bauherrin etwas im konventionellen frühamerikanischen Stil erwartet hatte, war sie mit meinem eigenwilligen Entwurf zufrieden, der sie irgendwie an die Gestalt eines Vogels oder Schmetterlings erinnerte.

Das Innere ist als höhlenartiger, doch heller Raum entworfen, den man über eine Treppe mit erzwungener Perspektive betritt. Um der Vorstellung als Imago mundi zu entsprechen, muß das Haus Sonne, Mond und Sterne „enthalten". Die Eingangstür hat ein kleines pyramidenförmiges Fenster mit Spiegelglas, das Symbole der Sonne und Gestirne zeigt, und die Öffnungen der Treppenwand versinnbildlichen Halbmond und Sterne.

Die Tatsache, daß dieses Haus von einer sonst äußerst konservativen Bauherrin begeistert aufgenommen wurde, bestätigte mein Vertrauen in das Konzept der Biophilie und den allgemein festzustellenden Wandel des Weltbilds. Meiner Ansicht nach dürfen wir Architekten, da wir uns mit den Grundbedingungen des menschlichen Lebens zu befassen haben, diesen Aspekt nicht mehr aus den Augen verlieren.
Yasumitsu Matsunaga

OSAMU ISHIYAMA

Chohachi Art Museum • Matsuzaki-cho • 1986

Das gesamte Projekt umfaßt vier Etappen: ein Kunstmuseum, ein Freilichttheater, ein Volkskundemuseum und einen öffentlichen Platz. Die ersten drei Etappen wurden inzwischen abgeschlossen, so daß nur noch der Platz zu gestalten ist. Dazu gehört auch die Versetzung eines Ladens vor das Volkskundemuseum. Nach Abschluß aller Arbeiten werden die drei Gebäude durch den Platz verbunden, der teilweise zum Abstellen von Autos dient.

Das Kunstmuseum enthält eine Sammlung von Gipsreliefs des Bildhauers Irie Chohachi, der in der zweiten Hälfte des 19. Jahrhunderts tätig war. Irie, der auch den Namen

Izu no Chohachi trug, war einer der berühmtesten Kunsthandwerker Japans, dessen Gipsreliefs als Meisterwerke der Volkskunst gelten. Da er in seinem Berufszweig als unerreichbares Vorbild verehrt wird, verwundert es nicht, daß rund 2000 Stukkateure, darunter die besten Vertreter ihres Fachs, einem Aufruf des japanischen Stukkateur-Verbands folgten, um beim Bau des Museums mitzuhelfen. Das Gebäude ist so entworfen, daß sie ihre Künste voll entfalten konnten. Alle Bauteile sind klar artikuliert, um die Verwendung verschiedener Techniken zu ermöglichen. Obwohl die einzelnen Elemente auf überlieferten japanischen

Techniken beruhen, ist die Gesamtform nicht aus der Tradition übernommen und bewußt nicht-japanisch.

Das benachbarte Volkskundemuseum mit Restaurant, Casa Estrellita genannt, wurde in modernster Technik ohne handwerkliche Verfahren errichtet, so daß es mit Stahl, Glas und Beton einen deutlichen Kontrapunkt zum Kunstmuseum setzt. Es umfaßt zwei Stahltürme, die in den Himmel ragen, eine Fahne aus Spiegelglas, ein Tor mit Sternen und Himmelskreisen sowie einen zerstückelten Museumsbau, der sich in einer Glaswand wie in einem Kaleidoskop spiegelt. Beide Bauten wurden bewußt als Gegensatz geplant, so daß ihr je eigener Charakter um so deutlicher zutage tritt.

Die Gebäudestruktur bleibt, wie die Grundrisse erkennen lassen, im ganzen Projekt verdeckt. Auf welche Weise sich der unabhängige und frei fließende Charakter der einzelnen Bauteile weiter verstärken läßt, ist eine Frage, mit der ich mich in Zukunft befassen werde.

Osamu Ishiyama

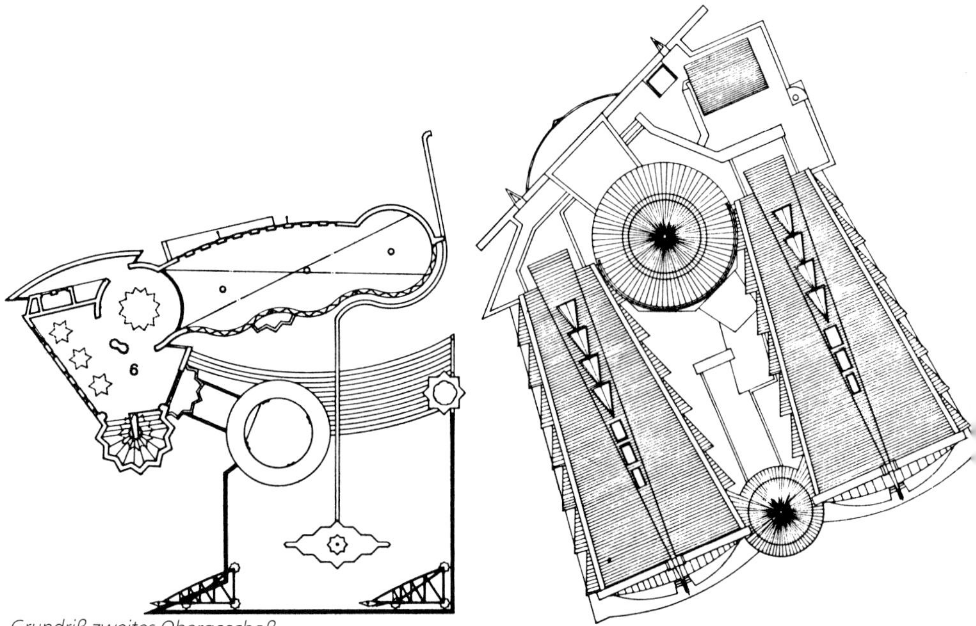

Grundriß zweites Obergeschoß

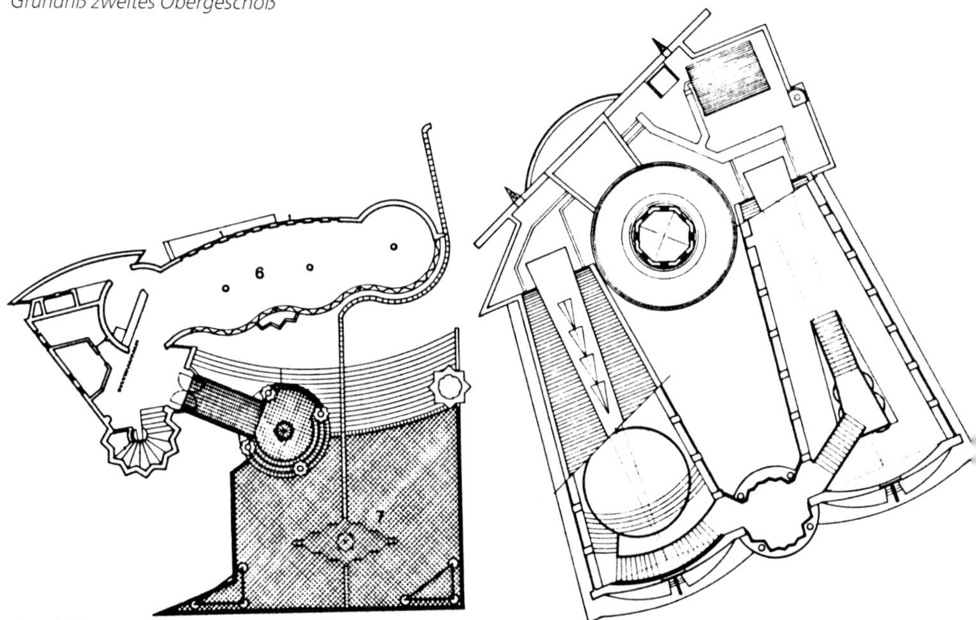

Grundriß erstes Obergeschoß

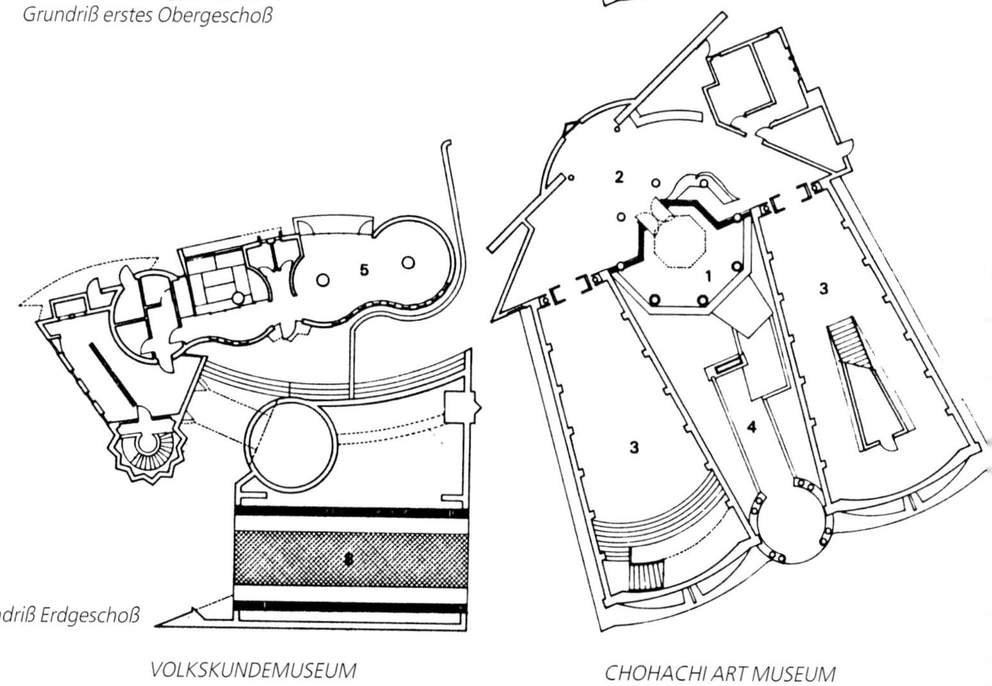

Grundriß Erdgeschoß

VOLKSKUNDEMUSEUM *CHOHACHI ART MUSEUM*

1. *Eingang*
2. *Eingangshalle*
3. *Ausstellungsraum*
4. *Hof*
5. *Büro*
6. *Restaurant*
7. *Terrasse*
8. *Gang*

RIKEN YAMAMOTO

Rotunda Building • Yokohama • 1987

Das Rotunda Building ist ein fünfgeschossiges Mehrzweckgebäude an einer lärmigen Hauptstraße in Yokohama. Die unteren drei Geschosse umfassen in aufsteigender Reihenfolge Einzelgeschäfte, Büros und Wohnungen, während die beiden oberen die Wohnung des Besitzers bilden. In Yamamotos Entwurf fügen sich die einzelnen Teile nicht mehr zu einem zusammenhängenden, unveränderlichen Ganzen, sondern das Gebäude erscheint zerstükkelt, wie das Industrie- und Gewerbeviertel, in dem es steht und in dem wild zusammengewürfelte Zweckbauten eine ungeordnete Stadtlandschaft bilden.

Aufgrund der Nebeneinandersetzung kontrastierender Elemente und des reichen, doch ungewöhnlichen Einsatzes gewöhnlicher Stahlprodukte gewinnt der Bau einen ambivalenten Charakter in bezug auf sein Umfeld und läßt sich verschieden interpretieren. Der massive Block der drei unteren Geschosse ist integrierender Bestandteil der Stadt, insofern er in dem dichten, ziemlich niedrigen urbanen Gewebe eine Lücke füllt. Die Privatwohnung hat sich auf dieser Basis, die sie als Grund und Ausgangsebene benützt, niedergelassen. Yamamoto spricht in diesem Zusammenhang von der „Stadt als Topographie"; Platz zum

ENJOY DESK
50

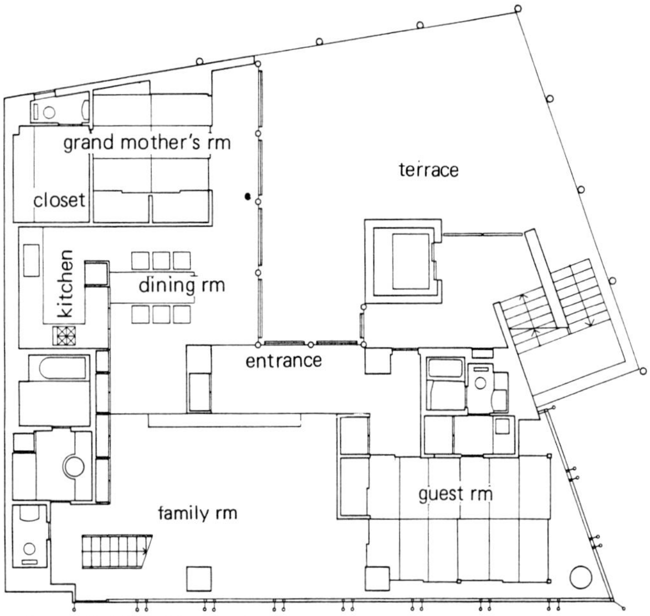

Grundriß drittes Obergeschoß

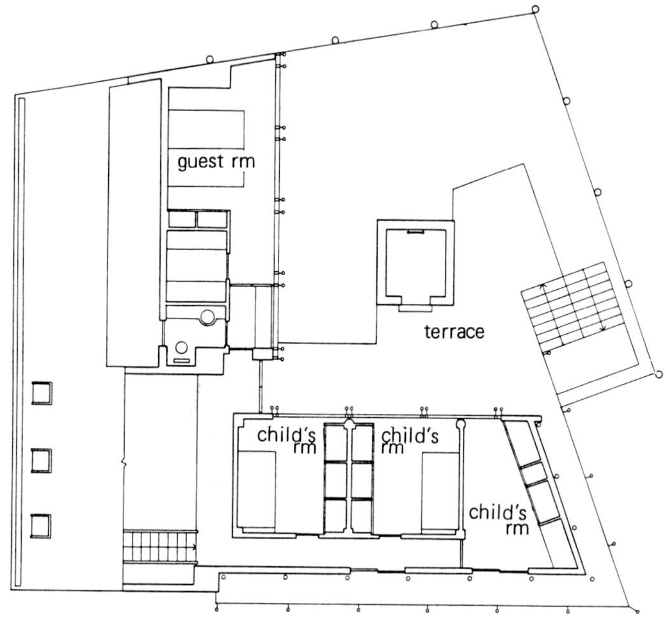

Grundriß viertes Obergeschoß

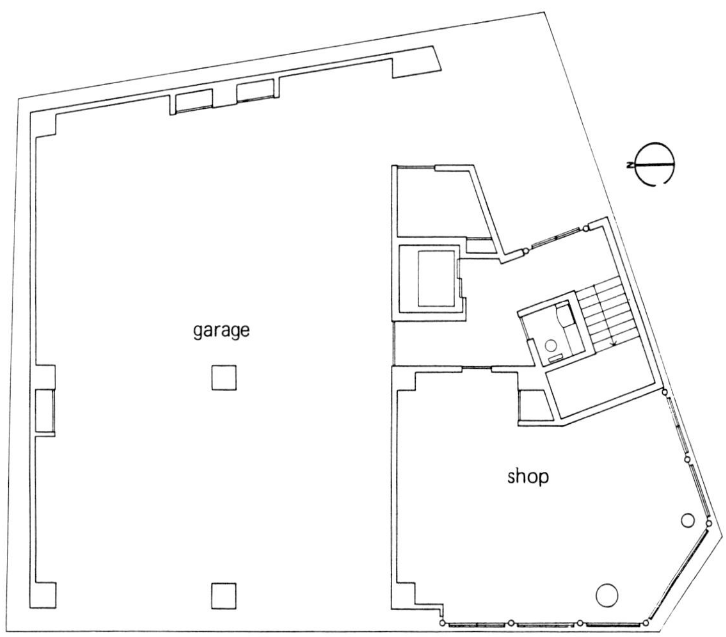

Grundriß Erdgeschoß

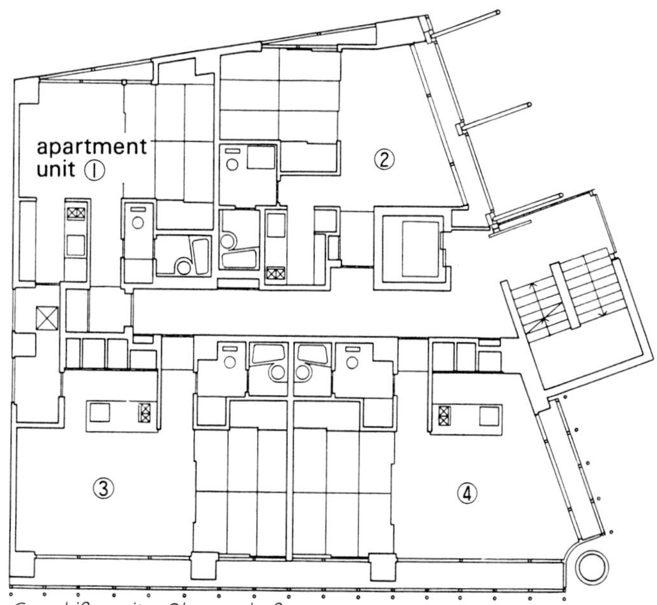

Grundriß zweites Obergeschoß

Wohnen bleibt, wie er meint, nur „auf Objekten, die, metaphorisch gesprochen, das Grundstück bilden (...). Platz zum Wohnen bleibt auf einer Topographie, die man Stadt nennt."

Mit dem Rotunda Building versucht Yamamoto, die Möglichkeiten des Wohnens in bzw. über den ungesunden urbanen Verhältnissen zu erforschen und neu zu bestimmen. Die Stadt bildet das Substrat oder vielmehr den archäologischen Ort für Architektur und damit auch für das Wohnen. Über dieser „Ablagerung" bestimmen 8 m hohe Stahlstützen und ein Dach aus weichem Teflonfiber einen großzügigen, luftigen Raum, der an archaische Bilder alter Zelte oder sogar an Höhlenwohnungen erinnert. Innerhalb dieses anspielungsreichen, mehrdeutigen Raums, der zwischen Innen und Außen, zwischen Erde und Himmel vermittelt, sind verschiedene Plattformen und Terrassen, Treppen und Passagen gehängt, in denen sich die Rituale des privaten Wohnens und des öffentlichen Stadtlebens fortsetzen. Das Gebäude besitzt einen merkwürdigen Charme und eine gewisse Abgeschlossenheit, dank der es als Wohnstätte und seinen archaischen Vorläufern nicht unähnlich die feindliche Umgebung in Schach zu halten vermag.

Botond Bognar

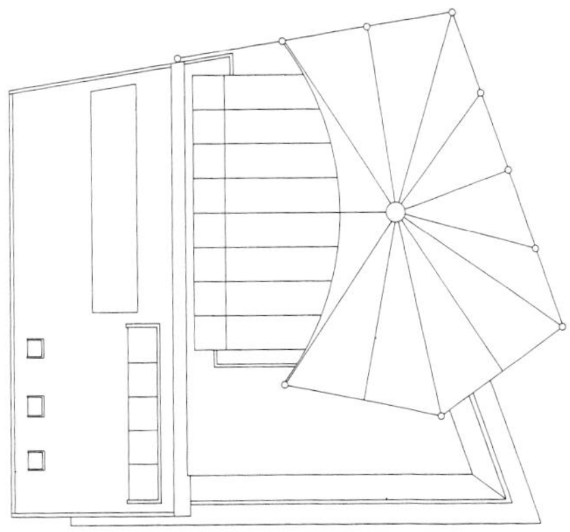

Grundriß Dachgeschoß

Hamlet Building • Tokyo • 1988

Das Projekt kann als Wohnhaus für eine vielköpfige Großfamilie oder für mehrere selbständige Haushalte – Großeltern mit den Familien ihrer drei Kinder – verstanden werden. Die vier Haushalte sind unter ein riesiges, helles Teflon-Zeltdach verteilt, besitzen jedoch eine gemeinsame Terrasse und ein Wohnzimmer für alle. Die Kinderzimmer sind jeweils einem Haushalt zugeordnet, ohne dort stets denselben Ort zu beanspruchen, scheinen sich jedoch zugleich in einer Kinderzone zusammenzudrängen.

Heute ist das Wohnen in Tokyo

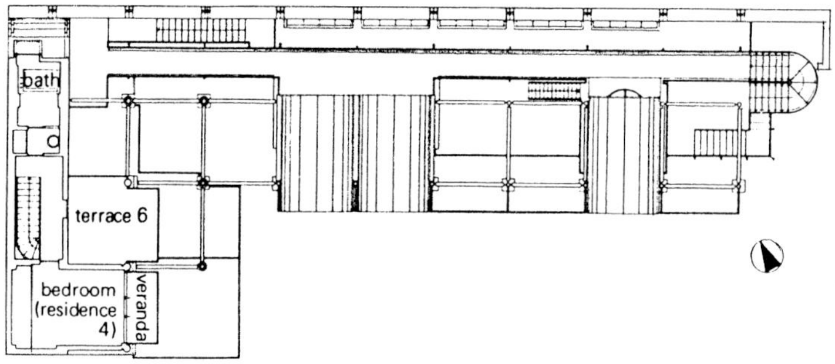

Grundriß drittes Obergeschoß

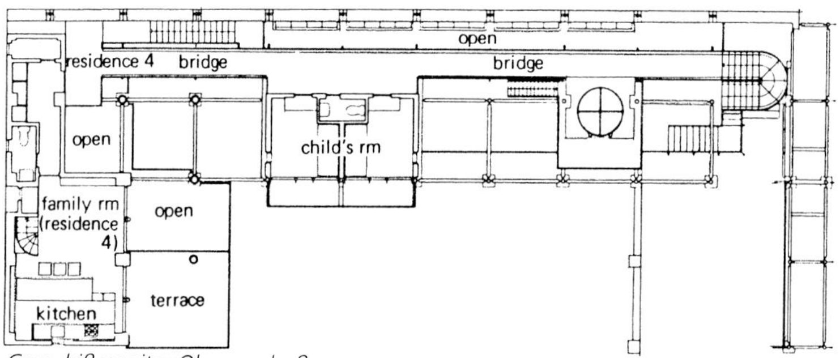

Grundriß zweites Obergeschoß

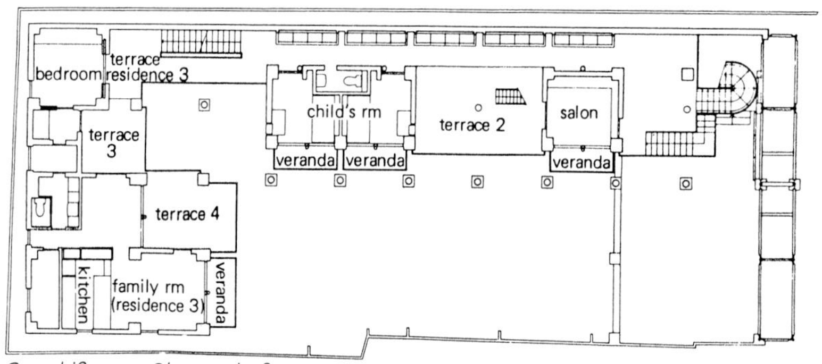

Grundriß erstes Obergeschoß

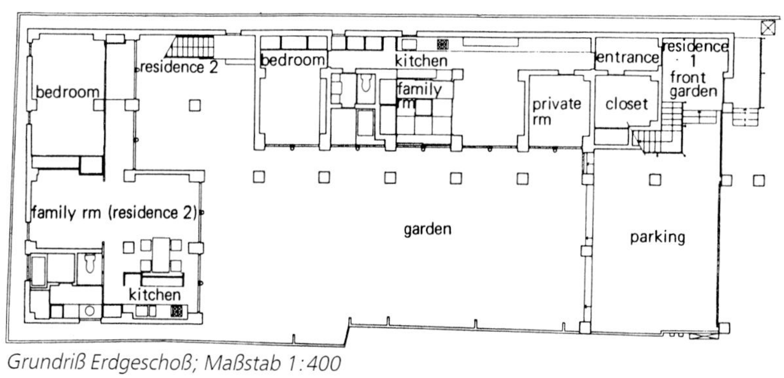

Grundriß Erdgeschoß; Maßstab 1:400

aufgrund der hohen Grundstückspreise fast unmöglich geworden; einzig Projekte mit hoher Rentabilität haben eine Chance, verwirklicht zu werden. Fast alle Gebäude in der Umgebung sind bereits durch mehrgeschossige Bürobauten ersetzt worden. Auch das Nachbarhaus dürfte bald der Spitzhacke zum Opfer fallen. Die Bewohner dieses neuen Gebäudes leben wie in einer tiefen Schlucht, fast völlig auf sich allein gestellt. Eigentlich sollte eine Stadt das Zusammenleben ermöglichen, was in Tokyo immer weniger der Fall ist. Die neue Wohnstätte gleicht einem umzingelten Dorf (engl. hamlet), in dem jene, die sich für ein Zusammenleben in der Stadt entschieden haben, letzten Widerstand leisten.
Riken Yamamoto

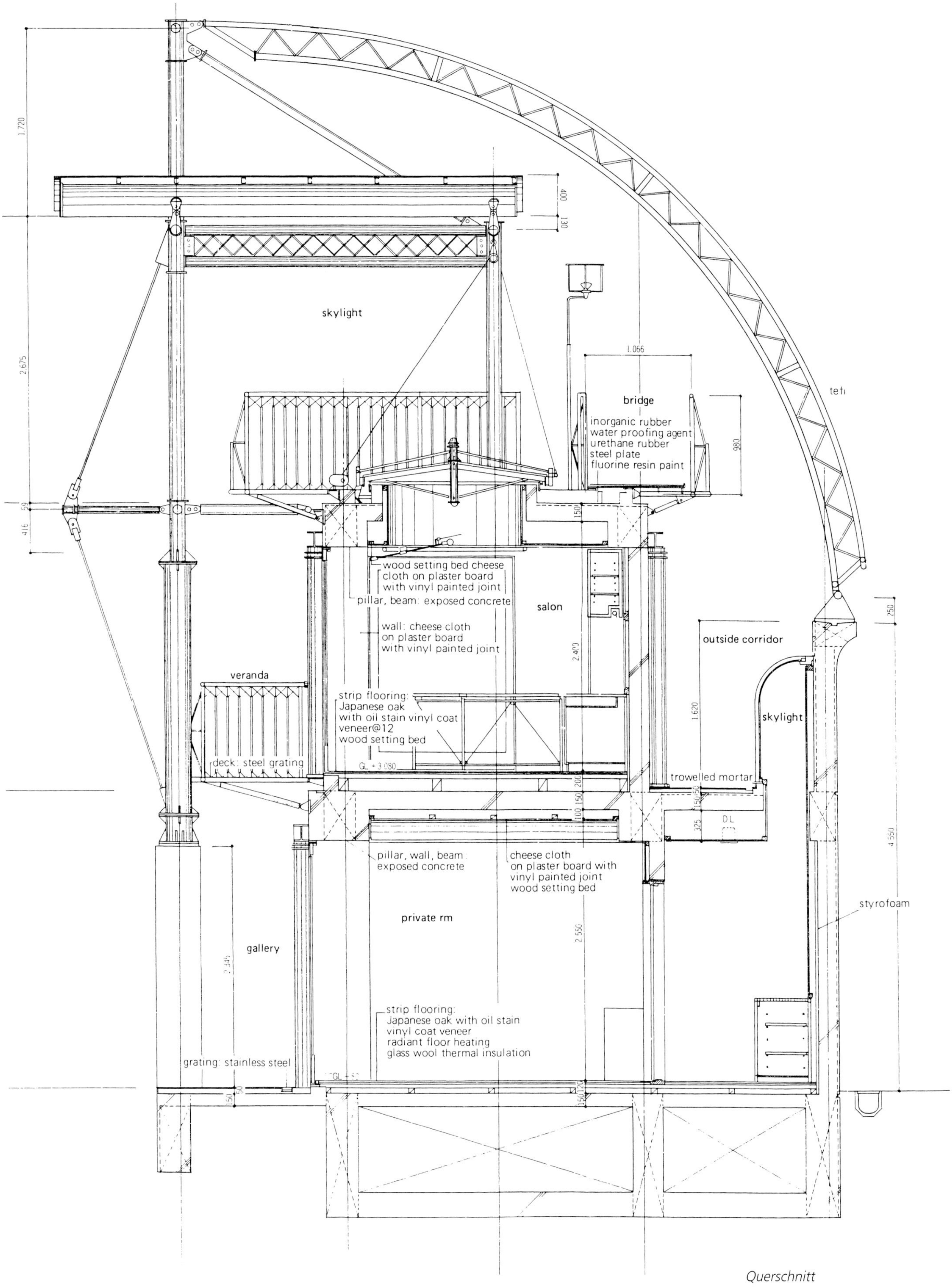

Querschnitt

AKIRA KOMIYAMA

Fourth Building • Tokyo • 1986

Das Gebäude Nr. 4, eines der neuesten Projekte unseres Büros, ist typisch für eine Art von Mehrzweckgebäuden, die man in Tokyo überall findet. Es umfaßt ein Restaurant im Untergeschoß, einen zweigeschossigen Ladenbereich, zwei Stockwerke mit Büroflächen und einen Konferenzraum zuoberst. Das Äußere ist durch einen Betonunterbau und eine darüberliegende Stahlstruktur gekennzeichnet. Struktur, Verkleidung und transparente Teile schaffen gemeinsam die Fassade.

Jedes Gebäude hat eine Struktur, die ihm Standfestigkeit gewährt, und ein Gesicht, das ihm Identität verschafft. Dieses Gesicht wird gewöhnlich von der Gebäudehülle gebildet, die im allgemeinen Bilder oder Zeichen trägt. Das Aussehen des Gebäudes Nr. 4 wird jedoch durch die bereits erwähnte Kombination von Struktur und Gesicht bestimmt. Trotz des teuren Standorts wurden im Innern einfache industrielle Materialien verwendet, die in ihrem neuen Kontext, beispielsweise einem Modegeschäft, überraschend wirken.

In einer Diagonale angeordnete hohe Säulen führen von der Straße in das Gebäude hinein. Auf diese Weise aktiviert die Struktur ihr Umfeld und bringt eine dynamische Komponente in den Bau, die an Arbeiten der russischen Konstruktivisten erinnert. Die in großer Zahl verwendeten architektonischen Elemente artikulieren sich innerhalb eines offenen Systems und gehen auch anderswo, außerhalb ihrer unmittelbaren Umgebung, Verbindungen ein. Jedes Element bezieht sich auf einen größeren Kontext und löst dadurch den Charakter der Einzigartigkeit von Architektur in der Stadt auf. Die Architektur wird zum Ausdruck eines spezifischen urbanen Topos. Diese Art der Gestaltung, die keiner vorherrschenden Form oder

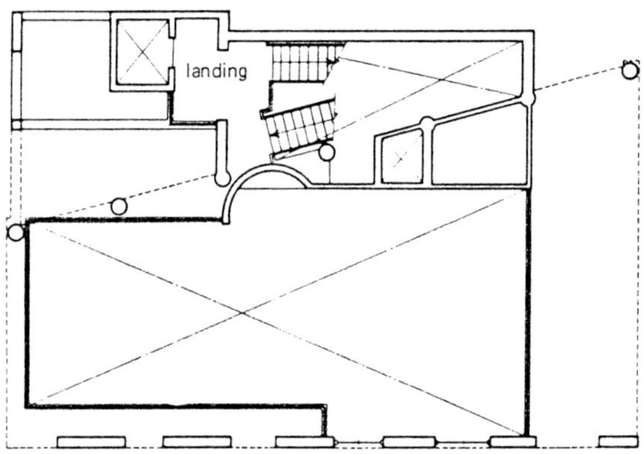

Zwischengeschoß

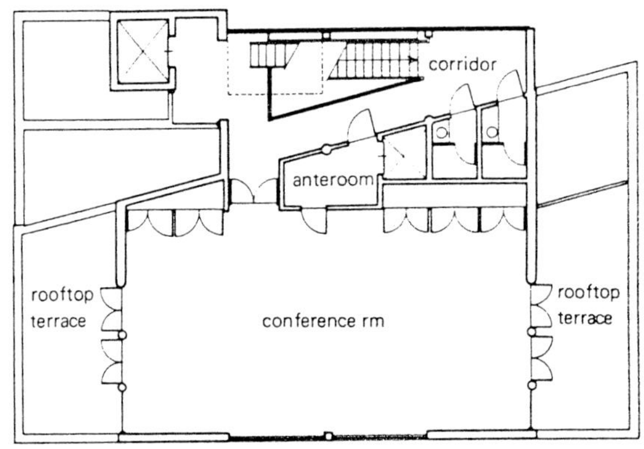

Drittes Obergeschoß

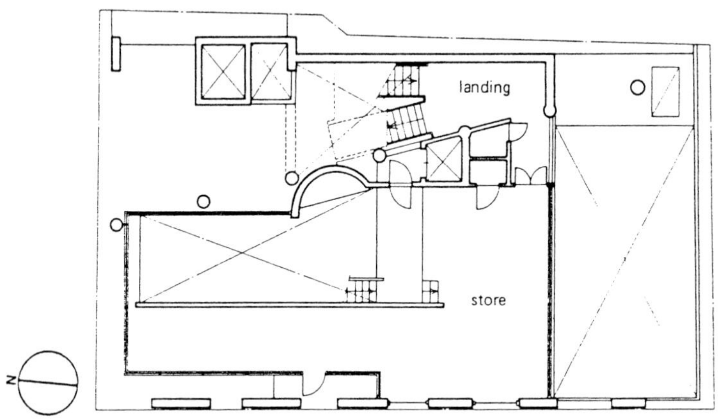

Erdgeschoß; Maßstab 1:300

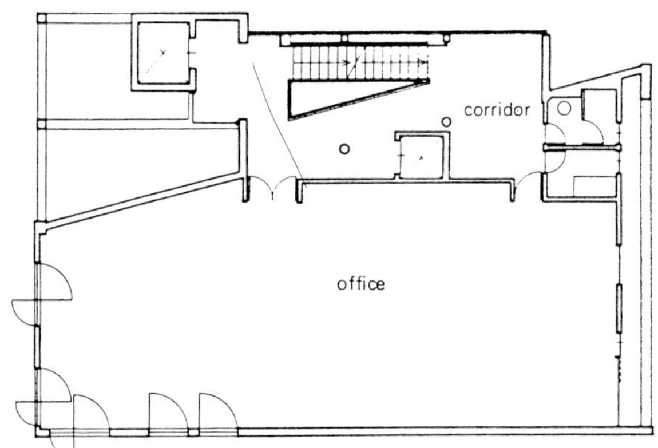

Erstes Obergeschoß

höheren Ordnung folgt oder diese darzustellen hat, könnte man auch als einen Prozeß der Dethematisierung und Dearchitektonisierung bezeichnen.

Akira Komiyama

Reim Building • Tokyo • 1988

Das Reim Building liegt in Shibuya im Herzen von Tokyo, in einem Viertel, das von Fast-Food-Restaurants, Bars, Drugstores und Spielsalons beherrscht wird und gewaltige Menschenmassen anzieht. In der Nacht leuchten zahllose Neonreklamen auf. Man könnte das Gebäude fast ein „Clockwork Orange" nennen, denn wichtig für sein Leben sind vor allem zwei Dinge: der Aufzug und die Stromverteilungsanlage auf dem Dach. Der Aufzug verteilt die Besucher im ganzen Gebäude und sammelt sie wieder ein, während die zahlreichen Läden und Geschäfte ohne Strom nicht funktionieren könnten.

Angesichts solcher Geschäftigkeit wäre gewöhnliche Architektur ziemlich verloren gewesen. Abgesehen von den Fenstern, der mit Stahlplatten verkleideten Struktur und der Feuertreppe gibt es fast nichts Gebautes, das den ununterbrochenen Strom behindern würde.

Mir ging es bei diesem Bau weder um die Nachahmung einer „Collage City" noch um die Verschmelzung des Ungleichartigen, sondern um eine Art kreativer Aufhebung der Collage, eine Absicht, die meiner Ansicht nach seit dem Beginn der Moderne ein Ziel der Architektur war.

Akira Komiyama

第一勧業銀行
CAFÉS SUAVOR
お好み焼
お好み焼
OPEN

CONSUMPTION- 消費

RYOJI SUZUKI

Azabu Edge Building • Tokyo • 1987

Wenn meine Bauten, wie ich oft höre, einen bruchstückhaften Charakter haben, so verfolge ich damit keine besonderen Absichten; es handelt sich einfach um das Ergebnis eines gewöhnlichen Entwurfs- und Denkprozesses. Eine Hauptgrundlage ist die Erkenntnis, daß es heute für alle Dinge unmöglich geworden ist, einen Zustand der Vollendung zu erreichen.

Mich interessiert nicht ein einzelner Wert, sondern die Art von Spannungen, die entstehen, wenn eine Vielzahl von Werten unterschiedlicher Art zusammengebracht wird. Architektur ist demzufolge keine geschlossene Einheit, in der sich unterschiedliche Elemente in einer Synthese finden, sondern sozusagen ein Kraftzentrum, in dem verschiedene Energien in alle möglichen Richtungen strömen. Von Anfang an rechne ich also mit der größtmöglichen Vielfalt und Bandbreite von Richtungen, die diese Art Architektur einschlagen könnte, selbst wenn es dabei zu Widersprüchlichkeiten kommen sollte. Das gilt gleichermaßen für Konzepte, Strukturen und Materialien. Es geht mir nicht darum, die Spannungen in einem geordneten Ganzen aufzuheben, sondern darum, ihre Dynamik zum Ausdruck zu bringen. Meine Arbeit ist weniger ein Prozeß der Erfindung

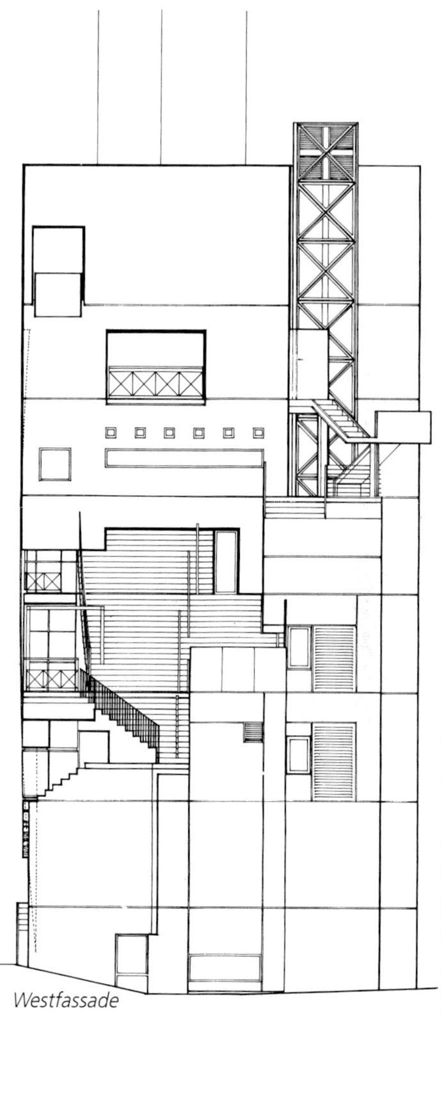

Westfassade

第一勧

als der Entdeckung. So setze ich mich weiter für die Zerstörung der Rahmenbedingungen ein, die Architektur auf ein einziges Dogma beschränken, und versuche, den geschlossenen Kreislauf aufzubrechen, der mich beengt. Im Gegensatz zur heutigen Architektur der komplexen geschlossenen Kreise möchte ich eine offene Architektur verwirklichen und die Kräfte zeigen, die dort entstehen, wo Bruchstücke verschiedenster Natur aufeinanderstoßen.

Das Azabu Edge Building ist ein mehrgeschossiger Bau mit vermietbaren Flächen für Restaurants, Geschäfte und Büros. Die beiden obersten Stockwerke enthalten die Wohnung des Besitzers. Das Gebäude liegt in einem der belebtesten Geschäftsviertel Tokyos mit verstopften Hauptstraßen, einer Expreß-Hochstraße, einem Straßentunnel und unzähligen dicht überbauten, doch ziemlich charakterlosen Straßenblöcken in der unmittelbaren Umgebung.

Ryoji Suzuki

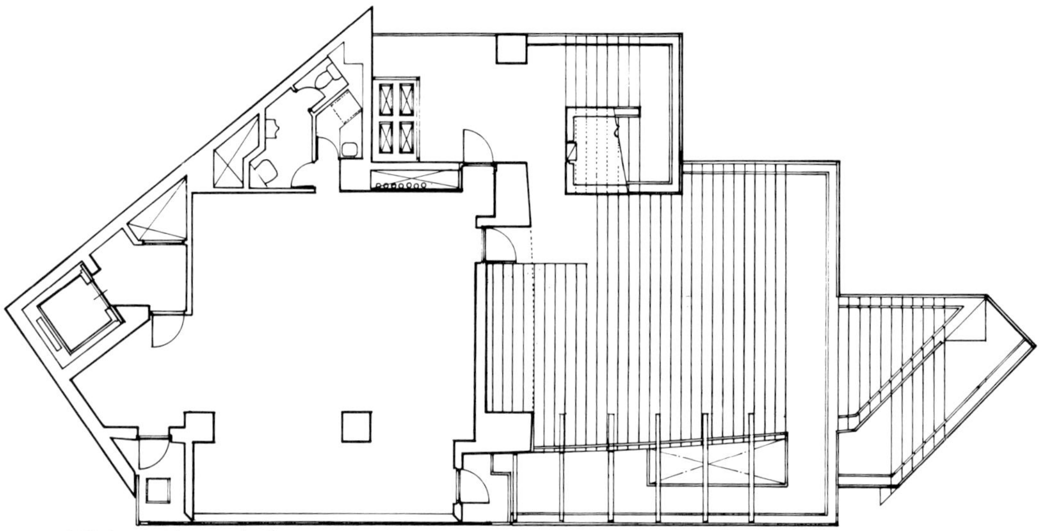

Grundriß viertes Obergeschoß

Grundriß erstes Obergeschoß

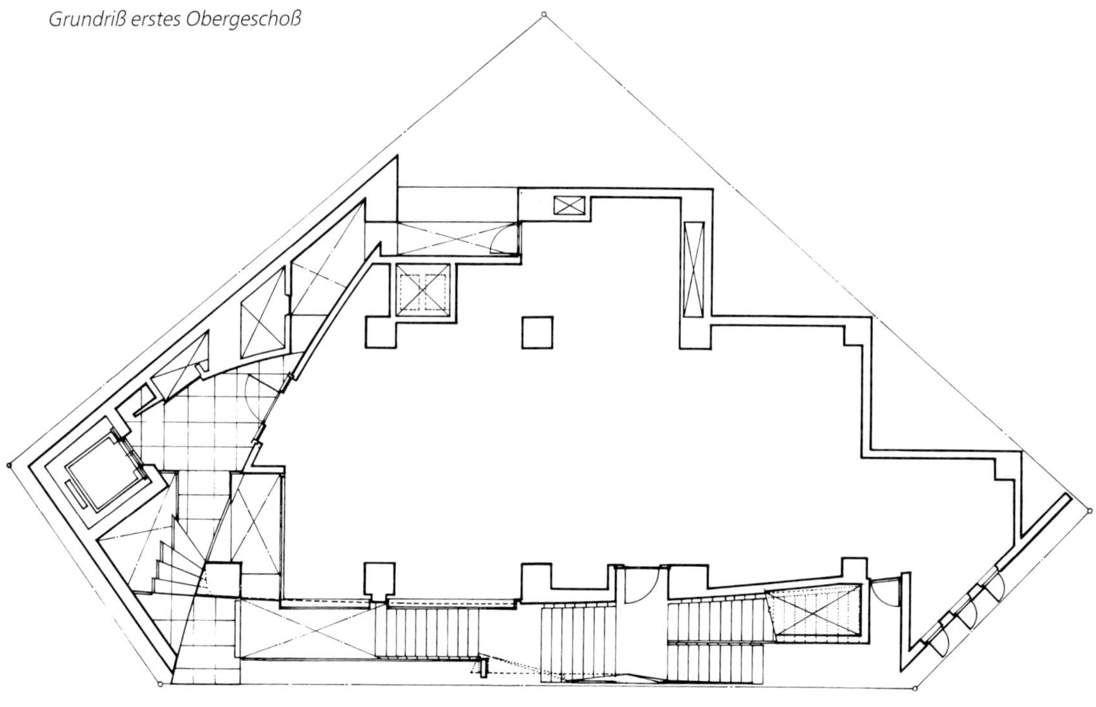

Haus in Honkomagome • Tokyo • 1988

Eine für Überraschungen oder Spontaneität offene Welt gibt es heute nicht mehr. Jeder Frage ist eine bestimmte Antwort zugeordnet, Abweichungen vom Programm sind nicht möglich. Die Herrschaft haben vollständige Programme und geschlossene Schaltkreise übernommen. In einer solchen Situation leben wir gegenwärtig. Grundsätzlich sind Wunder ausgeschlossen.

Wenn man in den Kreislauf eintritt und zuvor seine Zweifel am Programm abgeschaltet hat, funktioniert die Welt ausgezeichnet. Indem auf Fragen einzig die Antworten 0 oder 1, richtig oder falsch, zur Verfügung stehen, indem diese kindische Wahl zu einer automatischen Reaktion wird, führt das Spiel mit zunehmender Geschwindigkeit in die einzig erlaubte Richtung. Die Vorwärtsbewegung verstehen wir als gesellschaftlichen Fortschritt, als Zunahme der Produktivität, als Leistungssteigerung, als wirtschaftliches Wachstum. Der geschlossene Kreis, in dem wir funktionieren, wird vom Gaspedal eines Rennwagens bestimmt, der mit voller Kraft auf ein feststehendes Ziel zurast. Indem wir dem Motor ständig unsere Begeiste-

Längsschnitt

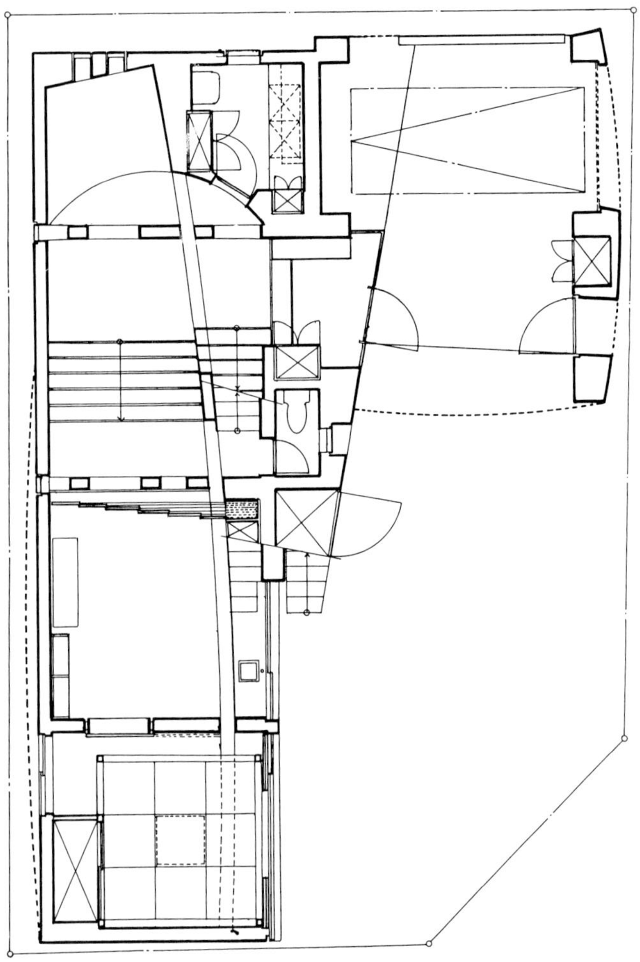

Grundriß Erdgeschoß

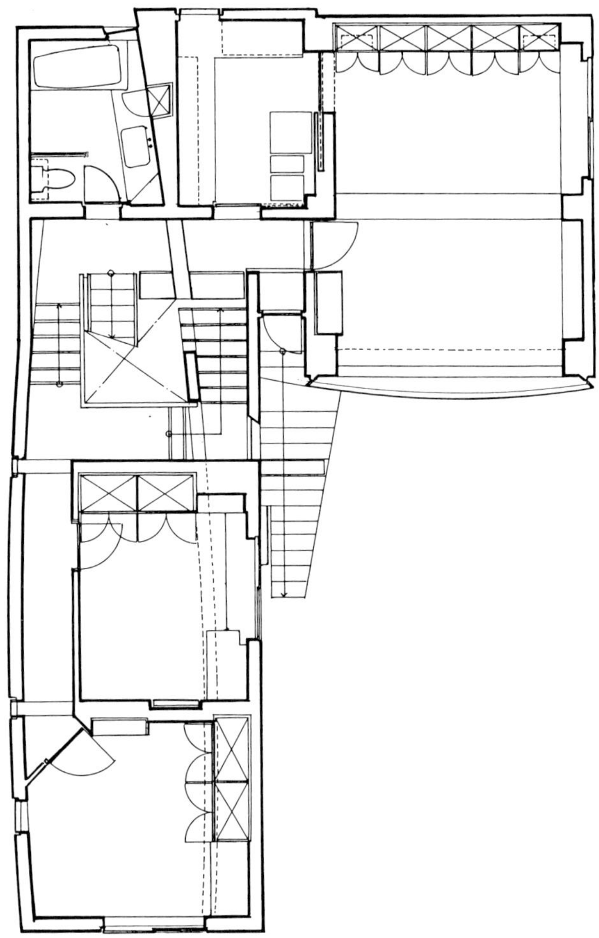

Grundriß erstes Obergeschoß

rung als Brennstoff zuführen, können wir unglaublichen Nervenkitzel, Spannung, Vergnügen gewinnen, allerdings nur mit verbundenen Augen; ein Stopp an den Boxen namens Erfahrung ist nicht vorgesehen.

Der geschlossene Kreislauf, den man auch in der Architektur findet, beruht auf dem unvermeidlichen Ausgleich zwischen primären und sekundären Elementen, das heißt zwischen Form und Materialien, und auf dem Eins-zu-eins-Bezug zwischen geplanten Wirkungen und effektiven Ergebnissen. Auf diese Weise wird jegliche Dynamik innerhalb der Architektur neutralisiert und erstickt. Das ist jedoch, wie gesagt, nicht allein ein Problem der Architektur, sondern der gesamten Kultur. Ist es allerdings möglich, aus diesem geschlossenen Kreislauf auszubrechen, in dem selbst Rebellion, Abweichung und Überraschungsangriffe vorprogrammiert sind?

Unsere Methode, genannt Materialexperiment, ist ein Versuch des Ausbruchs; sie versucht die Versöhnung der primären und sekundären Elemente aufzuheben. Diese sollen ihre Gegensätzlichkeit ausleben, bevor sie in harmonischem Gleichgewicht neutralisiert werden. Offenbar stehen in jedem Zwischenbereich innerhalb eines scheinbar geschlossenen Kreises Möglichkeiten zum Richtungswechsel offen. Unserer Meinung nach vermögen die räumliche Disposition und der Versuchscharakter wie auch die Architektur der Entdeckung, die dieses Haus (Materialexperiment Nr. 25) veranschaulicht, die deterministischen Verbindungen des geschlossenen Kreislaufs aufzubrechen.

Ryoji Suzuki

SHIN TAKAMATSU

Kirin Plaza Building • Osaka • 1987

Die Mechanismen zur Verdrängung und Ausblendung der Stadt funktionieren in Shin Takamatsus Architektur aufgrund der zusammenhanglosen Zerstückelung des Baus und der Anarchie des aus der Maschinenwelt übernommenen Vokabulars. Im Kirin Plaza Building werden sie allerdings durch die strenge zweiachsige Symmetrie und die Gleichartigkeit der formalen Elemente aufgehoben. Dank seiner klar umrissenen Form anerkennt das Gebäude die Stadt als Standort von Architektur. Allerdings wird diese Anerkennung durch manieristische Eingriffe immer wieder in Frage gestellt. So gleicht das Gebäude dem *andon,* einer traditionellen japanischen Bodenleuchte, und die bewußte Mißachtung jeglichen Sinns für bauliche Maßstäbe läßt die Absicht des Architekten erkennen, die Architektur ihres architektonischen Charakters zu entkleiden. Als riesiges handwerkliches Objekt paßt es sich in das urbane Netz ein und fragt im Widerspruch zur ursprünglichen Absicht nach der wahren Realität der Stadt.

Es wäre naiv zu glauben, daß es Takamatsu allein um den Ausdruck ungezwungener Schönheit ginge; zugleich ist das Gebäude ein verzweifelter Versuch, die Architektur vor dem drohenden Vergessen zu retten. *Andon* wird zur Metapher ei-

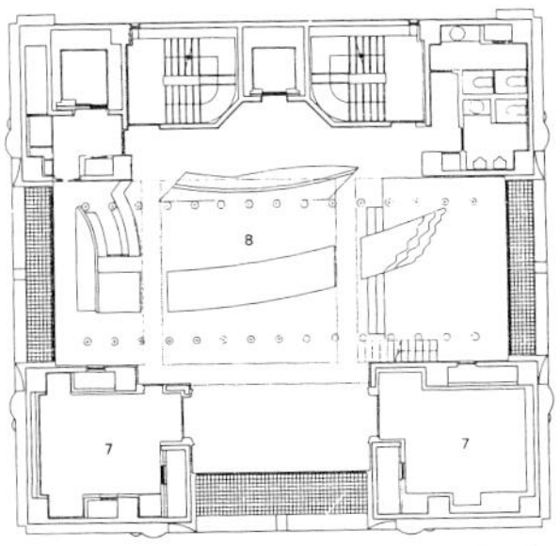

Grundriß drittes Obergeschoß

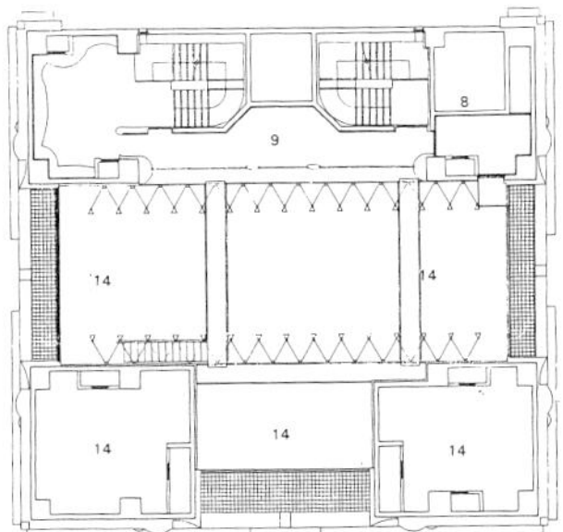

Grundriß viertes Obergeschoß

Grundriß fünftes Obergeschoß

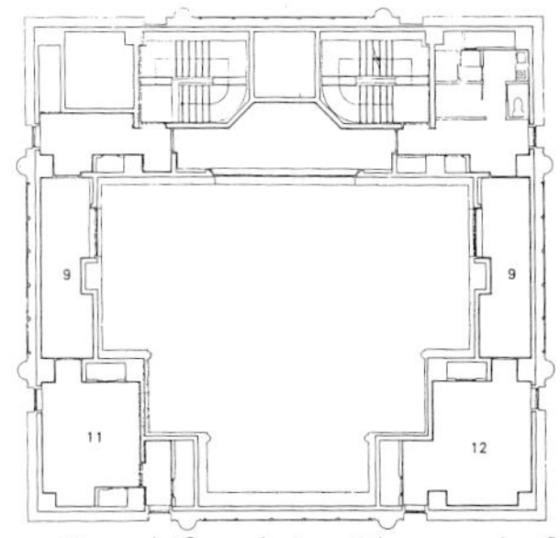

Grundriß sechstes Obergeschoß

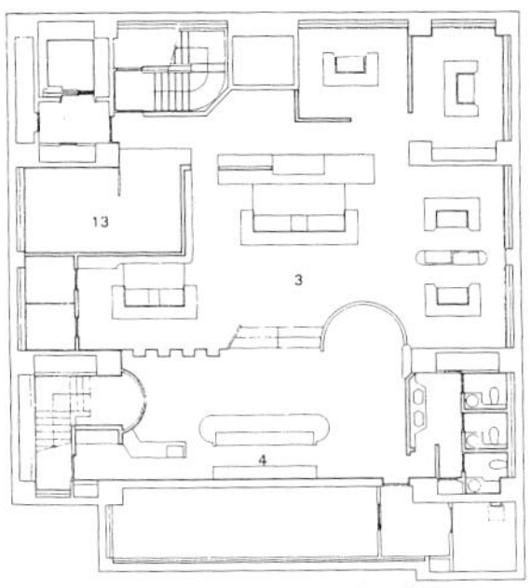

Grundriß Untergeschoß

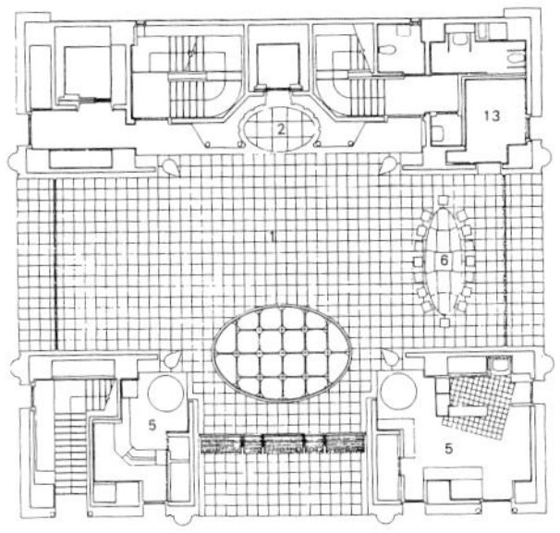

Grundriß Erdgeschoß

Grundriß erstes Obergeschoß

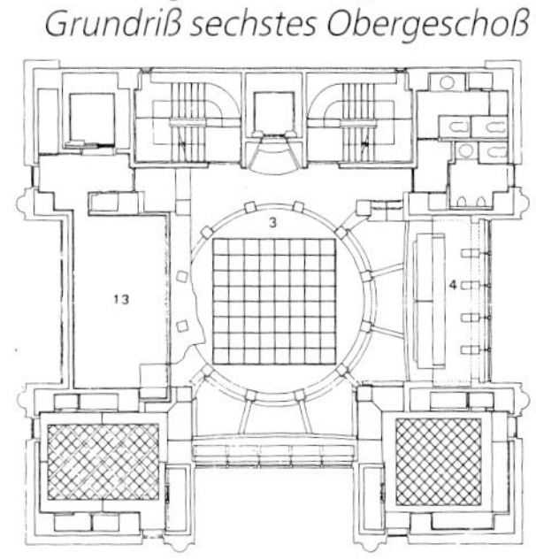

Grundriß zweites Obergeschoß

1. EINGANGSHALLE
2. VORPLATZ AUFZUG
3. RESTAURANT
4. BAR
5. BOUTIQUE
6. CAFÉ
7. KONFERENZRAUM
8. HALLE
9. AUSSTELLUNGSRÄUME
10. MEHRZWECKRAUM
11. EMPFANGSRAUM
12. BÜRO
13. KÜCHE
14. LEERRAUM
15. LAGERRAUM

nes Gebrauchsgegenstands, zu einem absoluten Objekt, dessen Bedeutung in sich selbst liegt und keinen Bezug zur Außenwelt hat. Das Kirin Plaza Building stellt die letzte Form autonomer Architektur dar, die im subversiven, zerstörerischen Chaos der japanischen Stadt der Vorläufigkeit seiner eigenen Existenz zu entkommen sucht. Durch die implizite Analogie seiner Form deutet das Gebäude ein weiteres schwieriges Paradox an: Um gerettet zu werden, muß sich die Architektur aufgeben.

Auf einer anderen Ebene scheint Takamatsu der gleichen zerstörerischen urbanen Situation, der zu widerstehen er sich bemüht, zum Opfer zu fallen. Die eindrucksvolle Größe des Gebäudes steht in absurdem Kontrast zur Banalität des Programms. Im Besitz einer der großen staatlichen Brauereien, dient der Bau einzig Unterhaltungszwecken und umfaßt Cocktailbar, Pub, Restaurants, Ausstellungsräume und einen Versammlungssaal. Die Gestaltung des Inneren läßt keinen Zweifel an der Trivialität der hier in Szene gesetzten Welt. Da Kitsch kein Streitpunkt mehr ist in dem perversen Spiel zwischen Stadtbewohner und Architekt, Voyeur und Exhibitionist – den beiden Hauptdarstellern im städtischen Drama der Entfremdung –, bieten die Innenräume des Kirin Plaza Building eine Szene, auf der jeder Wunsch- und Alptraum Wirklichkeit werden kann.

In unnahbarer Schweigsamkeit ragt dagegen die Fassade des Gebäudes empor, die von der Hingerissenheit des Architekten, seiner erstaunlichen Handhabung der geheimnisvollen Alchimie des Gestaltens zeugt, mit ihren glänzend schwarzen Flächen, die surreal in ihrer Abgeschlossenheit wirken und unbekannte Tiefen anzudeuten scheinen. Da hier kein wirklicher Inhalt mitzuteilen ist, kann das Gebäude nur auf sich selbst verweisen: Seine Form ist sein Inhalt; es ist ein leeres Zeichen.

In seinem Bemühen, die Architektur in formaler Hinsicht zu retten, hat sich Takamatsu zweifellos geweigert, die Mechanismen anzuerkennen, die in der japanischen Stadt Zweck und Bedeutung der Architektur bestimmen. So war er schließlich gezwungen, zu seinem Ausgangspunkt zurückzukommen, zur widersprüchlichen Grundbedingung der Architektur, in der Form und Bedeutung sich gegenseitig ausschließen. Entspricht dieser Bau dem, was Roland Barthes das „Reich der Zeichen" nannte? „Ja, wenn damit gemeint ist, daß diese Zeichen leer sind, daß sich das Ritual ohne Gott vollzieht." Glaubwürdigkeit erlangt Takamatsus Kirin Plaza Building auf diese Weise als Denkmal der Absurdität der japanischen Stadt.
Vladimir Krstic

宝塚歌劇
阪急電車
富久娘
錦

HIROTA
KIRIN

ATSUSHI KITAGAWARA

Rise Building • Tokyo • 1986

Die Großstadt erzeugt augenblicklich eine besondere Art von Schwermut. Es ist nicht jene Schwermut, die sich auf die Schatten der ungeordneten Anhäufungen von Architektur, auf die Einsamkeit verstopfter Straßen, die Tödlichkeit der Hinterhöfe oder die nächtliche Leere von Bürobauten legt, sondern eine Schwermut des hellen Tageslichts. Von hochentwickelter, erfrischender Logik begleitet, ist diese Schwermut möglicherweise ein Ausdruck der Langeweile, der von Wirtschaft, Politik, Behörden, Technik und Geschäftswelt gefördert wird.

Während der vergangenen hundert Jahre wurde die Großstadt

zwischen zwei Extremen hin- und hergerissen: ihren eigenen Ansprüchen und den Gesetzen des Massenkonsums. Indem sie auf Raum und Substanz verzichtete, wurde sie zu einem oszillierenden, auf raschen Wandel bedachten Teppich ohne jede Tiefe und tauchte immer mehr in helle Schwermut ein. Dennoch erscheint die Großstadt in unseren Vorstellungen als zerstückelt und zu einem Idealbild sublimiert. Die Rekonstruktion unserer verlorenen Großstadt gleicht einem sinnlosen Märchen, das erst noch erzählt werden muß, da es unsere dürftige Phantasie kaum mit der Kraft der großstädtischen Schwermut aufzu-

nehmen vermag. Die Großstadt nimmt einen weitaus größeren Platz ein als den, den wir ihr in unserem Bewußtsein zuweisen, und sie entwickelt sich mit einer Geschwindigkeit, der wir nicht gewachsen sind.

Das Rise Building – ein Laden- und Kinokomplex – ist mehr als ein Bauwerk: Es ist ein Bruchstück der Großstadt, eine Anhäufung ihrer verschiedenen Innenräume, eine Reflexion über ihr Wesen; und wenn die Schwermut des hellen Tageslichts einen König hat, so ist das Rise Building der abendliche Garten, der von seiner vergänglichen Herrschaft erleuchtet wird.

Atsushi Kitagawara

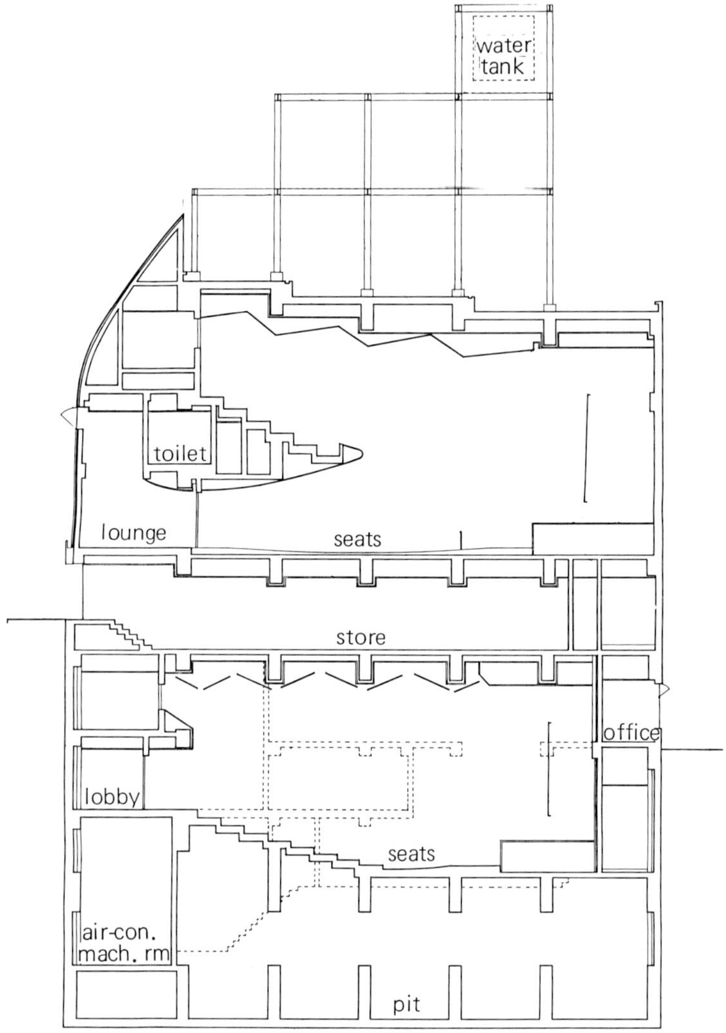

Längsschnitt

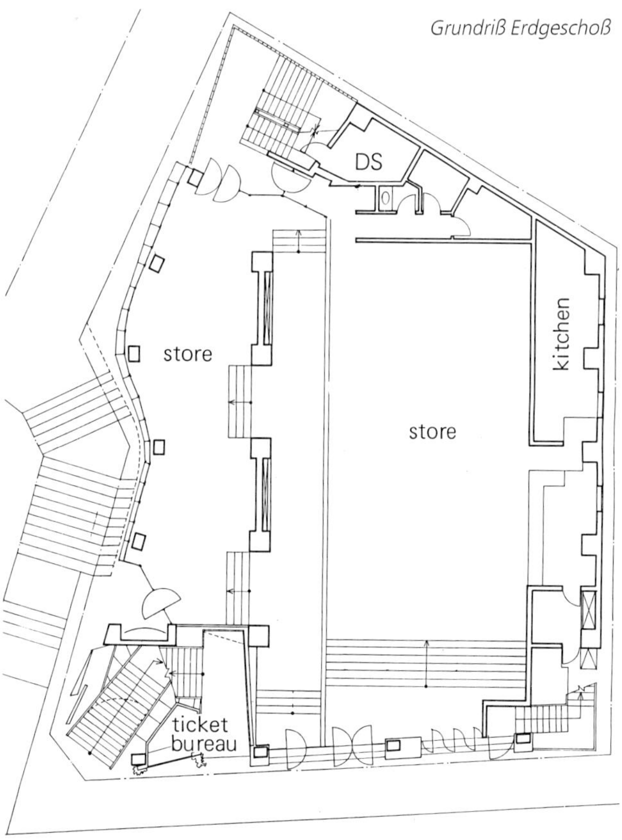

Grundriß Erdgeschoß

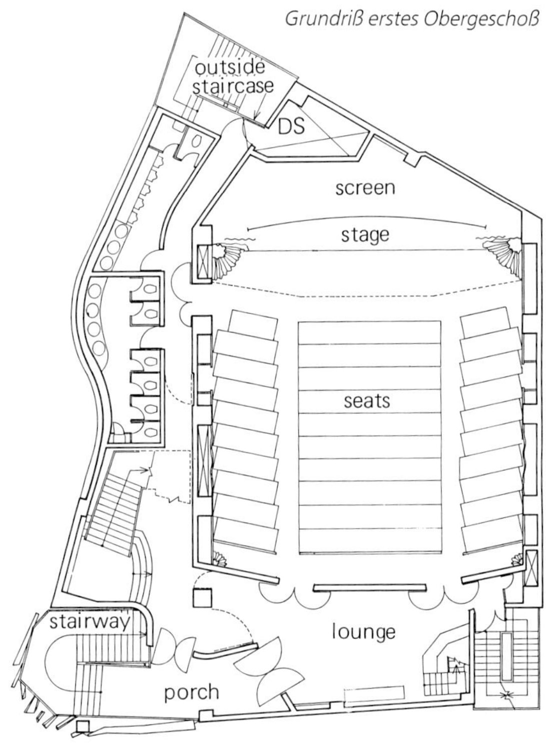

Grundriß erstes Obergeschoß

PARCO
SR6
THE CD BAZAR
消火栓

MASAHARU TAKASAKI

Crystal Light Building • Tokyo • 1987

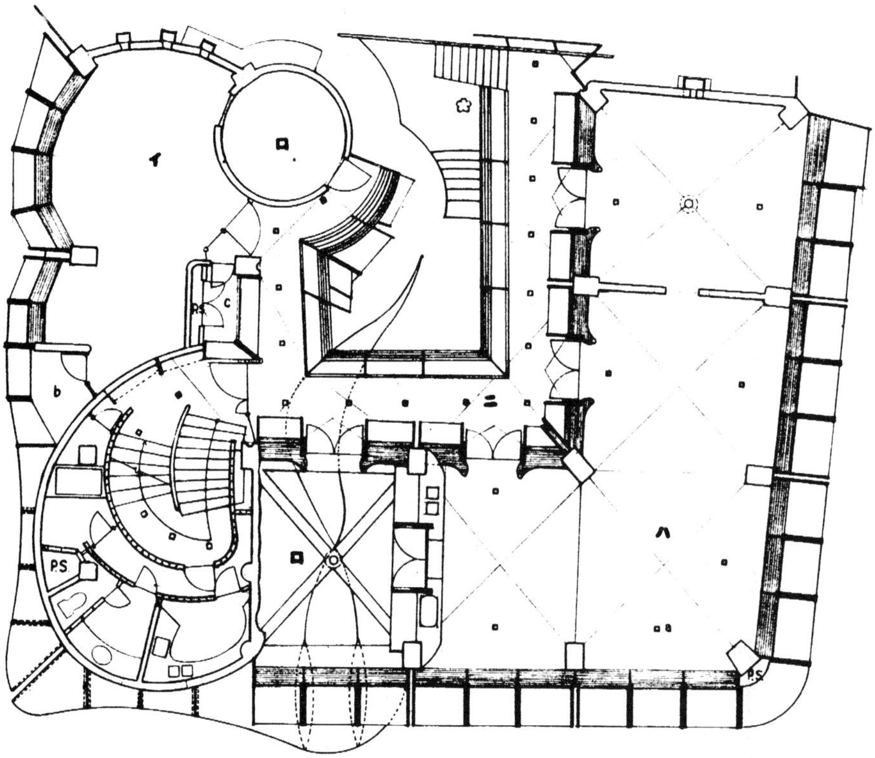

Architektur ist für mich sozial engagierte Kunst, mehr jedenfalls als das Bereitstellen von Unterkünften. Architektur muß eine Quelle des Geistes und der Energie sein. Auf klaren Überlegungen und Berechnungen aufbauend, setzt sie sich mit der Natur und dem menschlich-sozialen Umfeld auseinander und versucht, auf die Fragen der Vergangenheit, der Gegenwart und der Zukunft Antworten zu finden. Zusammen mit anderen bildenden Künsten sollte die Architektur die Aufgabe übernehmen, den vielfältigen Elementen der Natur und der Menschheit einen einheitlichen Rahmen zu schaffen. Wenn sie im Alltag eine

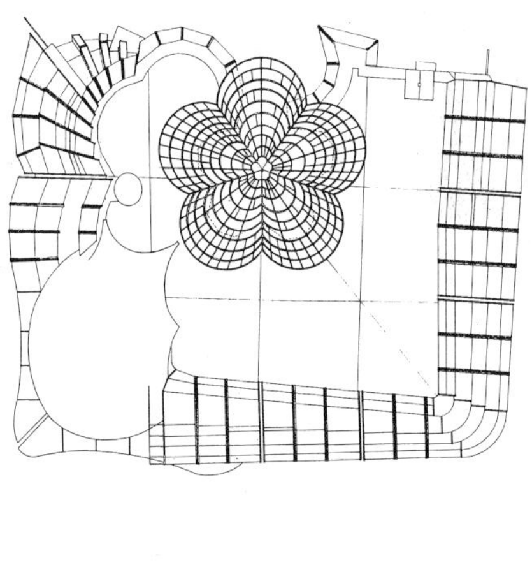

leichte, natürliche Kommunikation zwischen dem geistigen Wesen und den substantiellen Dingen ermöglichen kann, wird sie in meinen Augen ihrer Rolle als sozial engagierter Kunst gerecht.

Auf diesem humanistischen Hintergrund fällt es mir leichter, das Crystal Light Building zu erklären. Die Außenhaut aus geformtem rostfreiem Stahl ist mein Ausdruck umweltbezogener Kunst. Jeder Teil ist mit Geduld und Energie gearbeitet. Die Nordfassade ist bescheidener gestaltet und folgt sanften geometrischen Linien. Die organische Südfassade dagegen soll ein rhythmisches Gleichgewicht schaffen und die

Ideen von Leben und Energie versinnbildlichen.

Mein Entwurf beruht auf zwei Hauptelementen, die sich gegenseitig bedingen: Ruhe und Bewegung. Die Bewegung wird von einer in den Raum verlängerten senkrechten Parabel angedeutet. Die Vertikalität drückt Strenge aus, den Entschluß, einen festen Stand zu suchen. Auf die Ruhe weisen horizontale Schichten hin, die im Inneren zugleich Lagermöglichkeiten bereitstellen. Die hochpolierten Stahlwände des Innenhofs sind Videobildschirme, die die ständig wechselnden Stimmungen und Haltungen der Besucher, des Raums und der Natur spiegeln.

Der Innenhof umschließt eine Landschaft, wie das Oberlicht den Himmel begrenzt. Dank verglasten Wänden öffnen sich die Räume in alle Richtungen und sind in ein ständiges Spiel von Licht und Schatten getaucht. Zwei Stützen aus Zedern- und Kiefernholz stehen in den beiden Eingangszonen und erinnern an japanische Traditionen.

Meine Aufgabe als Entwerfer bestand darin, den Besuchern dieses Environments eine einzigartige Kombination von Stabilität und Magnetismus anzubieten. Wo auch immer sie sich innerhalb der Gebäudehülle aufhalten, nehmen sie die Außenwelt wahr, fühlen deren Einflüsse und können sich für ein Zusammenleben mit der Natur entscheiden.
Masaharu Takasaki

HAJIME YATSUKA

Angelo Tarlazzi Building • Tokyo • 1987

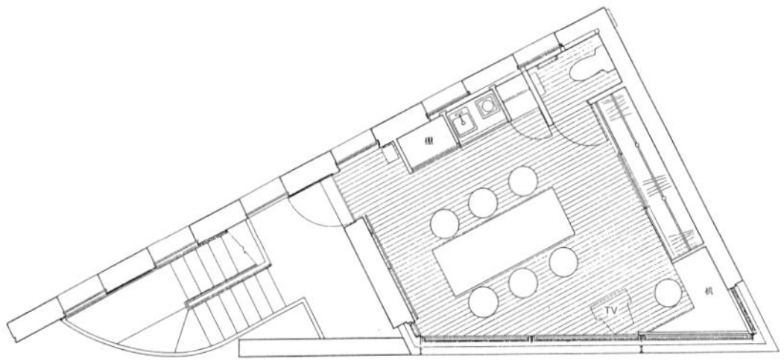

Grundriß zweites Obergeschoß

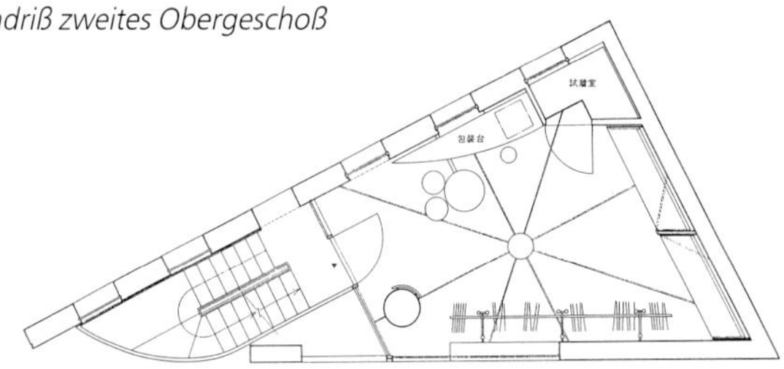

Grundriß erstes Obergeschoß

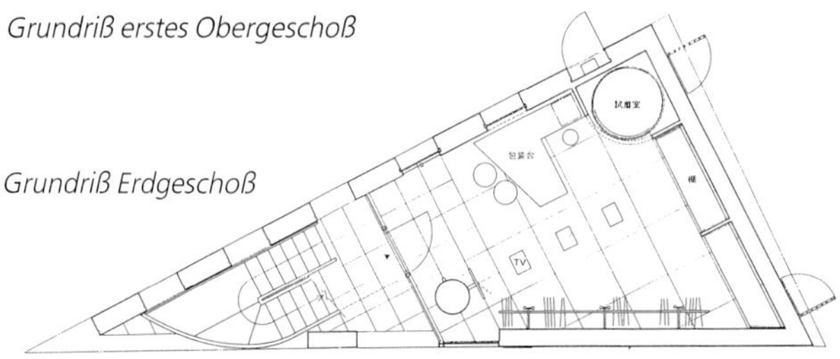

Grundriß Erdgeschoß

Dieses spielerische Gebäude mit einer Boutique für den in Paris ansässigen italienischen Modeschöpfer Angelo Tarlazzi liegt im Nishi-Azabu-Viertel in Tokyo, das seit kurzem für modische Geschäfte und Restaurants bekannt wurde. Der Entwurf entstand in enger Zusammenarbeit mit dem Innenarchitekturbüro „The Air".

Der rhetorische Hintergrund besteht zur Hauptsache aus einer aluminiumverkleideten schwarzen Wand mit regelmäßigen Öffnungen, die auf der Rückseite des Grundstücks liegt, so daß Vorder- und Rückseite miteinander vertauscht sind. Das Zusammenspiel von Innen-

und Außenelementen vor der Fassade ist das Hauptthema meines Entwurfs; es sollte möglichst exquisit werden – ein eleganter Tanz sozusagen vor einer schwarzen Leinwand. Es ist, als ob unsichtbare Fäden alle Bestandteile in einem subtilen Spannungsnetz zusammenhielten.

Unter den einzelnen Elementen findet man leicht veränderte Zitate von Heidi Webers Le Corbusier-Pavillon in Zürich. Das hat nichts mit blasiertem Historismus zu tun, sondern mit dem, was ich einmal das „Mitvibrieren mit der Moderne" genannt habe. Ich wehre mich gegen plump anbiedernde Reaktionen gegen die Moderne, wie man sie heute findet,

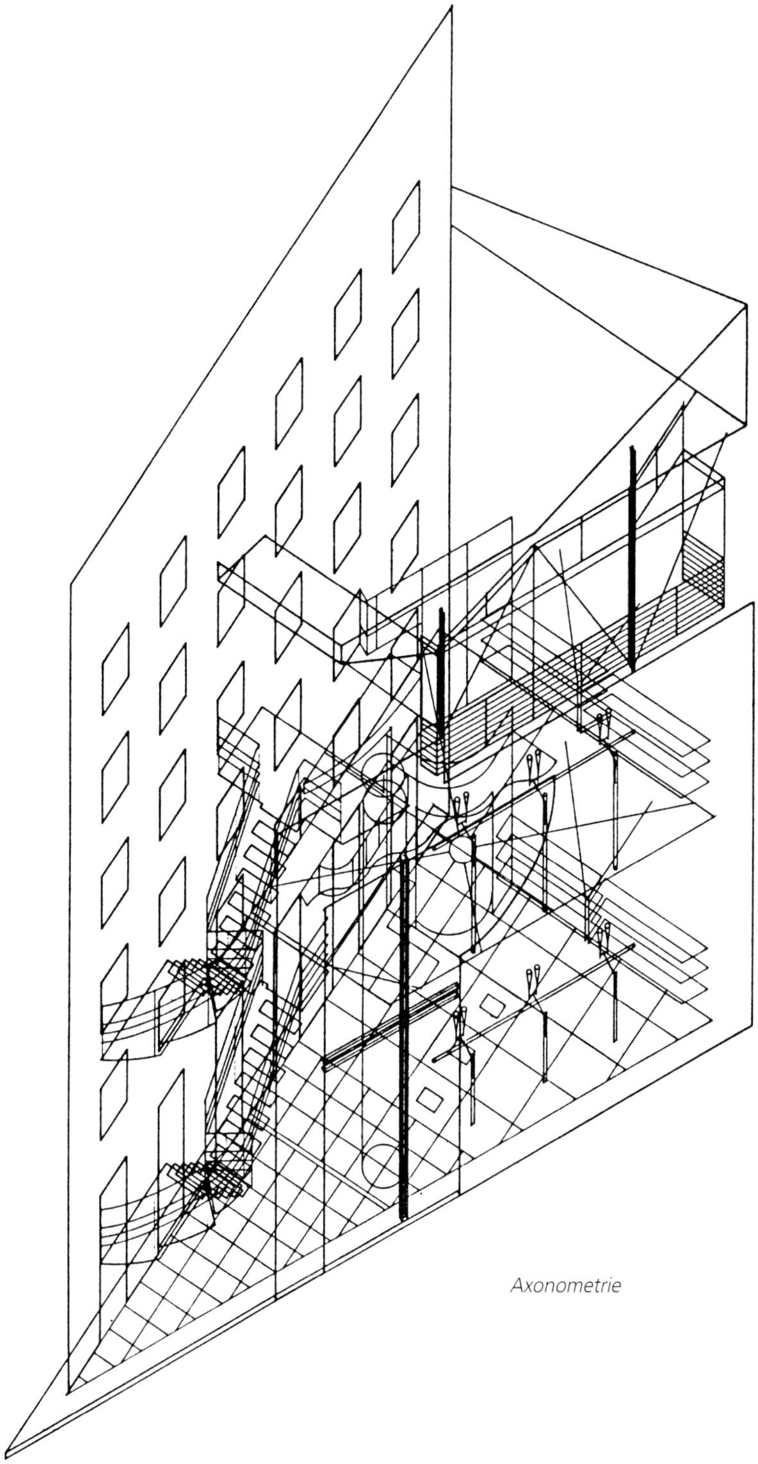

Axonometrie

da ich an die Möglichkeiten modernen Bauens glaube. Ich nenne diese Annäherung „Beschleunigung der Moderne" (was impliziert, daß es auch das Abbremsen gibt). Diese Beschleunigung kann durchaus in andere Richtungen führen. Das Corbusier-Zitat beispielsweise ist kein echtes Dach, sondern ein Aufsatz auf die Betonstruktur, der den Eindruck einer leichten Stahlkonstruktion entstehen läßt, wie ein roter Schmetterling, der vor dem schwarzen Hintergrund flattert.

Ich weiß, daß solche Entwürfe den Verteidigern einer geschlossenen Theorie der Moderne mißfallen. Dennoch bin ich nach der Erforschung (vielleicht sollte ich, wie der verstorbene Michel Foucault, von „archäologischer" Erforschung sprechen) der Geschichte der Moderne überzeugt, daß diese nie zur Geschlossenheit fand und nur unvollständige „Maschinen" geschaffen hat. Die Beschleunigung der Möglichkeiten der Moderne setzt meiner Ansicht nach eine Neustrukturierung des alten offiziellen Codes voraus. Deshalb ist „Dekonstruktion" unvermeidlich, wie das Tarlazzi Building veranschaulicht.

Hajime Yatsuka

Haus in Komae • Tokyo • 1988

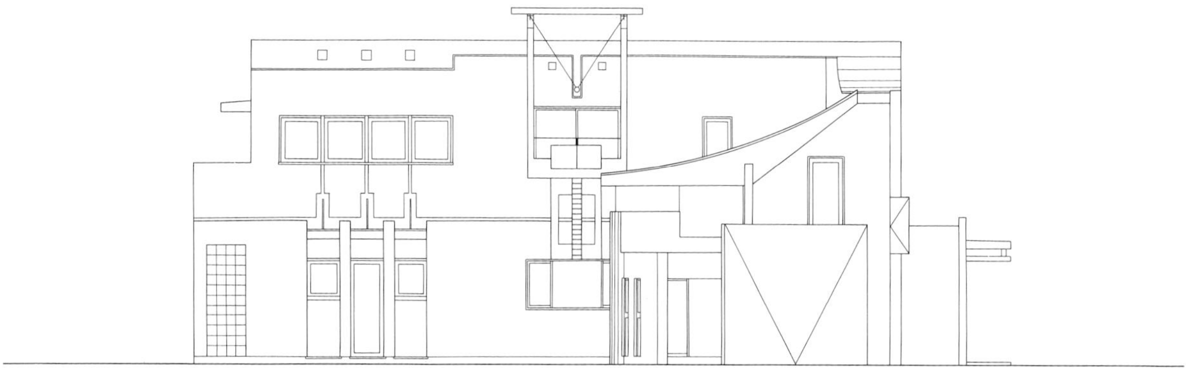

Ostfassade

Dieses Wohnhaus eines Architekten besteht aus zwei L-förmig aneinandergebauten Flügeln. Der tiefer gelegene Flügel, der neben Küche und Eßraum das Wohnzimmer mit einem als Mezzanin gestalteten Arbeitsbereich umfaßt, ist ein Pavillon mit regenschirmförmigem Dach, der die gleiche geschwungene Wand hat wie das Haus La Roche-Jeanneret von Le Corbusier. Der höher gelegene zweigeschossige Flügel mit den Schlafzimmern ist klassischer gestaltet und erinnert etwas an die Villen von Otto Wagner oder Joseph Hoffmann. Die Nebeneinandersetzung der Moderne Le Corbusiers und der Fin-de-siècle-Architektur Wiener Prägung läßt einen vielfältigen, spannungsreichen Bau entstehen.

Hajime Yatsuka

Grundriß Obergeschoß

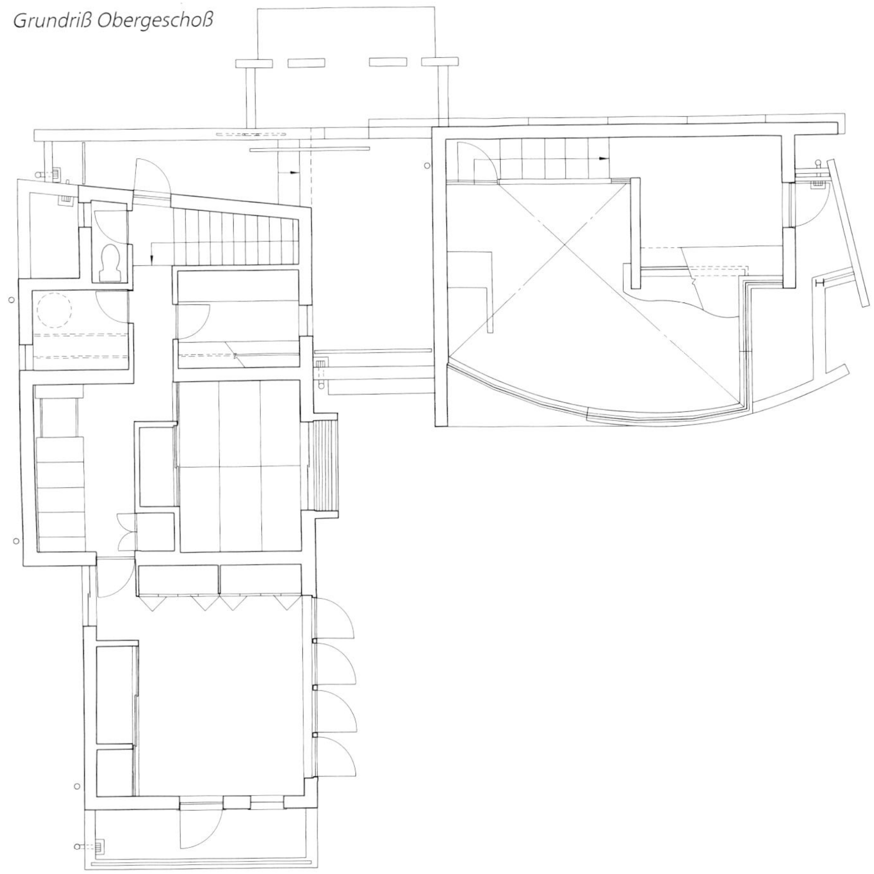

Grundriß Erdgeschoß

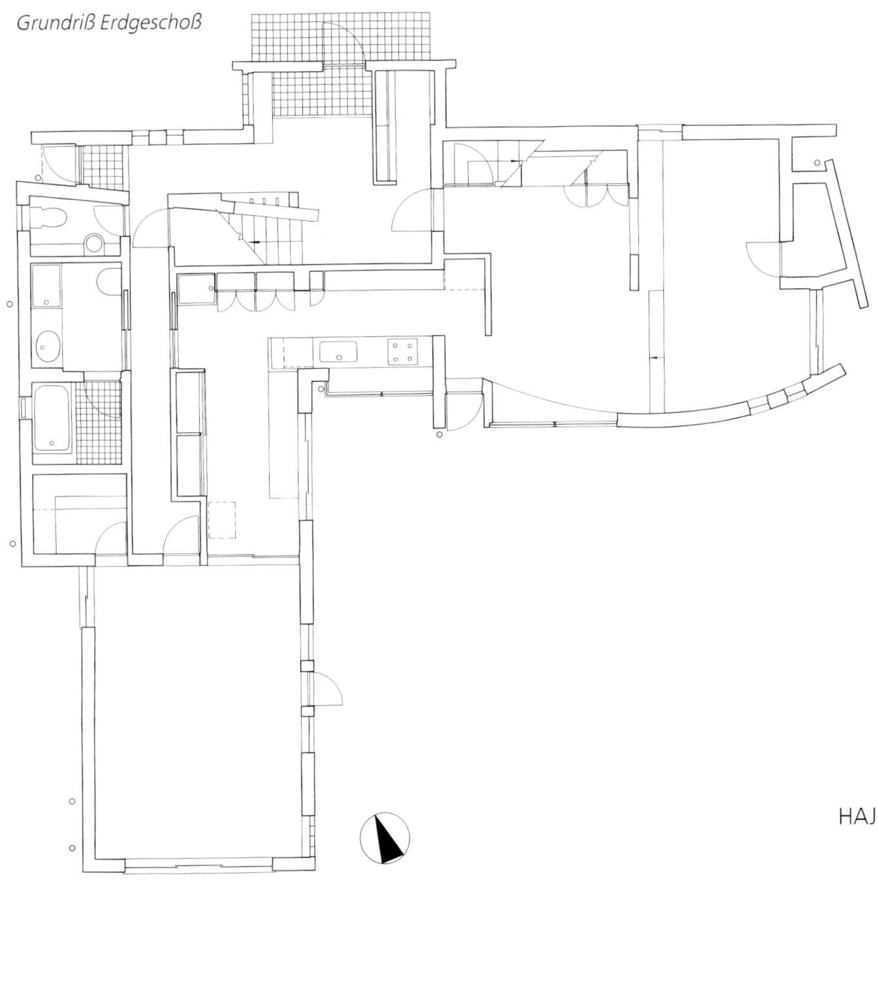

KAZUYO SEJIMA

Platform Nr. 1 • Katsuura • Präfektur Chiba • 1988

Unsere Tätigkeiten laufen nacheinander ab, obwohl sie an keine bestimmte Folge gebunden sind. Da sie keinem vorgegebenen Szenario verpflichtet oder auf eine einzige Richtung beschränkt sind, gleichen sie einer Aneinanderreihung von Episoden in einer Geschichte.

Die Architektur läßt sich nach vielen Gesichtspunkten beurteilen: Leistung, Funktion, Produktivität, räumliche Anlage, aber auch Zweck und Bedeutung, um nur einige Kriterien zu nennen. All diese Punkte behandeln Architektur als etwas, dem man sich nicht entziehen kann. Ich möchte sie jedoch nicht von außen betrachten, sondern in bezug auf

ihre Verbindungen mit Tätigkeiten, die in ihr selbst ablaufen. In den meisten Fällen ist ein Gebäude ein Innenraum, der wie ein Container vom Äußeren abgetrennt wird, um bestimmte Tätigkeiten zu ermöglichen. Die Architektur hat mit einem bestehenden Volumen zu tun, das Tätigkeiten begrenzt, wenn nicht gar stoppt. Für mich jedoch sollte Architektur ein Ort oder Raum sein, in dem eine Reihe von Handlungen abrollen können. Könnte sie ein zeitliches Phänomen sein, das im Bewußtsein des Handelnden als eine Reihe von Bildern erscheint, während sich Tätigkeiten an einem bestimmten Ort ereignen?

Grundriß Obergeschoß

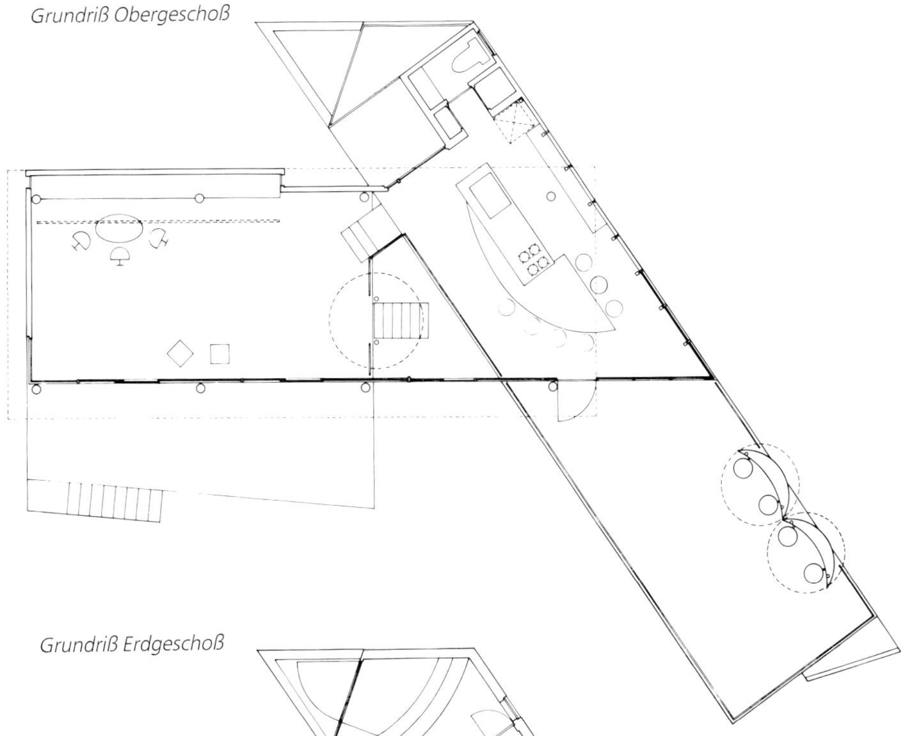

Grundriß Erdgeschoß

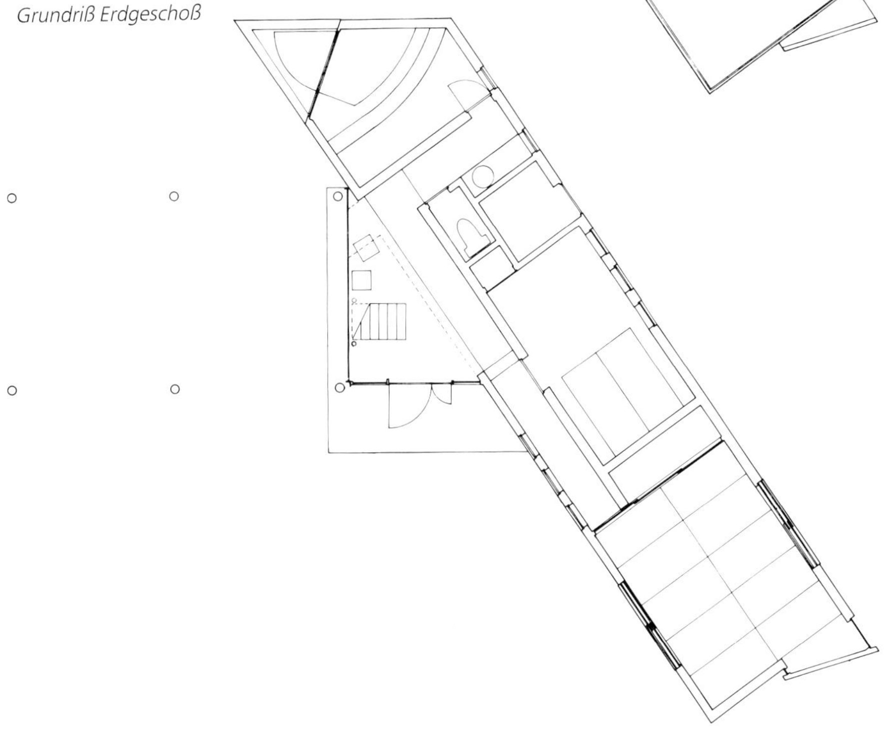

Gewöhnlich versuche ich, Architektur mit Tätigkeiten zur Deckung zu bringen, die keine Abfolge bilden. Wenn solche flüchtigen Tätigkeiten auf einen Ort treffen, leiten sich daraus ein bestimmtes Volumen und ein erkennbarer Umriß ab. Ein anderer Augenblick würde zu einem neuen Umriß führen. Ein endgültiges, feststehendes Bild kann also weder vor einem solchen Prozeß bestehen noch sich aus ihm entwickeln. Das punktuelle Vorgehen verbindet unabhängige Orte miteinander, die eine größere Einheit entstehen lassen. Nach Abschluß aller Tätigkeiten beginnt ein Ort wieder still zu atmen; er verwandelt sich selbst in einen Platz der Ruhe zurück. Ein Ort, der eine Vielzahl von Tätigkeiten in sich vereint, muß eine innere Struktur besitzen, um sie zu umfassen und miteinander in Beziehung zu bringen. Das Entwerfen von

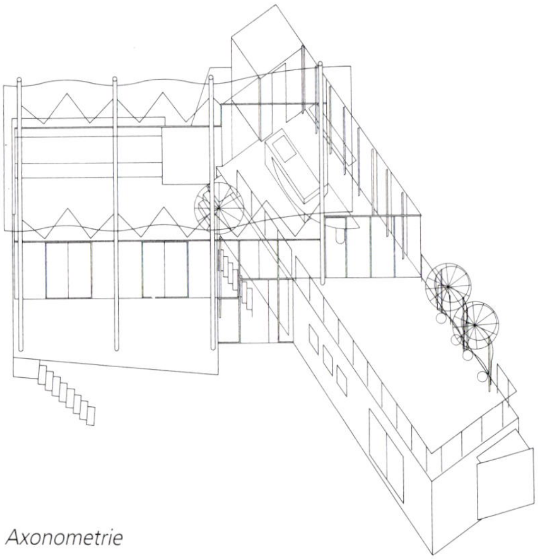

Axonometrie

Architektur in physischem Sinn ist deswegen ein Prozeß, unsichtbare Strukturen in einen konkreten Bau umzusetzen.

Platform Nr. 1 ist ein Wochenendhaus mit einer Gesamtfläche von 35 *tsubo* (1 *tsubo* = 3,3 m^2). Der Bau versucht, einen grenzenlos erweiterbaren Ort zu schaffen und einen Schutz zu bieten, die völlige Handlungsfreiheit lassen. Unter ein leichtes, geschwungenes Dach, das wie ein Rapportmuster erscheint, sind zwei L-förmige Rahmen gesetzt. Während das wellenähnliche Dach Tätigkeiten schützt, die darunter stattfinden, lassen sich diese durch Kreuzung der Rahmen ausdehnen.
Kazuyo Sejima

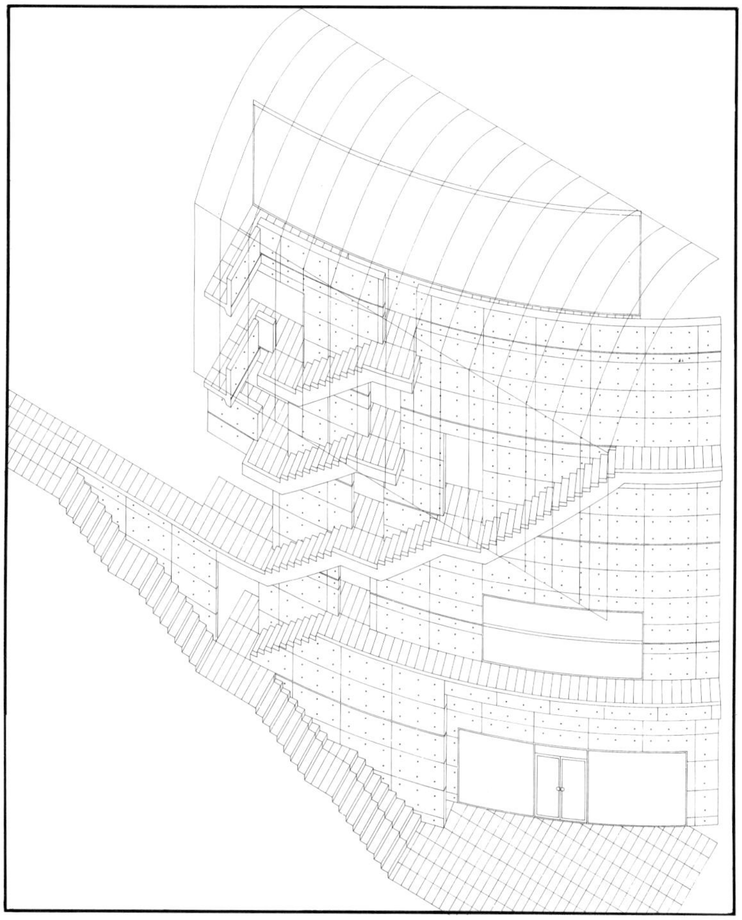

Tadao Ando, Galleria Akka, Osaka, 1988, Axonometrie